Bienen

Müller/Krebs/Amiet

Bienen

Mitteleuropäische Gattungen, Lebensweise, Beobachtung

Natur Buch
VERLAG

Die Autoren:
Dr. Andreas Müller studierte in Zürich Zoologie und Botanik. Er ist Autor mehrerer wissenschaftlicher Veröffentlichungen über die Wechselbeziehungen zwischen Bienen und Pflanzen. Er lebt heute in Schaffhausen und arbeitet als freier Biologe im Naturschutz.
Albert Krebs erteilte in Winterthur Unterricht in mathematisch-naturwissenschaftlichen Fächern. Er ist begeisterter Naturfotograf und besitzt heute eine umfangreiche fotografische Dokumentation der mitteleuropäischen Tier- und Pflanzenwelt.
Felix Amiet ist Lehrer für mathematisch-naturwissenschaftliche Fächer in Solothurn. Er beschäftigt sich schon seit vielen Jahren intensiv mit Bienen und Wespen und publizierte kürzlich einen Bestimmungsschlüssel für Hummeln und Schmarotzerhummeln Europas.

Foto Seite 2:
Anthidium strigatum, ♀ an Brutzelle aus Harz,
Unterstammheim (Zh), VI.75

Die Deutsche Bibliothek – CIP-Einheitsaufnahme

Bienen : Beobachtung, Lebensweise / Andreas Müller ; Albert Krebs ; Felix Amiet. – München : Naturbuch-Verl., 1997
ISBN 3-89440-241-5

Naturbuch Verlag

Zeichnungen: Felix Amiet, Andreas Müller
Layout: Vera Faßbender, Naturbuch Verlag, Augsburg
Umschlagfotos: Albert Krebs, Andreas Müller
Satz: Gesetzt aus der 9/9,5 pt Garamond von Uhl & Massopust, Aalen
Reproduktion: Uhl & Massopust, Aalen
Druck und Bindung: Neue Stalling, Oldenburg
Gedruckt auf umweltfreundlich chlorfrei gebleichtem Papier
Printed in Germany

ISBN 3-89440-241-5

Vorwort

Bis vor wenigen Jahren war der Begriff „Biene“ eng mit der allen wohl bekannten Honigbiene verknüpft, die seit Menschengedenken als Haustier gehalten wird. Nur wenige Eingeweihte wußten, daß in Mitteleuropa neben der Honigbiene noch mehrere hundert weitere Bienenarten leben. Dank ihrer ungemein vielfältigen und erstaunlichen Lebensäußerungen, ihrer eminenten Bedeutung als Blütenbestäuber und ihrer wichtigen Rolle als Zeiger für den Zustand unserer Umwelt treten die „anderen“ Bienen heute jedoch zunehmend aus dem Schatten der Honigbiene in das Bewußtsein der Öffentlichkeit.

Mit dem vorliegenden Buch möchten wir interessierten Laien, Naturfreunden, Studierenden der Biologie sowie Biologen und Biologinnen verschiedener Fachrichtungen die faszinierenden Lebensweisen der Bienen Mitteleuropas näherbringen und sie zu eigenen Beobachtungen anregen. Indem wir einen Überblick über alle mitteleuropäischen Gattungen geben, die wichtigsten Beobachtungs- und Untersuchungsmethoden aufzeigen und die maßgebende Literatur zu Lebensweise, Schutz, Systematik und Bestimmung angeben, hoffen wir, den Einstieg in die Bienenkunde zu erleichtern.

Dieses Buch ist kein Bestimmungsbuch im herkömmlichen Sinn. Aufgrund der großen Artenfülle und der vielen ähnlichen Arten ist die Bestimmung der Bienen im Feld bis auf Artniveau nur in vergleichsweise wenigen Fällen möglich. Selbst ein erfahrener Bienenkenner kann auch nach langjähriger Beschäftigung mit dieser Insektengruppe nur grob ein Viertel der 730 in Deutschland, Österreich und der Schweiz vorkommenden Arten bereits im Gelände zuverlässig ansprechen. Indem für jede der 46 mitteleuropäischen Gattungen eine repräsentative Auswahl von Arten in Text und Bild vorgestellt wird, sollte dieses Buch jedoch die Identifizierung aller mitteleuropäischen Gattungen im Feld ermöglichen. Ein Gattungsschlüssel hilft in jenen Fällen, wo Tiere aufgrund von Text und Bildern nicht zugeordnet werden können. Zusätzlich erlaubt das Buch die Feldbestimmung besonders auffälliger, durch charakteristische Merkmale ausgezeichneter Arten.

Mit der vorliegenden Arbeit geben wir eine geraffte Zusammenfassung unseres heutigen Wissens über die Bienen Mitteleuropas. Wer sich eingehender mit dieser Insektengruppe befassen will, sei auf die im Literaturverzeichnis angegebenen Veröffentlichungen verwiesen. Insbesondere möchten wir auf das konkurrenzlose, aber

leider vergriffene Werk von Paul Westrich, „Die Wildbienen Baden-Württembergs“, hinweisen, das heute ein unentbehrliches Standardwerk für Bienenkundler ist und es mit Sicherheit noch lange Jahre bleiben wird.
Dieses Buch ist keine wissenschaftliche Publikation. Es ist deshalb nicht statthaft, Angaben zur Biologie oder zur Verbreitung einzelner Arten aus ihm zu zitieren, ohne die Grundlagenarbeiten in den wissenschaftlichen Zeitschriften konsultiert zu haben. Der Erstautor ist auf Anfrage gerne bereit, die entsprechenden Quellen anzugeben.
Die Autoren teilten sich die Arbeit am vorliegenden Buch auf. Andreas Müller zeichnet für den Text und Felix Amiet für den Gattungsschlüssel verantwortlich. Die Fotografien stammen von allen drei Autoren, wobei Albert Krebs mit rund der Hälfte der Bilder den Hauptteil beitrug.
Zahlreiche Personen unterstützten uns im Lauf der letzten eineinhalb Jahre: Dr. E. Steinmann (Chur), T. Hotz (Neuhausen) und M. Herrmann (Konstanz) halfen bei der Feldarbeit und zeigten uns Flugstellen seltener Arten. Dr. P. Westrich (Tübingen), Dr. H. Dathe (Eberswalde) und C. Saure (Berlin) lieferten Angaben zur Verbreitung und Häufigkeit verschiedener Arten in Deutschland. Dank Hinweisen von Dr. C. Schmid-Egger (Karlsruhe) und K. Hirt (Menziken) fanden wir *Ammobatoides abdominalis* und *Tetralonia salicariae* im Feld. Dr. H. Bellmann (Lonsee), M. Bernasconi (Zürich), Dr. F. Brechtel (Karlsruhe), W.-H. Liebig (Bad-Muskau), Dr. W. Töpfl (Dornach), Dr. E. Steinmann und Dr. P. Westrich stellten uns Fotografien für den Druck zur Verfügung. Urs Jauch (Institut für Allgemeine Botanik der Universität Zürich) half bei der Erstellung der Rasterelektronenmikroskop-Aufnahmen. H. Traber (Wädenswil) nahm sich die Mühe, den Text des Allgemeinen Teils auf gute Verständlichkeit zu überprüfen. Dr. D. Burckhardt (Redaktor der Schweizerischen Entomologischen Gesellschaft) erlaubte die Übernahme des Gattungsschlüssels in leicht abgeänderter Form aus Band 12 der Insecta Helvetica. Der Lektor des Naturbuch-Verlages, Wolfgang Funke, gab den Anstoß zum Buch, beriet uns bei vielen technischen Fragen und kam unseren Wünschen großzügig entgegen. Den genannten Personen sei an dieser Stelle herzlich gedankt.

Schaffhausen, Dezember 1996

Andreas Müller
Albert Krebs
Felix Amiet

Inhalt

Allgemeiner Teil

Was sind Bienen?

Die Bienen (Apidae) werden zur Ordnung der *Hautflügler* (Hymenoptera) gezählt, die wie die Libellen, Heuschrecken, Schmetterlinge, Zweiflügler, Käfer u. a. eine eigenständige Verwandtschaftsgruppe innerhalb der Insekten bilden. Mit ungefähr 12 000 Arten allein in Mitteleuropa sind die Hautflügler die artenreichste Insektenordnung bei uns. Sie sind durch zwei häutige Flügelpaare charakterisiert.

Die Hautflügler werden in zwei Gruppen geteilt, in die *Pflanzenwespen* (Symphyta) und die *Taillenwespen* (Apocrita). Während bei den Pflanzenwespen der Hinterleib in voller Breite am Bruststück ansetzt, zeichnen sich die Taillenwespen durch eine starke Einschnürung zwischen Brust und Hinterleib, die *Wespentaille,* aus.

Die Taillenwespen, die in Mitteleuropa mit über 11 000 Arten vertreten sind, werden ihrerseits in zwei Gruppen gegliedert. Die *Legimmen* (Terebrantes) sind in der Regel Parasiten anderer Insekten. Sie besitzen häufig eine lange Legeröhre, mit der sie ihre Eier in die Eier, Larven oder Puppen anderer Insekten einstechen. Die *Stechimmen* (Aculeata) haben ihren Eilegeapparat zu einem Giftstachel umgewandelt. Sie legen ihre Eier durch eine Öffnung am Grund des Giftstachels ab. Da der Giftstachel entwicklungsgeschichtlich aus einem Eilegeapparat hervorgegangen ist, können nur die ♀♀ der Wespen und Bienen stechen. Die meisten Stechimmen weisen eine nichtparasitische Lebensweise auf. Sie kommen in Mitteleuropa mit über 1300 Arten vor.

Zu den Stechimmen gehören neben den *Ameisen* (Formicidae), *Faltenwespen* (Vespidae), *Wegwespen* (Pompilidae), *Grabwespen* (Sphecidae) und einigen weiteren Gruppen auch die *Bienen* (Apidae). Die Bienen unterscheiden sich von den übrigen Gruppen der Stechimmen durch die Art ihrer Larvennahrung, die aus einem Gemisch aus Pollen und Nektar besteht, dem zusätzlich körpereigene Drüsensekrete beigemischt sein können. Die Blütenprodukte werden von den ♀♀ auf Blüten gesammelt und in die Brutzellen ihrer Nester transportiert. Mit Ausnahme der Pollenwespen (Masarinae), deren Larven ebenfalls auf eingetragenen Pollen-Nektar-Vorräten fressen, ernähren sich die Larven aller anderen Stechimmen vom Fleisch eingetragener Insekten oder Spinnen. Auch die aus den Brutzellen geschlüpften, vollentwickelten Bienen ernähren sich einzig von Blü-

o.: Mauerbiene *(Osmia rufa)*, Brutzellen mit Pollen-Nektar-Vorrat und fressenden Bienenlarven
u.: Lehmwespe *(Gymnomerus laevipes)*, Brutzelle mit Rüsselkäferlarven und fressender Wespenlarve

tenprodukten: mit Hilfe ihrer Mundteile nehmen ♀♀ und ♂♂ Nektar für die Energieversorgung und Pollen für die Eiweißversorgung auf.
Die Bienen haben sich vermutlich in der Kreidezeit vor rund 100 Millionen Jahren aus grabwespenähnlichen Vorfahren entwickelt. Mit dem Aufgeben der räuberischen Lebensweise und dem Übergang zu einer reinen Blütennahrung lösten sie eine schlagartige Beschleunigung der Artbildung bei den Blütenpflanzen aus. Mit der Zunahme der Artenvielfalt der Blütenpflanzen ging wiederum eine Artenaufsplitterung bei den Bienen einher. Das Resultat ist beeindruckend: gegen 250 000 verschiedene Blütenpflanzen, von denen ein großer Teil von Bienen bestäubt wird, und zwischen 20 000 und 30 000 Bienenarten leben heute auf unserer Erde. Allein in Europa sind

weit über 1000 Bienenarten nachgewiesen, und im deutschsprachigen Raum ist das Vorkommen von 729 Arten belegt (Deutschland: 547 Arten; Österreich: 649 Arten; Schweiz: 580 Arten). Diesen hohen Artenzahlen entspricht eine enorme Vielfalt in Gestalt und Aussehen. Zur mitteleuropäischen Fauna gehören Bienen in allen Größenbereichen von 3–4 mm bis Hummelgröße. Es gibt neben schwarz- und braungefärbten auch rote, gelb-schwarz gebänderte, weiß gefleckte, blau- und grünschimmernde Bienen und neben stark pelzigen auch vollständig unbehaarte Arten. Große Unterschiede bestehen auch in der Lebensweise: in bezug auf Lebensraum, Nestbau, Pollenquellen, Paarungsstrategien usw. weist jede einzelne Bienenart ganz charakteristische Eigenheiten auf.
Die Honigbiene *(Apis mellifera)* ist nur eine der rund 730 in Deutschland, Österreich und der Schweiz vorkommenden Bienenarten. Sie wird in weiten Teilen ihres Verbreitungsgebietes als Haustier gehalten und kommt in Mitteleuropa nicht mehr wild vor. Alle anderen Vertreter der Bienen, einschließlich der Hummeln *(Bombus),* werden häufig unter dem Begriff *Wildbienen* zusammengefaßt. Entgegen der landläufigen Meinung, wonach alle Bienen staatenbildende Insekten seien, leben die meisten von ihnen solitär. Die ♀♀ der solitären Arten bauen ihre Nester allein und versorgen die Brutzellen ohne Mithilfe von Artgenossinnen. Eine soziale Lebensweise haben in der mitteleuropäischen Bienenfauna neben der Honigbiene nur die Hummeln sowie einige Arten innerhalb der beiden Furchenbienengattungen *Halictus* und *Lasioglossum.* Deshalb bezeichnet man die Wildbienen häufig auch als *Einsiedlerbienen* oder *Solitärbienen.*

Körperbau und Sinnesorgane

Der Körper der Bienen gliedert sich in die drei Teile *Kopf, Brust* und *Hinterleib* (s. Abbildungen).

Kopf

Der Kopf wird von den beiden großen *Komplexaugen* dominiert, die aus vielen Einzelaugen *(Ommatidien)* zusammengesetzt sind. Sie ermöglichen Bild- und Farbensehen. Das Farbensehen der Bienen ist im Vergleich zu dem des Menschen in Richtung des kurzwelligeren Lichtwellenbereiches verschoben: Bienen können rote Farben nicht erkennen, sehen dagegen das für uns unsichtbare Ultraviolett. Dank ihrer Fähigkeit, die Schwingungsrichtung des polarisierten Lichtes wahrzunehmen, können Bienen auch bei nahezu bedecktem Himmel den Stand der unsichtbaren Sonne bestimmen und sich entsprechend orientieren. Als weitere Lichtsinnesorgane sind am

Scheitel drei meist in einem Dreieck angeordnete *Punktaugen* ausgebildet. Diese stehen über besonders rasch leitende Nerven mit dem Steuerungszentrum der Flugmuskulatur in Verbindung und tragen vermutlich zur Stabilisierung der Fluglage bei. Zwischen den Komplexaugen lenken die *Fühler* ein, welche aus *Schaft* und *Geißel* bestehen. Sie setzen sich bei den ♀♀ aus zwölf, bei den ♂♂ aus dreizehn Gliedern zusammen. Einzig bei einigen Kraft- und Kurzhornbienen *(Biastes* und *Pasites)* verfügen beide Geschlechter über zwölfgliedrige Fühler. Die Fühler sind Sitz des Geruchsinnes, vereinzelt treten auf ihnen auch Geschmacksinneszellen auf. Zusätzlich sind sie wichtige Tastorgane. Unterhalb der Fühlereinlenkungsstellen liegt das *Stirnschildchen,* das an eine große Platte, den *Kopfschild,* grenzt. Der Raum zwischen Kopfschild und *Scheitel* wird als *Stirn,* die meist nur schmale Fläche zwischen Oberkieferbasis und Unterrand der Augen als *Wange,* der Raum zwischen Kopfschild und innerem Augenrand als *Nebengesicht* und die Fläche zwischen äußerem Augenrand und Kopfhinterkante als *Schläfe* bezeichnet. Die *Mundteile,* Hauptsitz des Geschmacksinnes, bestehen aus der unpaarigen *Oberlippe,* den paarigen *Oberkiefern* und *Unterkiefern* sowie der aus zwei Teilen verwachsenen *Unterlippe.* Während die Oberkiefer hauptsächlich als Werkzeuge, z. B. beim Nestbau, eingesetzt werden, bilden Unterkiefer und Unterlippe zusammen einen leckend-saugenden *Rüssel* für die Flüssigkeitsaufnahme. Teil der Unterlippe ist die *Zunge,* die bei den meisten Colletinae, Halictinae, Andreninae und Melittinae nur kurz *(Kurzzungenbienen),* bei den Megachilinae und den meisten Apinae dagegen lang ist *(Langzungenbienen).* Mehrere kurzzungige Gattungen haben dank einer Verlängerung der Unterlippenbasis auch einen langen Rüssel. Bei Kontakt mit der dicht behaarten Zunge steigt der Nektar kapillar zwischen die Haare der Zunge auf. Die Bienen ziehen die Zunge danach mit Muskelkraft in ein enges Rohr zurück, das durch die Zusammenlagerung von *Unterlippentastern* und den blattförmigen *Galeae* der Unterkiefer gebildet wird, und saugen den Nektar durch das enge Rohr zum Mund. In Ruhe liegt der Rüssel zurückgeklappt unter dem Kopf.

Bei den ♀♀, weniger ausgeprägt auch bei den ♂♂ der Colletinae und Andreninae verläuft entlang des Augeninnenrandes eine unterschiedlich breite, oft samtartig behaarte Grube *(Fovea facialis),* in welcher die Ausführgänge der darunterliegenden *Stirnseitendrüse* münden. Weitere wichtige Drüsen im Kopfbereich sind die *Mandibulardrüsen,* welche an der Oberkieferbasis ausmünden, und die bei den sozialen Apinae stark vergrößerten *Hypopharyngealdrüsen,* deren Ausführgang nahe der Mundöffnung endet.

Im Kopf sind mehrere Nervenknoten *(Ganglien)* zum Gehirn verschmolzen. Von hier aus zieht auf der Bauchseite ein doppelter Nervenstrang nach hinten. Er weist in jedem Segment zwei durch Querstränge verbundene Ganglien auf *(Strickleiternervensystem).*

Brust

Die Brust, welche Beine und Flügel trägt, ist aus vier miteinander verschmolzenen Teilen zusammengesetzt: *Vorderbrust, Mittelbrust, Hinterbrust* und *Mittelsegment.* Der hinterste Teil, das Mittelsegment, gehört entwicklungsgeschichtlich eigentlich zum Hinterleib. Aufgrund dieser Besonderheit wird der mittlere Teil des Bienenkörpers auch als *Mesosoma,* der hintere Teil als *Metasoma* bezeichnet. Vorder-, Mittel- und Hinterbrust setzen sich aus den Rückenteilen *Pro-, Meso-* und *Metanotum,* den Seitenteilen *Pro-, Meso-* und *Metapleuron* und den Bauchteilen *Pro-, Meso-* und *Metasternum* zusammen. Zum Rückenteil der Mittelbrust gehört neben dem Mesonotum zusätzlich das *Schildchen.* Das dahinter liegende Metanotum wird auch *Hinterschildchen* genannt. Am Mittelsegment unterscheidet man das *Mittelfeld,* auch als *herzförmiger Raum* bezeichnet, die *Seitenfelder* und den *Stutz.* Die Vorderbrust trägt seitlich einen nach hinten gerichteten Fortsatz, den *Callus.*

Die drei Paar *Beine,* die dem Pro-, Meso- bzw. Metasternum entspringen, bestehen aus jeweils fünf gelenkig miteinander verbundenen Teilen: *Hüfte, Schenkelring, Schenkel, Schiene* und *Tarsus.* Letzterer ist wiederum aus fünf Gliedern zusammengesetzt. Die Schienen tragen an ihrem Ende einen oder zwei lange *Sporne.* An der Basis der Hinterschienen ist bei vielen bodennistenden Bienen eine abgeplattete Scheibe, die *Basitibialplatte,* ausgebildet, mit der sich die Bienen an den Wänden der engen Nestgänge abstützen. Als charakteristisches Merkmal der Bienen ist das erste der fünf Tarsenglieder, die *Ferse,* verlängert und abgeplattet. Die Ferse der Hinterbeine trägt an ihrem Ende bei einigen Gattungen einen auffälligen Haarpinsel, den *Penicillus,* mit welchem imprägnierende Drüsensekrete auf die Zellwände aufgetragen werden. Am letzten Tarsenglied *(Klauenglied)* setzen zwei Klauen an, zwischen denen häufig ein *Haftlappen* ausgebildet ist.

Bienen können nicht hören, d.h. sie können keine Luft-Schallwellen wahrnehmen, wohl aber Vibrationen und Erschütterungen mittels spezieller Sinnesorgane an den Beinen empfinden. Als weitere Sinnesorgane sitzen an den Beinen Geschmacksinneszellen.

Bei den Colletinae (außer *Hylaeus),* Andreninae, Halictinae, Melittinae und vielen Apinae ist auf den Hinterschienen und bei einigen Gattungen zusätzlich auf der Hinterferse eine Haarbürste *(Scopa)* für den Pollentransport ausgebildet. Umgeben die Haare einen Raum, in den Pollen eingelagert wird, spricht man von einem *Körbchen* (Corbicula). Körbchen kommen auf der Außenseite der Hinterschienen bei der Honigbiene *(Apis mellifera)* und Hummeln

Kopf (Caput)

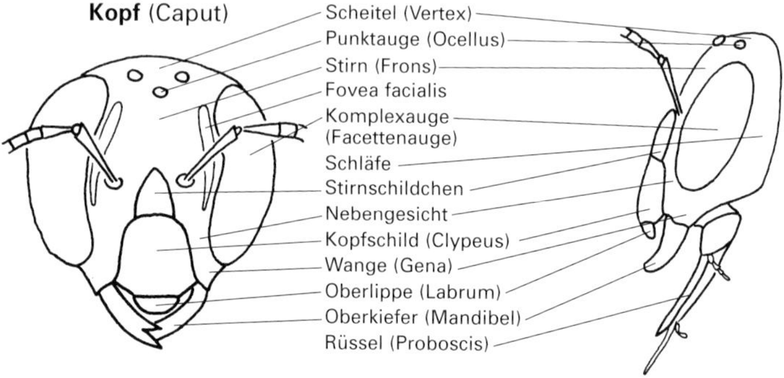

Fühler
(Antenne)

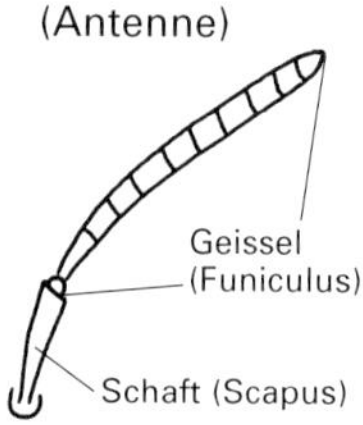

Rüssel
(Proboscis)

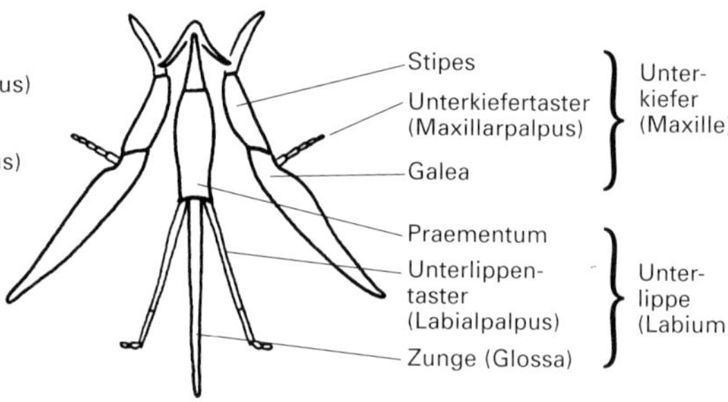

Brust (Thorax)

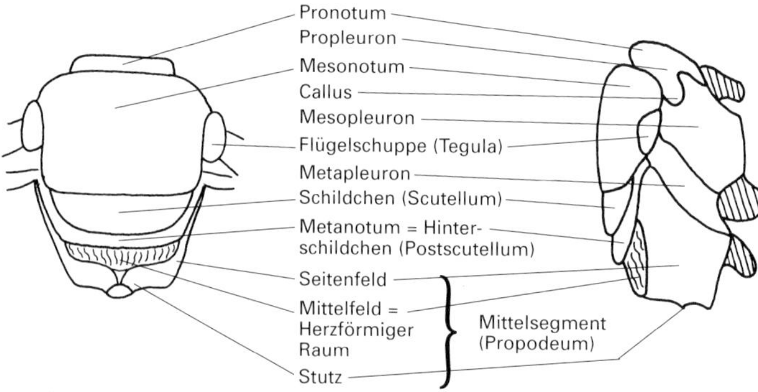

Bein

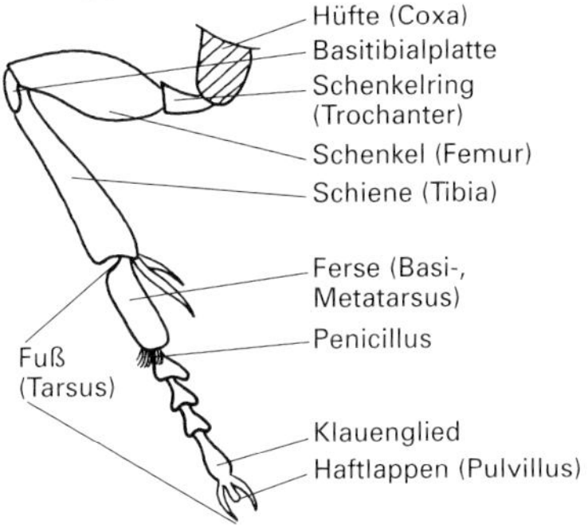

Hinterleib
(Abdomen)

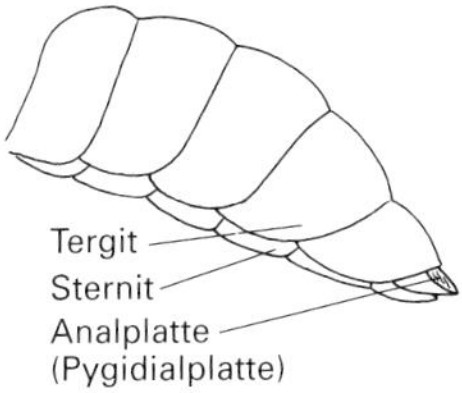

Vorderflügel

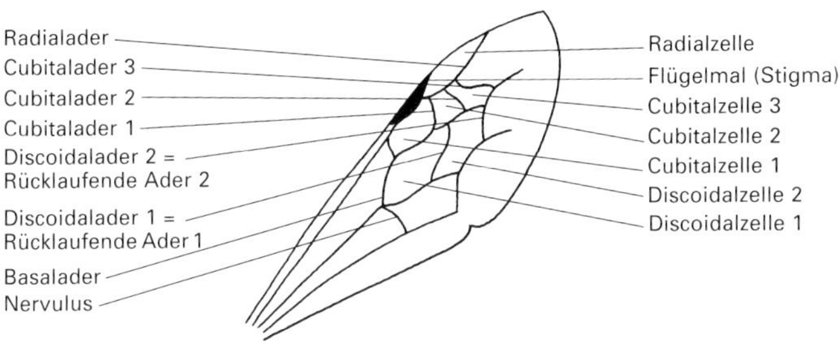

Männlicher Kopulationsapparat

von *Andrena*

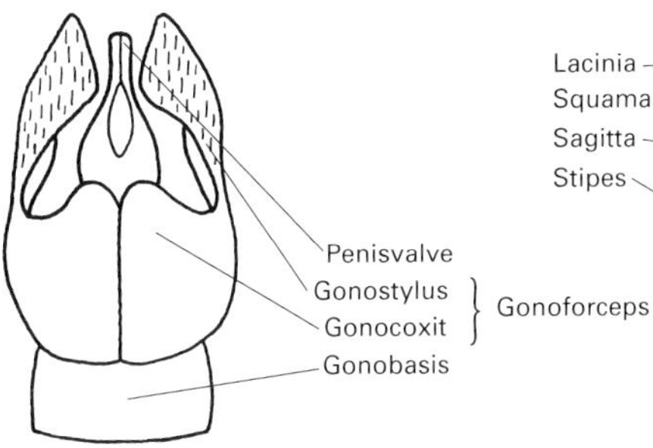

von *Bombus*

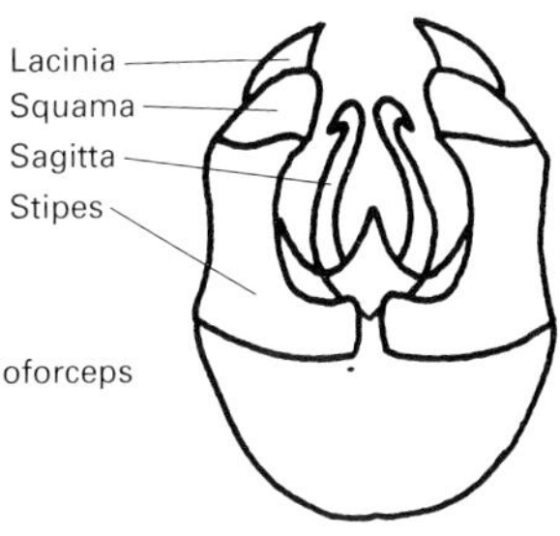

(Bombus), auf der Unterseite der Hinterschenkel bei vielen Colletinae, Andreninae und Halictinae sowie an den Seiten des Mittelsegmentes bei Seidenbienen *(Colletes)* und Sandbienen *(Andrena)* vor. Diese Strukturen für den Pollentransport sind nur bei den ♀♀ der nestbauenden Arten ausgebildet.
Die beiden Flügelpaare setzen an der Mittel- bzw. Hinterbrust an. Ihre Ansatzstellen werden von den *Flügelschuppen* überdeckt. Die Bezeichnung der wichtigsten Flügelzellen und Flügeladern wird aus der Abbildung ersichtlich. Während des Fluges sorgen kleine Häkchen *(Hamuli)* an der Vorderkante der Hinterflügel für den Zusammenhalt der Flügelpaare. Die kräftige Flugmuskulatur nimmt einen großen Teil des Brustinneren ein. Die Muskeln treiben die Flügel indirekt an, indem sie den Brustpanzer rhythmisch zusammenziehen. Die Flugmuskulatur kann über einen komplizierten Gelenkmechanismus von den Flügeln abgekoppelt werden und „im Leerlauf" arbeiten, um Wärme zu erzeugen oder Pollen aus den Blüten herauszuschütteln. Im Brustabschnitt liegen auch die *Labialdrüsen* (Speicheldrüsen), die im Bereich der Zungenbasis ausmünden.

Hinterleib
Der Hinterleib besteht bei den ♀♀ aus sechs, bei den ♂♂ aus sieben sichtbaren Segmenten, die aus je einem *Tergit* (Rückenteil) und einem *Sternit* (Bauchteil) bestehen. Die übrigen Hinterleibssegmente sind vollständig ins Körperinnere verlagert und am Aufbau des Giftstachels der ♀♀ bzw. des Kopulationsapparates der ♂♂ beteiligt. Das letzte sichtbare Tergit ist bei vielen Arten durch die dreieckige *Analplatte* ausgezeichnet, mit der die Bienen die erdigen Zellwände festklopfen bzw. Drüsensekrete auf die Zellwände auftragen. Bei den ♀♀ der nestbauenden Megachilinae sind die Sternite mit einer Haarbürste *(Scopa)* für den Pollentransport ausgestattet. Der *Kopulationsapparat* der ♂♂ besteht aus der *Gonobasis* und zwei seitlichen *Gonoforcipes,* die in einen basalen *Gonocoxiten* und einen apikalen *Gonostylus* gegliedert sind. Zwischen den Gonoforcipes liegen die *Penisvalven,* welche ihrerseits den *Penis* umschließen. Bei den Hummeln und Schmarotzerhummeln *(Bombus* und *Psithyrus)* wird die Penisvalve als *Sagitta* bezeichnet und der Gonoforceps in *Stipes, Squama* und *Lacinia* unterteilt.
Im Hinterleib liegen der Verdauungstrakt, das Herz, die Geschlechtsorgane und mehrere wichtige Drüsen. Teil des Verdauungstraktes ist der *Kropf* (Honigblase), in welchem die Bienen während ihrer Sammeltätigkeit den Nektar speichern. Feine Schläuche *(Malpighische Gefäße),* die vom Darm in den Hinterleib hineinragen, sammeln die Abfallstoffe und führen sie über den Darm ab. Das *Herz* der Bienen ist eine gegliederte Röhre, die im Rückenteil des Hinterleibes verläuft und einen Fortsatz bis zum Kopf sendet.

Wie alle Insekten haben die Bienen keinen geschlossenen Blutkreislauf: das *Blut* wird vom Herzen gesammelt und nach vorne gepumpt; es zirkuliert frei im Innern des Körpers und versorgt dabei Organe und Gewebe mit Nährstoffen. Die Versorgung mit Sauerstoff wird bei den Bienen nicht vom Blut geleistet. Ein System von verästelten Luftröhren *(Tracheen)* führt den Luftsauerstoff von den seitlich gelegenen Luftlöchern *(Stigmen)* an Brust und Hinterleib direkt zu allen Organen und Geweben. Pumpende Atembewegungen des Hinterleibes bewirken den Lufttransport in den Tracheen. Die Eierstöcke *(Ovarien)* der ♀♀ bzw. der Geschlechtsapparat der ♂♂ nehmen den hinteren Teil des Hinterleibes ein. Die *Dufourdrüse,* die am Hinterleibsende ausmündet, ist bei den ♀♀ vieler Arten stark entwickelt. Die *Giftdrüse* steht mit ihrem Ausführgang mit dem *Giftstachel* in Verbindung. *Wachsdrüsen* sind typisch für die sozialen Vertreter der Apinae; bei den Hummeln *(Bombus)* münden sie sowohl zwischen den Sterniten als auch zwischen den Tergiten, bei der Honigbiene *(Apis mellifera)* nur zwischen den Sterniten.

Lebensräume

Die Bienen sind grundsätzlich wärme- und trockenheitliebende Insekten und deshalb nur bei Sonnenschein und entsprechend hohen Temperaturen aktiv. Bei Regen oder bedecktem Himmel erscheinen sie nicht im Freien, bei wechselhaftem Wetter ist ihre Aktivität reduziert und von längeren Ruhepausen unterbrochen. Einzig die Hummeln *(Bombus)* sowie einige stark behaarte Frühlingsarten unter den Sand- und Mauerbienen *(Andrena* und *Osmia)* fliegen auch bei ungünstigerem Wetter. Die geringe Empfindlichkeit der Hummeln gegenüber widrigen Witterungsverhältnissen zeigt sich auch darin, daß zahlreiche Arten in den Bergen bis weit über die Waldgrenze steigen. Unter den übrigen Bienen dringt dagegen nur gerade eine Handvoll Spezialisten bis in die alpine Stufe vor. Dies steht in auffälligem Gegensatz zu vielen anderen blütenbesuchenden Insektengruppen, z. B. Zweiflüglern oder Schmetterlingen. Bienen kommen nur an Stellen vor, wo sie gleichzeitig ihnen zusagende *klimatische Verhältnisse* und ein ausreichendes Angebot an *Nahrungspflanzen* und *Nistplätzen* vorfinden. Vertreter der Megachilinae benötigen zusätzlich spezielle *Nestbaumaterialien.* Die Kombination der aufgeführten Elemente in einem Lebensraum ist somit die Voraussetzung für das Vorkommen einer bestimmten Bienenart.
Häufig überlagern sich Nahrungs- und Nisträume. So bieten beispielsweise blühende Brombeerhecken für verschiedene Maskenbienen *(Hylaeus)* neben ausreichender Nahrung auch Nistgelegenhei-

ten in Form von dürren, abgebrochenen Stengeln. Auf lückig bewachsenen, blütenreichen Wiesen finden sich genügend Nahrungsquellen und zugleich günstige Bodenstellen für die Nestanlage von Sandbienen *(Andrena)*, Furchenbienen *(Halictus, Lasioglossum)* und anderen Bodennistern. Hier sind die Aktionsräume der einzelnen Bienenindividuen oft nur klein. Nicht selten liegen aber die Nahrungs- und Nisträume örtlich weit getrennt. In solchen Fällen setzt sich der Lebensraum einer Bienenart aus verschiedenen Teillebensräumen zusammen, die unter Umständen mehrere hundert Meter auseinander liegen. Da die Nahrungsräume oft nur einen Teil des Gesamtlebensraumes einer einzelnen Bienenart abdecken, kann es keine Übereinstimmung zwischen Bienenvorkommen und bestimmten Pflanzengesellschaften geben. Aus demselben Grund ist auch die Zuordnung der einzelnen Bienenarten zu herkömmlichen, vorwiegend durch die Vegetation charakterisierten Lebensraumtypen (z. B. Trockenrasen, Hochmoor) nicht möglich.
Trotz unterschiedlicher Ansprüche der einzelnen Bienenarten an ihre Lebensräume lassen sich drei Faktoren herausschälen, die einen hohen Artenreichtum bedingen: gute *Besonnung*, ein reiches Angebot an verschiedenen *Blüten* während der gesamten Vegetationsperiode sowie eine Vielfalt von (besonnten) *Kleinstrukturen:* Totholz- und Felsstrukturen; Trockenmauern; nackte Bodenstellen in lückiger Vegetation, an Abbruchstellen oder entlang ungeteerter Feldwege; Schneckengehäuse; Gallen; dürre, markhaltige oder hohle Pflanzenstengel in Gebüschen, Brombeerhecken und auf Brachflächen. Meist ermöglicht erst das Vorhandensein derartiger Kleinstrukturen, die für die Nestanlage benötigt werden, das Vorkommen bestimmter Bienenarten.
Bienenreiche Lebensräume, die sich durch die oben genannten Faktoren auszeichnen, sind extensiv genutzte Halbtrockenrasen und Glatthaferwiesen, breite Wald- und Heckensäume, Kahlschläge mit Naturverjüngung, Flußauen, Sand-, Kies- und Lehmgruben, Ruderalfluren, Acker und Wiesenbrachen, kleinräumig strukturierte Rebberge, Obstgärten mit extensiver Wiesennutzung, Fels- und Abwitterungshalden, blütenreiche Wegränder und Naturgärten.

o.: Blütenreicher Halbtrockenrasen, Scheid (Gr); **u.:** Buntbrache in intensiv genutzter Agrarlandschaft, Klettgau (Sh)

Seite 20:

o.l.: Abgestorbener Baum; **o.r.:** Trockenmauer (Nistplatz von *Anthidium oblongatum, Osmia anthocopoides, O. mustelina* u. a.); **u.:** Kiesgrube mit Fels- und Steinstrukturen (Nistplatz von *Megachile parietina)*

Seite 21:

o.: Nackte Bodenstellen in lückiger Vegetation; **u.l.o.:** Weganriß (Nistplatz von *Halictus quadricinctus*); **u.l.u.:** Sandige Erdabbruchkante (Nistplatz von *Anthophora plumipes*); **u.r.:** Ungeteerter Feldweg (Nistplatz von *Lasioglossum malachurum* und *L. pauxillum*)

Geschlossene, lichtarme Hochwälder sowie Feuchtgebiete sind dagegen bienenarme Lebensräume. Als charakteristische Bewohner des Offenlandes und der sonnigen, warmen und trockenen Übergangsbereiche zwischen Wald und Offenland dringen Bienen selten in das Innere von Wäldern vor, und auch dort trifft man sie nur an sonnigen Stellen wie in Bestandslücken oder entlang von breiten Waldwegen. In Feuchtgebieten leben nur wenige Spezialisten, die aufgrund ihrer Vorliebe für bestimmte Nistplätze (z. B. Schilfhalme oder Schilfgallen) oder ihrer Spezialisierung auf bestimmte Pollenquellen wie Weiderich *(Lythrum)* oder Gilbweiderich *(Lysimachia)* an diese Biotope gebunden sind.

Lebenszyklen

Die Entwicklung einer Biene vom Ei über Larve und Puppe bis zum geflügelten Insekt (Imago) verläuft im Innern von sogenannten Brutzellen (s. Kapitel „Nestbau"). Nach der Verproviantierung der Brutzelle mit Pollen und Nektar legt das ♀ ein Ei auf den Nahrungsvorrat und verschließt die Zelle. Nach wenigen Tagen schlüpft die Larve, welche je nach Bienenart und Temperaturverhältnissen den Pollen-Nektar-Vorrat im Lauf von zwei bis vier Wochen aufzehrt. Während dieser Zeit häutet sich die Larve vier Mal. Gegen Ende ihrer Fraßtätigkeit, bei den Xylocopini und vielen Megachilinae schon früher, kotet sie. Die Larven zahlreicher Bienengattungen spinnen sich darauf in einen schützenden Seidenkokon ein, der aus Sekreten der larvalen Speicheldrüse besteht. Für die meisten Arten beginnt nun eine lange Ruhephase, während der die Larven in den Brutzellen die kalte Jahreszeit überdauern. Erst nach der Überwinterung, im nächsten Frühling, geht die Entwicklung weiter. Die Larven verpuppen sich, und nach einem zwei- bis dreiwöchigen Puppenstadium erfolgt die Verwandlung zum geflügelten Insekt. Meist genau ein Jahr nach der Eiablage verlassen die frisch geschlüpften Bienen ihre Brutzellen, und ein neuer Zyklus beginnt.
Die Bienen überwintern meist im Stadium der *Ruhelarve* in den Brutzellen der Nester. Als Ruhelarven oder Vorpuppen werden Larven bezeichnet, die den gesamten Nahrungsvorrat in den Brutzellen verzehrt und sich ihrer Exkremente vollständig entledigt haben. Erst nach der Überwinterung wird die durch einen stark herabgesetzten Stoffwechsel gekennzeichnete Entwicklungsruhe *(Diapause)* gebrochen; die Ruhelarven verpuppen sich und durchlaufen im Innern der Brutzellen die Metamorphose zu geflügelten Insekten. Danach verlassen sie das Nest, und ein neuer Zyklus beginnt.

o.l.: Dürrer Stengel auf Brachfläche (Nistplatz von *Osmia tridentata*); **o.r.:** Schilfgalle (Nistplatz von *Hylaeus pectoralis*); **u.:** Brombeergestrüpp

Lasioglossum pauxillum, mit Drüsensekreten ausgekleidete Brutzellen im Boden mit allen Entwicklungsstufen vom Ei über fressende Larven bis zur Puppe

Verhältnismäßig wenige Bienenarten überdauern den Winter als geflügelte Insekten in den Brutzellen. Eine solche Imaginal-Diapause ist charakteristisch für jene Arten, die bereits früh im Jahr fliegen und schon an den ersten warmen Frühlingstagen bereit sein müssen, die Nester zu verlassen.

Etwas abweichend sind die Verhältnisse bei den meisten Furchenbienen *(Halictus, Lasioglossum)* und Blutbienen *(Sphecodes)*, bei den Keulhornbienen *(Ceratina)* und Holzbienen *(Xylocopa)* sowie bei den Hummeln *(Bombus)* und Schmarotzerhummeln *(Psithyrus)*. Bei diesen schlüpfen die Bienen noch im Sommer oder Herbst aus den Brutzellen der Nester. Bei den Furchenbienen, Blutbienen, Hummeln und Schmarotzerhummeln kommt es anschließend zur Paarung. Die begatteten ♀♀ überwintern meist einzeln an geschützten Stellen und beginnen erst nach der Überwinterung mit dem Brutgeschäft, während die ♂♂ noch im Herbst sterben. Die Keulhorn- und die Holzbienen überwintern in beiden Geschlechtern oft in kleineren oder größeren Gemeinschaften in verschiedenen Hohlräumen wie hohlen Pflanzenstengeln und Gängen in Holz oder Steilwänden und verpaaren sich erst im folgenden Frühjahr.

In den Staaten der Honigbiene *(Apis mellifera)* überwintert das gesamte Volk. Es ernährt sich während der kalten Jahreszeit von Vorräten, welche die Arbeiterinnen während des Sommerhalbjahres eingetragen haben.

Bienen leben als geflügelte Insekten nur wenige Wochen lang. Die ♂♂ weisen mit etwa 3–7 Wochen eine meist kürzere Flugzeit auf als die ♀♀, die ein Alter von 5–11 Wochen erreichen. Aufgrund ihrer kurzen Flugzeit sterben die nestbauenden ♀♀ normalerweise lange vor dem Schlüpfen ihres Nachwuchses und kommen nicht in Kontakt mit ihren Söhnen und Töchtern. Länger, nämlich 12–15 Monate, leben die Königinnen in den Staaten der Hummeln *(Bombus)* und gewisser Furchenbienen *(Halictus, Lasioglossum)*. Auch hier wird, wie bei der überwiegenden Mehrheit der solitären Arten, der gesamte Lebenszyklus der Art innerhalb eines Jahres vollendet. In der mitteleuropäischen Bienenfauna besitzen einzig *Lasioglossum marginatum* und die Honigbiene *(Apis mellifera)* einen mehrjährigen Zyklus. Mit einer 5–6 Jahre dauernden Imaginalperiode erreicht die Königin von *L. marginatum* ein Alter, das mit dem einer Honigbienenkönigin vergleichbar ist. Eine längere Flugzeit weisen auch die ♀♀ der solitären Furchenbienen *(Halictus, Lasioglossum)* sowie die Keulhornbienen *(Ceratina)* und Holzbienen *(Xylocopa)* auf, welche noch im Sommer oder Herbst aus ihren Brutzellen schlüpfen und den Winter als Imagines an geschützten Stellen verbringen. Ungewöhnlich sind die Verhältnisse bei der boreomontan verbreiteten Furchenbiene *Lasioglossum fratellum* sowie einigen weiteren Furchenbienenarten, deren langlebige ♀♀ während zweier aufeinanderfolgender Jahre je eine Brut aufziehen können.

Aufgrund ihrer arttypischen Erscheinungs- und Flugzeiten kann man bei den solitären Bienen Frühlings-, Sommer- und Spätsommerarten unterscheiden. Die sozialen Arten treten meist während eines Großteiles des Sommerhalbjahres auf.

Die ♂♂ der meisten Arten schlüpfen einige Tage vor den ♀♀ *(Proterandrie)*. Bei vielen Harz- und Wollbienen *(Anthidium)* sind dagegen die ♀♀ das zuerst erscheinende Geschlecht *(Proterogynie)*. Das zeitlich leicht verschobene Erscheinen der beiden Geschlechter steht vermutlich in Zusammenhang mit den unterschiedlichen Paarungssystemen der Bienen (s. Kapitel „Paarungsstrategien"). Ebenfalls im Zusammenhang mit der Proterandrie bzw. Proterogynie dürfte auch die meist festgelegte Reihenfolge der Geschlechter im Innern linearer, mehrzelliger Nester stehen. Bei den proterandrischen Arten entwickeln sich in linearen Nestern in den hinteren, eingangsferneren Zellen in der Regel ♀♀, in den vorderen dagegen ♂♂. Bei den proterogynen Harz- und Wollbienen sind die Verhältnisse erwartungsgemäß genau umgekehrt.

Die gezielte Anordnung von ♂ und ♀ Zellen ist möglich dank der Fähigkeit der ♀♀, das Geschlecht der Nachkommen bei der Eiablage zu bestimmen. Die in der Samenblase (Spermatheca) der ♀♀ über Wochen hinweg gespeicherten Spermien werden bei der Eiablage entweder gezielt abgegeben oder bewußt zurückgehalten:

aus befruchteten Eiern entwickeln sich ♀♀, aus unbefruchteten dagegen ♂♂.

Die meisten mitteleuropäischen Bienen bilden nur eine Generation im Jahr aus und durchlaufen innerhalb eines Jahres einen vollständigen Entwicklungszyklus. Sie sind *univoltin.* In mehreren Gattungen gibt es vereinzelte Arten, bei denen zwei Generationen im Jahr vorkommen *(bivoltin),* wobei die zweite Generation häufig nur partiell in langen und heißen Sommern auftritt. Innerhalb der Megachilinae zeichnen sich einige Arten der Gattungen *Anthidium, Dioxys, Megachile, Heriades* und *Osmia* durch eine teilweise zweijährige Entwicklung aus *(partivoltin).* Bei diesen partivoltinen Arten durchlaufen nicht alle Individuen einer Population bereits nach der ersten Überwinterung die Metamorphose zum geflügelten Insekt. Ein gewisser Prozentsatz der Ruhestadien überwintert ein zweites Mal, und die Imagines schlüpfen erst nach zwei Jahren aus den Brutzellen. Der Prozentsatz an solchen *Überliegern* variiert bei den untersuchten partivoltinen Arten zwischen 1% und 60%. Das Überliegen ist möglicherweise Ausdruck einer Strategie zur Sicherstellung der Fortpflanzung bei den Nachkommen. Indem auf eine bislang noch unbekannte Weise das Schlüpfen der Brut auf zwei Jahre verteilt wird, kann das Risiko vermindert werden, daß eine lang andauernde Schlechtwetterperiode im kommenden Jahr oder ein kurzfristig hoher Parasitendruck zu einem Totalverlust der Nachkommenschaft bei den eigenen Töchtern und Söhnen führt.

Nestbau

Grundelemente der Bienennester sind durch Trennwände voneinander abgegrenzte Kammern, die sogenannten *Brutzellen.* Je nach Bienenart bestehen die Trennwände aus Erde, zerkautem Blattmaterial, Laub- oder Blütenblattstücken, Pflanzenwolle, Harz, Mark- und Holzpartikeln oder Drüsensekreten. Einzelne Arten verwenden für den Nestbau eine Kombination verschiedener Baumaterialien.

Eine Mehrheit der Bienen kleidet die Brutzellen mit wasserabstoßenden Drüsensekreten aus, die hauptsächlich aus der Dufourdrüse im Hinterleib, bei gewissen Gattungen zusätzlich auch aus der Labialdrüse im Brustabschnitt, stammen. Die Sekrete werden mit der Analplatte am letzten Hinterleibstergit, mit dem Penicillus an der Hinterferse oder bei den Colletinae mit der speziell zu diesem Zweck umgestalteten Zunge auf die Zellwände aufgetragen. Die imprägnierende Auskleidung schützt die Brutzellen vor eindringender Feuchtigkeit und beugt damit der Zerstörung des Zellinhaltes durch Pilze und Bakterien vor. Bei den Megachilinae übernehmen

Fremdmaterialien wie Laub- und Blütenblätter, Harz oder Erde, die zum Teil ebenfalls mit körpereigenen Drüsensekreten behandelt werden, die Schutzfunktion für die Brutzellen. Die Wollbienen *Anthidium manicatum* und *A. punctatum* imprägnieren die Pflanzenhaare, aus welchen ihre Brutzellen gebaut sind, mit pflanzlichen Drüsensekreten. Diese Sekrete werden mit Hilfe spezieller Saugpolster an den Beinen auf stark drüsig behaarten Pflanzenteilen aufgenommen. Die Eigenheit der meisten im Boden nistenden Bienen, den Larvenproviant zu einer Kugel zu formen, ist wahrscheinlich ebenfalls ein Mittel, die Pollen-Nektar-Vorräte vor Pilz- und Bakterienbefall zu schützen. Da durch die Kugelform die Kontaktfläche des Larvenproviantes mit der Zellwand auf ein Minimum reduziert wird, ist eine Infektion durch Mikroorganismen über die Zellwand erschwert.

In die vorbereitete Brutzelle trägt das ♀ vorerst Pollen und Nektar ein. Da das Pollensammeln bei der Mehrheit der Bienen stets mit gleichzeitiger Nektaraufnahme gekoppelt ist, bringt das ♀ nach jedem Sammelflug Pollen *und* Nektar mit. Es würgt jeweils zuerst den Nektar aus dem Kropf in die Brutzelle aus, dreht sich darauf um und streift den Pollen aus der Bauch- bzw. Beinbürste auf den Vorratsballen ab. Mehrere Arten aus verschiedenen Gattungen geben zusätzlich zu den Blütenprodukten Sekrete der Dufourdrüse in den Larvenproviant ab. Die Funktion dieser Drüsensekrete ist unklar. Da die ♂♂ in der Regel kleiner sind als die ♀♀, ist der Nahrungsvorrat in Zellen, in denen sich ♂♂ entwickeln, deutlich geringer. Nach Abschluß der Verproviantierungsarbeiten legt das ♀ ein einzelnes Ei auf den Nahrungsvorrat, der für die gesamte Entwicklung einer Biene ausreicht, und verschließt die Zelle. Mit dem Bau einer neuen Brutzelle beginnt das ♀ erst dann, wenn die alte fertig verproviantiert, mit einem Ei belegt und verschlossen ist.

Innerhalb einer Brutzelle entwickelt sich in der Regel nur eine Biene. Ausnahmen sind alle Hummeln *(Bombus)*, bei denen jeweils mehrere Larven in einer gemeinsamen Brutzelle fressen, die laufend vergrößert wird, die Mauerbiene *Osmia brevicornis*, bei welcher das ♀ mehrere Eier in einen durchgehend mit Pollen gefüllten Hohlraum (z. B. in einen Käferfraßgang) legt, sowie die brutparasitische Düsterbiene *Stelis nasuta*, bei der sich jeweils mehrere Larven in einer Wirtszelle entwickeln.

Die Anzahl Brutzellen, die von einem ♀ im Laufe seines Lebens verproviantiert und mit einem Ei belegt werden, beträgt bei den solitären Bienenarten auch bei günstigen Bedingungen maximal 10 bis 30. Die Königinnen sozialer Arten produzieren dagegen wesentlich mehr Nachkommen. Die Spanne reicht von wenigen dutzend bei gewissen Furchenbienen *(Halictus, Lasioglossum)*, über einige hundert bei der Furchenbiene *Lasioglossum marginatum* und den

Hummeln *(Bombus)*, bis zu vielen tausend bei der Honigbiene *(Apis mellifera)*.
Die Nester der Bienen, die aus einzelnen Brutzellen oder aus Gruppen von Brutzellen bestehen, werden auf eine für jede Art charakteristische Weise an bestimmten Stellen angelegt. Folgende Nistweisen können bei den mitteleuropäischen Arten unterschieden werden (Prozentzahlen gelten für die rund 730 Bienenarten Deutschlands, Österreichs und der Schweiz):

- Selbstgegrabene Nester im Erdboden . . . . 51 %
- Selbstgenagte Nester im Mark dürrer Pflanzenstengel oder in morschem Holz . . . . 5 %
- Nester in Hohlräumen (Käferfraßgänge in Totholz, hohle Pflanzenstengel; Erd-, Fels- und Mauerspalten, Hohlräume unter Steinen, verlassene Stechimmennester; Pflanzengallen; leere Schneckengehäuse) . . . . 14 %
- Freistehende Nester aus Pflanzenharz oder mineralischem Mörtel . . . . 1 %
- Nester aus Wachszellen in größeren Hohlräumen . . . . 5 %
- Keine Nester, schmarotzende Lebensweise . . . . 24 %

Anthophora bimaculata, ♀ grabend

Selbstgegrabene Nester im Erdboden
Gut die Hälfte aller mitteleuropäischen Bienenarten nistet in selbstgegrabenen Gängen im Erdboden. Der Aushub häuft sich rund um die Nesteingänge zu kleinen Erdhügeln an. Diese sind ein charakteristisches Erkennungsmerkmal für Bienennester im Erdboden. Meist werden die Erdhügel allerdings im Lauf der Zeit durch Wind und Regen wieder abgetragen.
Das Erdmaterial wird mit Hilfe von Oberkiefern, Vorder- und Mittelbeinen ausgeschachtet und rückwärts mit Hinterleib und Hinterbeinen aus dem Nest an die Erdoberfläche geschoben. Die Basitibialplatten an den Hinterschienen helfen, den Körper im Innern der Nestgänge an den Wänden abzustützen. Mit der Analplatte am letzten Hinterleibstergit werden die Zellwände vor der Auskleidung mit Drüsensekreten festgeklopft.
In der scheinbar einheitlichen Nistweise gibt es beträchtliche Unterschiede zwischen den einzelnen Gattungen und Arten in bezug auf die Nestarchitektur und die Nistplatzwahl (s. Abbildung). Die Brutzellen liegen je nach Bienenart wenige Zentimeter bis zu einem Meter tief im Erdboden. Sie werden entweder linienförmig hintereinander in einfachen oder sich verzweigenden Gängen angelegt, befinden sich einzeln am Ende von Seitengängen, welche von einem Hauptgang abzweigen, oder münden direkt in den Hauptgang. Bei wenigen Arten sind mehrere Zellen in einer Wabe angeordnet, welche von einem Hohlraum umgeben sein kann. Gewisse Arten besiedeln offene oder nur lückig bewachsene Bodenstellen, andere nisten im Schutz einer dichteren Vegetationsdecke. Die einen schachten ihre Nester nur im Sandboden, andere nur in Löß oder Lehm aus, während eine dritte Gruppe keine deutliche Bevorzugung bestimm-

Verschiedene Typen von selbstgegrabenen Nestern im Boden:

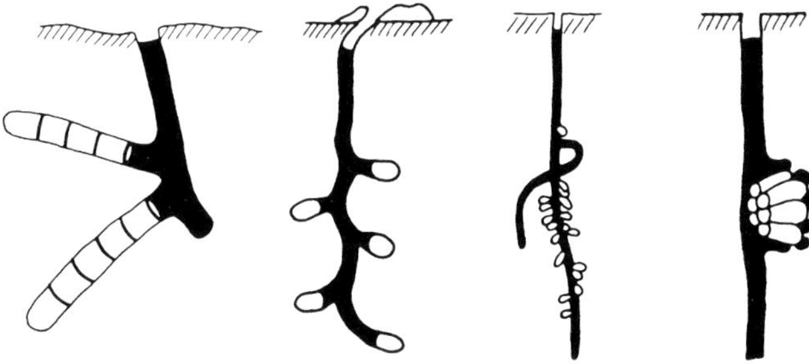

ter Bodensubstrate erkennen läßt. Gewisse Arten bauen bevorzugt in Steilwänden, andere nur in horizontalen oder schwach geneigten Flächen. Für viele Bodennister sind Nestaggregationen von einigen dutzend bis mehreren tausend Nestern charakteristisch, andere Arten nisten einzeln.

Unter den mitteleuropäischen Bienen sind die Vertreter der folgenden Gattungen fast ausnahmslos grabende Bodennister: *Colletes, Andrena, Camptopoeum, Panurginus, Panurgus, Melitturga, Dufourea, Rhophitoides, Rophites, Systropha, Nomia, Nomioides, Halictus, Lasioglossum, Dasypoda, Macropis, Melitta, Eucera, Tetralonia* und *Anthophora.* Innerhalb der Megachilinae, die größtenteils Hohlraumbezieher sind, schachten nur einzelne *Anthidium-, Megachile-* und *Osmia*-Arten ihre Nester im Erdboden selber aus.

Selbstgenagte Nester im Mark dürrer Pflanzenstengel oder in morschem Holz

Eine grabende Nistweise haben auch diejenigen Bienen, die Gänge im Mark dürrer Pflanzenstengel (z. B. Brombeeren, Rosen, Königskerzen, Holunder oder Disteln) oder in morschem Totholz ausnagen. In ihren Nestern sind die Brutzellen stets linienförmig hintereinander angeordnet. Während in den Markstengeln in der Regel nur ein Gang ausgebildet ist, können im voluminöseren Holz verzweigte Linienbauten entstehen.

Nur ein kleiner Prozentsatz der mitteleuropäischen Bienen zeigt diese Nistweise. Mehrere *Hylaeus*-Arten, *Anthidium scapulare* und die *Ceratina*-Arten besiedeln markhaltige Pflanzenstengel, während *Lithurgus* und meist auch *Anthophora furcata* ihre Nestgänge nur in morschem Holz ausnagen. Innerhalb der Gattungen *Megachile, Osmia* und *Xylocopa* gibt es sowohl markstengel- als auch totholznagende Arten.

Nester in Hohlräumen

Rund ein Siebtel der mitteleuropäischen Bienen nutzen bereits vorhandene Hohlräume für die Nestanlage.

In Käferfraßgängen in Totholz, also in abgestorbenen Bäumen, Baumstrünken, Zaunpfählen usw., oder in hohlen Pflanzenstengeln bringen viele *Hylaeus-*, einige *Anthidium-*, die *Chelostoma-* und *Heriades-* sowie zahlreiche *Megachile-* und *Osmia*-Arten ihre linienförmig angeordnete Brutzellen unter.

In Hohlräumen und Spalten im Erdboden, in Felsen und Mauerwerk, unter Steinen oder in verlassenen Nestern anderer Stechimmen nisten etliche *Hylaeus-, Anthidium-, Megachile-* und *Osmia*-Arten.

Einige wenige einheimische Bienenarten besiedeln für die Anlage ihrer Nester verlassene Pflanzengallen. Als Nistplätze vereinzelter

Hylaeus-, Anthidium- und *Osmia*-Arten wurden die durchschnittlich 20 mm großen, kugeligen Eichengallen der Gallwespe *Andricus kollari* (Cynipidae) und die zigarrenförmigen, mehrere Zentimeter langen und rund 10–15 mm dicken Schilfgallen von Halmfliegen *(Lipara,* Chloropidae) bekannt.
In leeren Schneckengehäusen nisten in Mitteleuropa eine *Anthidium-* und mindestens sechs *Osmia*-Arten.
Eine Reihe von Hohlraumnistern sind in bezug auf ihre Nistplatzwahl recht flexibel. So fand man beispielsweise Nester von *Osmia rufa* in Käferfraßgängen, hohlen Pflanzenstengeln, Mauerritzen, Fensternuten, verlassenen Stechimmennestern, Gartenschläuchen u. ä..

Freistehende Nester aus Pflanzenharz oder mineralischem Mörtel
Aus Pflanzenharz oder aus Erde und Steinchen gemörtelte Freinester an Steinen und Pflanzenteilen sind in der einheimischen Bienenfauna von *Anthidium strigatum,* zwei *Megachile-* und vier *Osmia*-Arten bekannt.

Nester aus Wachszellen in größeren Hohlräumen
Die staatenbildenden Hummeln *(Bombus)* nisten in vorgefundenen größeren Hohlräumen, je nach Art entweder oberirdisch in hohlen Bäumen oder Vogelnistkästen, an der Erdoberfläche in der Kraut- und Moosschicht oder unterirdisch in verlassenen Kleinsäugernestern. Die Nester der Hummeln, die häufig etwa Handtellergröße erreichen, unterscheiden sich durch die unregelmäßige Anordnung von Brutzellen, Kokons und Vorratsbehältern grundsätzlich von denen aller anderen Bienen. Ihre Brutzellen, in denen sich – eine Ausnahme unter den Bienen – stets mehrere Larven entwickeln, bestehen aus dem Wachs spezieller Hinterleibsdrüsen. Im Innern eines Hummel-Nestes lassen sich wächserne Brutzellen mit mehreren Eiern oder Larven, Gruppen von Seidenkokons mit einzelnen Puppen, wächserne Nektartöpfe und bei gewissen Arten mit Pollen gefüllte, verlassene Kokons unterscheiden.
Die sechseckigen Brutzellen der Honigbiene *(Apis mellifera),* die ebenfalls aus dem Wachs spezieller Hinterleibsdrüsen angefertigt werden, sind stets in einem Verband *(Wabe)* angeordnet. Die Waben sind zweischichtig und hängen zu mehreren von der Decke der Nisthöhle herab. Geräumige Baumhöhlen oder kleine Felshöhlen dürften früher die bevorzugten Nistplätze der Honigbiene in Mitteleuropa gewesen sein.

Keine Nester, schmarotzende Lebensweise
Knapp ein Viertel aller mitteleuropäischen Bienenarten, die Kuckucksbienen, haben im Lauf der Stammesgeschichte einen

Wechsel zu einer schmarotzenden Lebensweise vollzogen. Folgende Gattungen umfassen ausnahmslos brutparasitische Arten: *Sphecodes, Stelis, Dioxys, Coelioxys, Ammobates, Pasites, Ammobatoides, Biastes, Epeolus, Triepeolus, Nomada, Epeoloides, Melecta, Thyreus* und *Psithyrus.* Wahrscheinlich ist die boreoalpine Hummel-Art *Bombus inexspectatus* ebenfalls ein Kuckuck; sie entwickelt sich vermutlich in den Nestern anderer Hummel-Arten.

♀♀, die von einem Sammelflug zurückkehren, lokalisieren den ungefähren Standort ihres Nestes optisch mit Hilfe von Geländemarken (Steine, Grasbüschel u.ä.), deren Lage sie sich zu Beginn des Nestbaues eingeprägt haben. Der Nesteingang selber wird geruchlich erkannt. Er wird mit Drüsensekreten individuell markiert und daher auch dann gefunden, wenn sich das Nest in einer großen Nestkolonie befindet, sich durch äußere Einflüsse die Lage des Nestes verändert hat oder der Nesteingang bei Bodennistern, z. B. nach starken Regenfällen, verschüttet ist.

Sozialverhalten

Die überwiegende Mehrheit der Bienen hat eine solitäre Lebensweise. Soziale Arten treten nur in einigen wenigen Verwandtschaftsgruppen auf.
Eusozialität ist die am höchsten organisierte Stufe des Sozialverhaltens bei staatenbildenden Insekten. Eusoziale Vergesellschaftungen findet man neben bestimmten Bienengruppen auch bei Ameisen, Faltenwespen, Termiten und Blattläusen. Als eusozial werden Arten bezeichnet, deren Gemeinschaften die folgenden drei Eigenschaften aufweisen:

- Mehrere Individuen einer Art arbeiten bei der Brutpflege zusammen.
- Es besteht eine Arbeitsteilung zwischen eierlegenden Königinnen und sterilen Arbeiterinnen.
- Es kommt zu einer Überlappung der Generationen; mindestens zwei Generationen leben gemeinsam und arbeiten zusammen: Mutter (Königin) und Töchter (Arbeiterinnen).

Die eusozialen Bienen werden unterteilt in die *primitiv eusozialen Arten* mit meist einjährigen Staaten, wenig ausgeprägten Kastenunterschieden und praktisch fehlendem Futteraustausch zwischen den erwachsenen Nestbewohnerinnen und in die *hoch eusozialen Arten* mit mehrjährigen Staaten, deutlichen Kastenunterschieden und Futteraustausch. Die Staaten der primitiv eusozialen Arten durchlaufen eine solitäre Gründungsphase, indem ein einzelnes befruch-

tetes ♀, die spätere Königin, ein Nest gründet und die ersten Brutzellen allein versorgt, bevor die ersten Arbeiterinnen schlüpfen. Neue Kolonien hoch eusozialer Bienen entstehen dadurch, daß sich ein Teil des Volkes mit der alten bzw. einer neuen Königin vom Stammvolk trennt *(Schwärmen).* Die Königinnen der hoch eusozialen Bienen sind ohne ihr Volk nicht lebensfähig und wären zur alleinigen Gründung eines neuen Staates nicht befähigt.
Zwischen der rein solitären und der hoch eusozialen Lebensweise gibt es bei den Bienen alle möglichen Übergänge, was sie zu einer bevorzugten Gruppe für das Studium der Enstehung von Insektenstaaten macht. In der mitteleuropäischen Bienenfauna kennen wir neben den mehrheitlich *solitären* Arten und der *hoch eusozialen* Honigbiene *(Apis mellifera)* auch *kommunale* und *primitiv eusoziale* Arten. *Nestaggregationen* sind für viele mitteleuropäische Bienen charakteristisch, während ein *subsoziales, quasisoziales* oder *semisoziales* Verhalten in der mitteleuropäischen Fauna nur ansatzweise oder lediglich zeitweise in bestimmten Phasen des Lebenszyklus auftritt.
Die folgenden Ebenen der sozialen Organisation können bei den Bienen unterschieden werden (Beispiele aus der mitteleuropäischen Bienenfauna):

Solitär: Ein einzelnes ♀ baut und versorgt allein ein eigenes Nest.
Mehrheit der Bienenarten.
Subsozial: Ein einzelnes ♀ betreibt aktive Brutpflege: Es kontrolliert die Entwicklung der Larven, säubert die Brutzellen von Unrat, verteidigt das Nest oder versorgt die Larven fortlaufend mit Nahrung und erlebt das Schlüpfen seiner Söhne und Töchter.
Ansatzweise bei den Furchenbienen Halictus quadricinctus und H. sexcinctus, bei Keulhornbienen (Ceratina) und Holzbienen (Xylocopa); Staaten der Hummeln (Bombus) und vieler primitiv eusozialer Furchenbienen (Halictus, Lasioglossum) in der Gründungsphase, d. h. vor dem Schlüpfen der ersten Arbeiterinnen.
Nestaggregationen: Zahlreiche ♀♀ einer oder mehrerer Arten nisten in enger Nachbarschaft auf einer kleinen, für die Nestanlage günstigen Fläche. Jedes ♀ besitzt aber ein eigenes Nest. Die Nestaggregationen können wenige dutzend bis viele tausend Nester umfassen. Sie bieten Gelegenheit für die Entwicklung in Richtung einer höheren sozialen Organisation, indem sie das Enstehen von kommunalen Gemeinschaften begünstigen. Die Gründe für die Enstehung von Nestansammlungen sind noch unklar. Sie liegen möglicherweise im Vorhandensein von kleinräumig günstigen Nistgelegenheiten oder in einem besseren Schutz vor Brutparasiten. Neuere Untersuchungen lassen es als möglich erscheinen, daß das Nisten in dichten Aggregationen dem Einzeltier rein statistisch

einen größeren Schutz vor der Parasitierung der eigenen Brutzellen bietet, da die Wahrscheinlichkeit, daß ein Brutparasit statt in das eigene in ein benachbartes Nest eindringt, mit wachsender Nestdichte zunimmt.

Verschiedene Seidenbienen (Colletes), Sandbienen (Andrena), Zottelbienen (Panurgus), Schlürfbienen (Rophites), Schienenbienen (Nomia), Furchenbienen (Halictus, Lasioglossum), Hosenbienen (Dasypoda), Scherenbienen (Chelostoma), Löcherbienen (Heriades), Mauerbienen (Osmia), Langhornbienen (Eucera, Tetralonia), Pelzbienen (Anthophora) u. a..

Kommunal: Mehrere ♀♀ einer Generation benutzen ein gemeinsames Nest oder einen gemeinsamen Nesteingang. Jedes ♀ versorgt aber seine selbständig gebauten Brutzellen allein. Kommunale Nester können mehrere hundert ♀♀ beherbergen. Der Vorteil einer kommunalen Nistweise liegt möglicherweise in einer verbesserten Abwehr von Brutparasiten, da ein unbemerktes Eindringen in ein kommunales Nest, wo ständig einige Bienen anwesend sind, bedeutend erschwert ist.

Einige Arten unter den Sandbienen (Andrena), Scheinlappenbienen (Panurginus), Zottelbienen (Panurgus), Schwebebienen (Melitturga), Schienenbienen (Nomia), Steppenbienen (Nomioides), Furchenbienen (Halictus, Lasioglossum), Blattschneiderbienen (Megachile), Mauerbienen (Osmia) und Langhornbienen (Eucera).

Quasisozial: Mehrere ♀♀ einer Generation benutzen ein gemeinsames Nest und betreiben gemeinsame Brutpflege. Jedes ♀ legt Eier.

Ansatzweise bei Mörtelbienen (Megachile) und wenigen Mauerbienen (Osmia).

Semisozial: Mehrere ♀♀ einer Generation benutzen ein gemeinsames Nest und betreiben gemeinsame Brutpflege. Es existiert eine Arbeitsteilung zwischen den gleichaltrigen Individuen: ein ♀ legt Eier (Königin), die anderen ♀♀ verrichten Sammel- und Bauarbeiten (Hilfs-♀♀).

Übergangsstadium bei bestimmten primitiv eusozialen Furchenbienen (Halictus, Lasioglossum) nach erfolgter Nestgründung durch mehrere ♀♀ (Polygynie).

Eusozial: Angehörige mindestens *zweier* Generationen, Mutter und Töchter, benutzen ein gemeinsames Nest und haben gemeinsame Brutpflege. Es besteht eine Arbeitsteilung zwischen den ungleichaltrigen Individuen: ein ♀ legt Eier (Königin), die anderen ♀♀ verrichten Sammel- und Bauarbeiten (Arbeiterinnen).

Primitiv eusozial: Solitäre Gründungsphase, meist nur einjährige Staaten, geringe Kastenunterschiede, meist fehlender Futteraustausch.

Verschiedene Furchenbienen (Halictus, Lasioglossum), Hummeln (Bombus).

Hoch eusozial: Soziale Gründungsphase, mehrjährige Staaten, große Kastenunterschiede, Futteraustausch.
Honigbiene (Apis mellifera).

Man nimmt an, daß die eusoziale Lebensweise im Lauf der Evolution allein bei den Bienen in acht voneinander unabhängigen Entwicklungslinien entstanden ist. Aufgrund der verschiedenen bei den Bienen verwirklichten sozialen Gemeinschaften kann man sich hypothetisch zwei Wege vorstellen, wie sich die Eusozialität über Stufen zunehmend komplizierterer Vergesellschaftungen entwickelt hat. Die beiden denkbaren Wege sind der *subsoziale Weg,* der von der solitären Stufe über die subsoziale Stufe direkt zur Eusozialität führte, und der *parasoziale Weg,* der über Nestaggregationen, kommunale, quasi- und semisoziale Stufe das Stadium der Eusozialität erreichte.

Brutparasiten

Pilze und Bakterien, welche die eingetragenen Nahrungsvorräte bzw. die sich entwickelnden Bienen befallen, dürften die wichtigsten Verursacher von Brutverlusten sein, obwohl die meisten Bienenarten wirksame Mittel gegen den Befall des Nestinhaltes durch Mikroorganismen entwickelt haben (s. Kapitel „Nestbau").
Unter den zahlreichen Brutparasiten lassen sich zwei Gruppen unterscheiden: die *Futterparasiten* leben von den eingetragenen Nahrungsvorräten, während die *Raubparasiten* die Bienenlarven selber befallen.
Wichtige *Futterparasiten* stammen aus den eigenen Reihen. Bei vielen regulär nestbauenden Bienenarten brechen einzelne ♀♀ von Zeit zu Zeit Brutzellen von Artgenossinnen auf und tauschen das fremde Ei gegen ihr eigenes aus. Aus diesem fakultativen, innerartlichen Parasitismus dürfte sich das brutparasitische Verhalten der oft auffällig gefärbten *Kuckucksbienen* entwickelt haben, die ihre ursprüngliche Lebensweise als Nestbauer und als Pollen- und Nektarsammler vollständig aufgegeben haben (s. Kapitel „Nestbau"). Kuckucksbienen sind im Lauf der Entwicklungsgeschichte mindestens 26mal unabhängig innerhalb verschiedener Verwandtschaftsgruppen der Bienen entstanden. Sie nutzen die Brutpflegeleistungen nestbauender Bienen aus, indem sie ihre Eier in der Art des Kuckucks in deren Brutzellen schmuggeln. Auf Kosten der Wirtsbienenlarve entwickelt sich auf dem eingetragenen Nahrungsvorrat die Larve der Kuckucksbiene. Die Kuckucksbienen, die über keine speziellen Ausstattungen für das Pollensammeln mehr verfügen, können auf die zeitaufwendigen Nestbau- und Verproviantierungsarbeiten verzichten, sind aber

auf Gedeih und Verderben auf ihre Wirte angewiesen. In den meisten Fällen liegt eine strenge Spezialisierung auf ganz bestimmte Wirtsbienenarten vor, so daß eine bestimmte Kuckucksbienenart nur die Nester einer einzigen oder einer Gruppe von nah verwandten Bienenarten parasitieren kann. Im Vergleich zu den nestbauenden Bienen verfügen die ♀♀ der Kuckucksbienen über eine größere Zahl ablagebereiter Eier in den Ovarien, was ihnen eine Eiablage in rascherer Folge erlaubt. Für die parasitische Lebensweise ist diese Eigenschaft von Vorteil, da die Kuckucksbienen nicht wie die ♀♀ nestbauender Arten vor jeder Eiablage vorerst eine Brutzelle bauen und verproviantieren müssen. Wahrscheinlich aufgrund dieser höheren Eiproduktion sind die Eier der Kuckucksbienen in der Regel deutlich kleiner als die ihrer Wirte.

Drei unterschiedliche Formen der Parasitierung lassen sich unterscheiden:

- Die Kuckucksbiene dringt in das Wirtsbienennest ein, öffnet eine *fertig verproviantierte und mit einem Ei belegte* Brutzelle, zerstört das vorhandene Ei oder die bereits geschlüpfte Larve, legt ein eigenes Ei auf den Nahrungsvorrat und verschließt die Brutzelle wieder. Die Blutbienen *(Sphecodes)*, die vorwiegend bei den bodennistenden Furchenbienen *(Halictus, Lasioglossum)* schmarotzen, gehen bei der Parasitierung auf die geschilderte Weise vor. Die Larven der Blutbienen verfügen über keine morphologische Einrichtungen für das Suchen und Töten des Eies bzw. der frischgeschlüpften Larve des Wirtes.
- Die Kuckucksbiene dringt in das Wirtsbienennest ein und legt ein Ei in eine meist *noch unvollständig verproviantierte und unverschlossene* Brutzelle, die von der Wirtsbiene später fertig versorgt und mit ihrem eigenen Ei belegt wird. Nach dem Ausschlüpfen tötet die Kuckucksbienenlarve das Wirtsei bzw. die Wirtslarve mit ihren zu Mordwerkzeugen umgestalteten Oberkiefern und macht sich nach der Beseitigung des Nahrungskonkurrenten über den fremden Nahrungsvorrat her. Mit Ausnahme der Blutbienen *(Sphecodes)* und der Schmarotzerhummeln *(Psithyrus)* ist diese Art der Parasitierung typisch für alle übrigen mitteleuropäischen Kuckucksbienen.
- Die Kuckucksbiene dringt in das Nest einer primitiv eusozialen Art ein, übernimmt die Funktion der Königin und läßt ihre Nachkommen von den fremden Arbeiterinnen aufziehen. Dieses Verhalten wird als Sozialparasitismus bezeichnet. Sozialparasiten in der mitteleuropäischen Bienenfauna sind die Schmarotzerhummeln *(Psithyrus)*, welche sich ausschließlich in den Nestern von Hummeln *(Bombus)* entwickeln.

Die Wirtsbienen reagieren in Nestnähe meist aggressiv auf ihre spezifischen Kuckucke und versuchen, sie aus der Umgebung ihrer Nester zu vertreiben. Als Schutz vor den Angriffen ihrer Wirte besitzen die Kuckucksbienen ein im Vergleich zu nestbauenden Arten ausgesprochen hartes Außenskelett und einen kräftig ausgebildeten Stachel. Sie vermeiden das Zusammentreffen mit ihren Wirten, indem sie sich meist nur während der Abwesenheit der Nestbesitzerin dem Nest nähern und so unbemerkt eindringen können. Die Schmarotzerhummeln, die bereits entwickelte Hummelstaaten befallen, oder gewisse Blutbienen, die bei primitiv eusozialen Furchenbienen schmarotzen, sind durch die soziale Lebensweise ihrer Wirte gezwungen, in Nester einzudringen, die dauernd von einigen Bienen bevölkert sind. Hier kommt es oft zum Kampf zwischen Wirt und Parasit, der häufig mit dem Tod oder der Vertreibung von Arbeiterinnen oder Königin endet.
Im Gegensatz zu der durch Aggressivität gekennzeichneten Beziehung zwischen Wirt und Parasit, die für die meisten Bienen üblich ist, verhalten sich viele Sandbienen *(Andrena)* ihren Kuckucken, den Wespenbienen *(Nomada),* gegenüber meist auffallend friedfertig. *Andrena*-♀♀ reagieren auf die Anwesenheit der Wespenbienen in Nestnähe kaum. Der Grund für diese friedliche Wirt-Parasit-Beziehung steht wahrscheinlich in Zusammenhang mit einem Phänomen, das als Dufttarnung bezeichnet wird. Chemische Analysen haben gezeigt, daß Kopfdrüsensekrete der *Nomada*-♂♂ eine ganz ähnliche stoffliche Zusammensetzung aufweisen wie die Sekrete aus der Dufourdrüse der Wirts-♀♀, obwohl die Sand- und Wespenbienen nicht näher miteinander verwandt sind, sondern zu zwei ganz verschiedenen Bienengruppen gehören. Möglicherweise werden die wenig flüchtigen Kopfdrüsensekrete der *Nomada*-♂♂ bei der Paarung auf die ♀♀ übertragen, welche danach unbehelligt in ein *Andrena*-Nest eindringen können. Interessanterweise wurde die gleiche Übereinstimmung in der stofflichen Zusammensetzung der Drüsensekrete auch bei zwei Sägehornbienen *(Melitta)* und ihren spezifischen *Nomada*-Parasiten festgestellt.
Weitere wichtige Futterparasiten, deren Larven zunächst das Wirtsei aussaugen und danach die eingetragenen Futtervorräte verzehren, sind – neben den Kuckucksbienen – die Schmalbauchwespen (Gasteruptionidae), die vorwiegend bei Maskenbienen *(Hylaeus)* schmarotzen, die Keulenwespen (Sapygidae) und Taufliegen der Gattung *Cacoxenus* (Drosophilidae), welche die Nester verschiedener Megachilinae parasitieren, sowie die Ölkäfer (Meloidae), deren frisch geschlüpfte Larven (Triungulinen) sich auf Blüten an pollen- und nektarsammelnde Bienen klammern und sich von den ♀♀ in die Nester transportieren lassen, wo sie ihre weitere Entwicklung zum ausgewachsenen Käfer durchmachen.

Die Ölkäfer und einige Schmalbauchwespen verhalten sich anfänglich als reine Futterparasiten, dringen aber im Lauf ihrer Entwicklung durch die Zellzwischenwände in benachbarte Brutzellen ein und fressen deren Inhalt einschließlich der Bienenlarven. Damit leiten diese beiden Gruppen zu den echten *Raubparasiten* über, deren Larven nicht die Pollen-Nektar-Vorräte, sondern die Bienenlarven selber befallen. Wichtige Raubparasiten der einheimischen Bienen sind gewisse Buntkäfer (Cleridae), viele Wollschweber (Bombyliidae), zahlreiche Schlupf- und Erzwespen (Ichneumonoidea und Chalcidoidea) sowie einige Goldwespen (Chrysididae) und Ameisenwespen (Mutillidae).

Die Raupen der Wachsmotten (Pyralidae) leben im Innern von Hummel- und Honigbienennestern und ernähren sich vom Wachs der Brutzellen, von den Futtervorräten sowie teilweise auch von den Bienenlarven.

Milben (Acari) sind in den Brutzellen von Bienennestern regelmäßige und häufige Gäste. Da die meisten Arten Pilze, Bakterien, Futterreste oder geringe Mengen von Pollen und Nektar fressen oder sich räuberisch von anderen Milben und Fadenwürmern ernähren, treten sie in den Brutzellen der Bienen kaum als Schädlinge auf. Einige Arten dürften durch ihre räuberische Lebensweise oder durch Pilz- und Bakterienfraß sogar nützlich sein. Milben, welche bedeutende Brutverluste verursachen, indem sie sich von den Körpersäften der Bienenlarven ernähren, wurden bisher nur aus den Nestern sozialer Apinae bekannt. Um neue Bienennester zu besiedeln, klammern sich viele Milben an frisch geschlüpfte Bienen. Dicht mit Milben besetzte Bienen sind im Frühjahr kein seltener Anblick.

o.l.o.: Verpilzte Brutzelle von *Osmia caerulescens;* **o.l.u.:** *Gasteruption* spec., ♀ am Nest von *Hylaeus punctulatissimus;* **o.r.:** *Sapyga clavicornis*, ♀; **u.l.o.:** *Cacoxenus indagator*, ♀ am Nest von *Osmia rufa;* **u.l.u.:** *Cacoxenus indigator*, verpuppungsreife Larven in Zelle von *Osmia rufa* mit charakteristischen fadenförmigen Exkrementen; **u.r.o.:** *Meloe violacea*, ♀ frißt auf *Ranunculus ficaria;* **u.r.u.:** *Meloe violacea*, Larven („Triungulinen") auf *Anemone nemorosa*

Seite 40:
o.l.o.: *Trichodes alvearius* (Cleridae); **o.l.u.:** *Trichodes alvearius* (Cleridae), Larve dringt in Nest von *Osmia rufa* ein; **o.r.o.:** *Bombylius major* (Bombyliidae); **o.r.u.:** *Anthrax* spec. (Bombyliidae), leere Puppenhülle am Eingang eines Bienennestes; **u.:** *Leucospis dorsigera* (Chalcidoidea), ♀♀ legen Eier in Brutzellen von *Osmia adunca*

Seite 41:
o.l.: *Chrysis* spec.; **o.r.o.:** Mit Milben dicht besetztes ♀ von *Osmia brevicornis;* **o.r.u.:** Milben-Ansammlung am Nesteingang von *Osmia brevicornis;* **u.:** *Ronisia barbara* (Mutillidae)

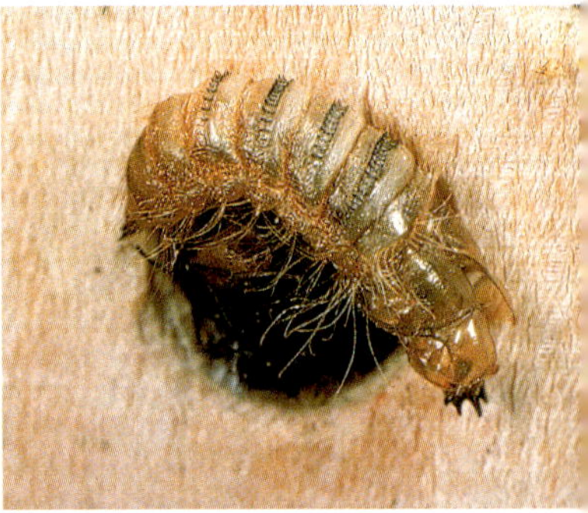

Blütenbesuch

Die Bienen ernähren sich sowohl während ihrer Entwicklung als auch als Imagines von *Blütenprodukten.* Während die ♂♂ und ♀♀ für die eigene Ernährung Nektar saugen und in geringerem Maß auch Pollen fressen, tragen die ♀♀ als Nahrungsvorrat für ihre Nachkommen Pollen und Nektar in die Brutzellen der Nester ein.
Der Nektar wird mit leckend-saugenden Bewegungen des Rüssels aufgenommen, welcher durch Zusammenlagerung mehrerer stark spezialisierter Mundteile (Unterlippe und Unterkiefer) gebildet wird (s. Kapitel „Körperbau"). Die Rüssellänge variiert je nach Bienenart zwischen wenigen Millimetern und über zwei Zentimetern. Entsprechend unterschiedlich sind die von den kurz- bzw. langrüsseligen Bienen genutzten Nektarpflanzen. Die Vertreter der Gattungen *Colletes, Hylaeus, Andrena, Panurginus, Sphecodes* und *Macropis* besitzen einen im Verhältnis zur Körpergröße meist kurzen, die Vertreter der Megachilinae, der Apinae (außer *Apis mellifera)* sowie der Gattungen *Camptopoeum* und *Rophites* dagegen alle einen langen Rüssel. Die übrigen mitteleuropäischen Gattungen nehmen bezüglich der Rüssellänge eine Mittelstellung ein.
Die ♀♀ sammeln den Pollen in der Regel gezielt mit Hilfe der (Vorder-)Beine, wozu sie die kammartige Behaarung auf der Innenseite der Fersen einsetzen. Bei einigen Vertretern der Megachilinae wird der Pollen mit wippenden Bewegungen des Hinterleibes von den pollentragenden Blütenteilen direkt in die Bauchbürste aufgenommen. Einzelne Bienenarten haben für die Pollenaufnahme spezialisierte morphologische Strukturen entwickelt. So besitzen mehrere mitteleuropäische *Rophites-, Anthidium-, Osmia-* und *Anthophora*-Arten eine Gesichtsbehaarung aus stacheligen bzw. wellen- oder hakenförmig verbogenen Haaren, mit deren Hilfe der Pollen direkt aus den oberständigen Staubbeuteln von Lippenblütlern (Lamiaceae) und gewissen Rachenblütlern (Scrophulariaceae) geerntet wird. Hakig gebogene Borsten an den Vorderbeinen oder an den Mundteilen dienen mehreren mitteleuropäischen Arten aus den Gattungen *Colletes, Andrena, Osmia, Eucera* und *Anthophora* dazu, Pollen aus den engröhrigen Blüten verschiedener Borretschgewächse (Boraginaceae) oder Primelgewächse (Primulaceae) herauszukratzen.
Die Vertreter der Gattungen *Rophites, Melitta, Xylocopa, Anthophora* und *Bombus* sind in der Lage, durch Vibration der indirekten Flügelmuskulatur Pollen zu ernten *(buzzing).* Indem sie ihren Körper und damit die Blüten durch hörbare Vibrationsstöße der indirekten Flügelmuskulatur in Schwingung versetzen, schütteln sie die Pollenkörner aus den Staubbeuteln auf ihren Körper. Interessanterweise ist die ausgesprochen lernfähige Honigbiene *(Apis mellifera)* nicht

befähigt, auf diese besondere Weise Pollen zu sammeln. Das gleiche gilt für alle mitteleuropäischen Andreninae und die meisten Megachilinae.

Für den Transport des gesammelten Pollens in die Brutzellen haben die Bienen unterschiedliche Einrichtungen entwickelt. Die meisten mitteleuropäischen Bienen überführen den mit den Beinen oder mit Hilfe spezialisierter Strukturen gesammelten Pollen in eine Haarbürste an den Hinterbeinen *(Beinsammler)*. Arten, die auf Pflanzen sammeln, deren Pollenkörner ausgesprochen groß sind, z. B. auf Malvengewächsen (Malvaceae) oder Kardengewächsen (Dipsacaceae), weisen in Anpassung an die Pollenkorngröße Beinbürsten aus lockerstehenden, langen Haaren auf, die unverzweigt oder höchstens mit kurzen Seitenästchen versehen sind. Beinbürsten aus dichtstehenden, stark verzweigten Haaren sind oft charakteristisch für Arten, die Pollen auf Pflanzen mit kleinen Pollenkörnern ernten, z. B. auf Weiden *(Salix)*. Verschiedene Vertreter der Melittinae und der Apini feuchten den Pollen für den Heimtransport mit Nektar an *(Feuchtsammler)*. Dieses Verhalten erleichtert möglicherweise in Kombination mit den lockerstehenden, geraden und kräftigen Borsten der Beinbürste das gleichzeitige Transportieren von Pollenkörnern ganz unterschiedlicher Größe. Die Seidenbienen *(Colletes)* und die Sandbienen *(Andrena)* besitzen neben der Beinbürste ein mit gebogenen Haaren umstandenes Körbchen an den Seiten des Mittelsegmentes, in das zusätzlich Pollen eingelagert wird. Die Honigbiene *(Apis mellifera)* und die Hummeln *(Bombus)* tragen den mit Nektar angefeuchteten Pollen auf der Außenseite der Hinterschienen ebenfalls in einem von Haaren umstandenen Körbchen in ihre Nester zurück. Die Vertreter der Megachilinae benutzen für den Pollentransport eine Haarbürste auf der Unterseite des Hinterleibes *(Bauchsammler)*. Die Maskenbienen *(Hylaeus)* sowie – in unterschiedlichem Ausmaß – die Keulhornbienen *(Ceratina)* und die Holzbienen *(Xylocopa)* verschlucken den Pollen auf den Blüten und transportieren ihn im Kropf in die Brutzellen, wo er zusammen mit dem Nektar ausgewürgt wird *(Schlucksammler)*. Die Vertreter dieser drei Gattungen haben auf bestimmten Teilen der Unterkiefer spezielle Borstenkämme ausgebildet, die den Pollen von den Vorderbeinen abnehmen, bevor er verschluckt wird.

Das Spektrum der beim *Nektarerwerb* besuchten Blüten ist meist weit, Spezialisierungen auf bestimmte Pflanzengruppen sind nicht bekannt. Dagegen besuchen viele Bienen beim *Pollensammeln* nur bestimmte Pflanzen. Solche Pollenspezialisten werden als *oligolektisch* bezeichnet. Die ♀♀ dieser spezialisierten Arten sammeln den Pollen in ihrem gesamten Verbreitungsgebiet, auch beim Vorhandensein anderer Pollenquellen, ausschließlich auf Pflanzen einer Pflanzenfamilie. Die Oligolektie kann verschieden streng ausgebil-

det sein: gewisse Arten sammeln Pollen nur auf einer bestimmten Pflanzengattung, andere auf mehreren Pflanzengattungen innerhalb einer Pflanzenfamilie und wieder andere auf fast allen Gattungen einer Pflanzenfamilie. Die Spezialisierung auf eine einzige Pflanzenart scheint bei Bienen nicht vorzukommen, kann jedoch dann vorgetäuscht werden, wenn eine oligolektische Biene auf einer Art Pollen sammelt, die als einzige Vertreterin ihrer Gattung lokal in einem bestimmten Gebiet vorkommt. So besucht beispielsweise die Maskenbiene *Hylaeus signatus* vielerorts in Mitteleuropa nur Blüten der Gelben Resede *(Reseda lutea);* in klimatisch begünstigten Gebieten und in Südeuropa trifft man sie zusätzlich auch auf der Färber-Resede *(Reseda luteola)* und der Rapunzel-Resede *(Reseda phyteuma).*
Die Mehrheit der mitteleuropäischen Bienen verhält sich beim Pollensammeln opportunistisch. Diese Pollengeneralisten nutzen das jeweilige Blütenangebot vielfältig und sammeln auf allen möglichen Pflanzen Pollen. Man bezeichnet sie als *polylektisch.* Beinahe alle sozial lebenden Bienen sind polylektisch. Sie können es sich nicht erlauben, oligolektisch zu sein, da ihre individuenreichen Staaten einerseits größere Nahrungsmengen benötigen, andererseits die Lebensdauer ihrer Staaten die Blühdauer einzelner Pflanzenarten oder -gruppen in der Regel übertrifft.
In der mitteleuropäischen Bienenfauna sind knapp 30% der nestbauenden Arten oligolektisch und ungefähr 60% polylektisch. Die Blütenpräferenzen des restlichen Zehntels sind noch unbekannt.
Zwischen Oligolektie und Polylektie gibt es breite Übergänge. Die Trennung zwischen den beiden Sammelstrategien ist nicht so scharf, wie dies die beiden Begriffe zum Ausdruck bringen. Auch sogenannt polylektische Arten können in bezug auf das Pollensammeln mehr oder weniger eingeschränkt sein, gewisse Pflanzengruppen völlig meiden oder eine auffällige Vorliebe für bestimmte Gattungen oder Familien zeigen.
Die Frage ist noch offen, ob die Oligolektie oder die Polylektie das stammesgeschichtlich ursprüngliche Pollensammelverhalten darstellt. Zumindest innerhalb der westpaläarktischen Harz- und Wollbienen *(Anthidium)* dürften sich die polylektischen Arten mehrfach aus oligolektischen Vorgängern entwickelt haben. Die Tatsache, daß die primitivsten Glieder der meisten Bienenfamilien oligolektisch sind, ist ein weiterer Hinweis darauf, daß die Polylektie bei Bienen möglicherweise allgemein als die abgeleitete Form angesehen werden kann.
Nicht zu verwechseln mit der Oligolektie, die vermutlich genetisch fixiert ist und sich auf eine Bienen*art* bezieht, ist die sogenannte *Blütenstetigkeit* (Blütentreue), die bei den einzelnen Arten in Abhängigkeit vom Blütenangebot unterschiedlich stark ausgebildet ist. Blütenstetigkeit bezeichnet ein nur kurzfristig erlerntes Verhalten

eines Bienen*individuums*, das während eines Pollensammelfluges nur eine Pflanzenart besucht, die zur Zeit gerade reichlich blüht und deren Besuch sich aufgrund der gemachten Erfahrungen besonders lohnt. Zu einem späteren Zeitpunkt kann das gleiche Individuum auf ganz anderen Pflanzenarten Pollen sammeln. Da sich die Oligolektie nicht auf eine einzelne Pflanzenart, sondern auf eine Pflanzengattung oder -familie bezieht, können sich auch oligolektische Bienen mehr oder weniger blütenstet verhalten.
Aus den Tropen sind schon seit längerer Zeit Pflanzen bekannt, die in ihren Blüten keinen Nektar, sondern fette Öle produzieren, die von streng spezialisierten Bienen mit Hilfe besonderer Saugpolster an den Beinen gesammelt und zusammen mit Pollen in die Nester transportiert werden. Die Larven dieser Ölbienen ernähren sich nicht, wie sonst bei Bienen üblich, von Pollen und Nektar, sondern von einem Gemisch aus Pollen und Blütenöl. Weltweit sind mittlerweile gegen 2500 Pflanzenarten mit Öldrüsen bekannt. Sie gehören zu zehn verschiedenen Pflanzenfamilien. Ölsammelnde Bienen wurden in vier Verwandtschaftsgruppen nachgewiesen. Seit kurzem wissen wir, daß auch in Mitteleuropa Ölbienen und Ölblumen vorkommen. Bei den einheimischen Ölblumen handelt es sich um die Gilbweiderich-Arten *Lysimachia nummularia* und *L. vulgaris* sowie um die häufig in Gärten angepflanzte *L. punctata* (Primulaceae). Das Gilbweiderich-Öl, welches von dichtstehenden Drüsenhaaren am Blütengrund ausgeschieden wird, wird von den beiden Schenkelbienen *Macropis europaea* und *M. fulvipes* (Melittinae) mit saugfähigen Haarpolstern an Vorder- und Mittelbeinen gesammelt. Auch für das Pollensammeln sind die Schenkelbienen streng auf Gilbweiderich spezialisiert. Da die Gilbweiderich-Blüten keinen Nektar produzieren, müssen die Schenkelbienen ihren eigenen Nektarbedarf auf anderen Pflanzen decken.

Paarungsstrategien

Bei den Bienen ist die Brutfürsorge allein Sache der ♀♀. Die ♂♂ beteiligen sich weder am Nestbau noch an den Verproviantierungsarbeiten. Sie sorgen nur für ihre eigene Verköstigung und suchen während ihrer nur wenige Wochen dauernden Flugzeit unermüdlich nach paarungswilligen ♀♀. Die ♂♂ können sich mehrfach mit verschiedenen ♀♀ paaren. Aufgrund der beim Schlüpfen bereits abgeschlossenen Spermienbildung reicht ihr Spermienvorrat allerdings nicht für beliebig viele Kopulationen aus. Die ♂♂ gewisser Mauerbienen *(Osmia)* übertragen bei der Paarung neben den Spermien zusätzlich große Mengen von Sekreten aus speziellen Drüsen des Geschlechtsapparates, welche in der Vagina des ♀ zu einem

Kopulationspfropfen verklumpen. Dieser Pfropfen bewirkt, daß die Spermien des zuerst kopulierenden ♂ vor denen eines nachfolgenden Rivalen in der Samenblase (Spermatheca) des ♀ ankommen. Da ein Mehrfaches der zur Füllung der Samenblase erforderlichen Spermienmenge mit einem einzigen Ejakulat übertragen wird, werden im Fall von Mehrfachpaarungen nur die Spermien des jeweils ersten ♂♂ gespeichert.
Die ♀♀ der meisten Bienenarten verpaaren sich während ihres gesamten Lebens entweder nur ein einziges Mal, und zwar unmittelbar nach dem Schlüpfen aus den Brutzellen, oder aber mehrfach mit verschiedenen ♂♂ während einer sehr kurzen Zeitspanne kurz nach dem Schlüpfen. Da sie die Kontrolle über die Begattung besitzen und entscheiden können, ob sie ein aufgerittenes ♂ zur Kopulation zulassen, können sie sich allen späteren Paarungsversuchen erfolgreich widersetzen. Im Gegensatz zu den ♂♂, welche ihren Fortpflanzungserfolg durch möglichst viele Paarungen mit verschiedenen ♀♀ steigern können und entsprechend stark um die nur beschränkt verfügbaren ♀♀ konkurrieren, wählen die ♀♀ unter den rivalisierenden ♂♂ einen geeigneten Geschlechtspartner aus. Die Menge der Spermien, die bei einer einzigen Paarung übertragen und in der Spermatheca gespeichert wird, reicht zeitlebens für die Befruchtung aller Eier eines ♀ aus.
Die Eigenschaft der ♀♀, sich nur unmittelbar nach dem Schlüpfen zu verpaaren, führt dazu, daß diejenigen ♂♂, die beim Erscheinen der ersten ♀♀ bereits geschlüpft sind, einen Vorteil gegenüber später erscheinenden ♂♂ besitzen, da für erstere die Wahrscheinlichkeit höher ist, auf frisch geschlüpfte und damit noch unverpaarte ♀♀ zu stoßen. Die Selektion sollte deshalb ein frühes Erscheinen der ♂♂ begünstigen. Tatsächlich beobachtet man bei der überwiegenden Mehrzahl der mitteleuropäischen Bienen, daß die ersten ♂♂ jeweils wenige Tage vor den ersten ♀♀ auftauchen bzw. der Schlüpfhöhepunkt der ♂♂ dem der ♀♀ deutlich vorausgeht *(Proterandrie).* Eine Ausnahme von den eben geschilderten Verhältnissen bilden die Wollbienen *(Anthidium),* deren ♀♀ als erste im Freien erscheinen *(Proterogynie).* Wollbienen-♀♀ verpaaren sich zeit ihres Lebens mehrfach mit verschiedenen ♂♂. Mehrfachpaarungen über die gesamte Lebensspanne eines ♀ sind in der mitteleuropäischen Bienenfauna auch von den Zottelbienen *(Panurgus)* bekannt.
Die ♂♂ suchen in ihren Fluggebieten nicht auf gut Glück nach artgleichen ♀♀, sondern sie haben je nach Art unterschiedliche Strategien entwickelt. Sie konzentrieren ihre Aktivitäten auf Stellen, an denen eine hohe Wahrscheinlichkeit besteht, auf unverpaarte ♀♀ zu treffen. Erfolgversprechende *Rendezvous-Plätze* sind vor allem *Nistplätze* oder *Blüten,* seltener *Landmarken.*

Die ♂♂ kontrollieren auf der Suche nach ♀♀ Nistplätze in der Regel nur dann, wenn zahlreiche Nester auf engem Raum nebeneinander angelegt sind. Die Überwachung einzelner und nur schwierig zu lokalisierender Nester lohnt sich kaum. Für viele Bienen sind Blüten die wichtigsten Paarungsorte. Besonders die ♂♂ oligolektischer Arten suchen bevorzugt auf den Pollen- und Nektarquellen ihrer ♀♀ nach paarungswilligen Geschlechtspartnerinnen. Häufig beobachtet man auch ♂♂, die auf ihren Suchflügen sowohl Blüten als auch Nistplätze kontrollieren. Sind die Nester weit verstreut und sammeln die ♀♀ auf allen möglichen Pflanzen Pollen und Nektar, können die Rendezvous-Plätze Landmarken sein, z. B. Gebüsche, Bäume, Steine oder Hügelkuppen. Hier warten die ♂♂ auf zufällig vorbeikommende ♀♀ oder locken sie mit artspezifischen Duftstoffen an.
In der Art und Weise, wie die Rendezvous-Plätze kontrolliert werden, gibt es große artspezifische Unterschiede. Die ♂♂ einzelner Arten verteidigen bestimmte Rendezvous-Plätze aggressiv gegen artgleiche ♂♂, so daß es zur Ausbildung von Territorien kommt. Bei anderen Arten suchen mehrere ♂♂ gleichzeitig in einem begrenzten Raum friedlich nach ♀♀. Außerdem können die ♂♂ entweder an den Rendezvous-Plätzen auf vorbeifliegende oder ankommende ♀♀ warten, oder sie können die potentiellen Paarungsorte in raschem Flug in beliebiger Reihenfolge bzw. auf festgelegten Bahnen abpatrouillieren.
Das Anbringen von Duftmarken an bestimmten Stellen in ihren Fluggebieten, z. B. an Pflanzenhalmen, an Blattwerk von Büschen und Bäumen oder an Steinen, ist für die ♂♂ vieler Arten charakteristisch und dürfte der Geschlechterfindung dienen.

Schlafplätze

Die ♀♀ nestbauender Bienenarten schlafen während der Nacht oder bei schlechtem Wetter meist in ihren Nestern. Die Kuckucksbienen, die keine eigenen Nester bauen und die ♂♂ der nestbauenden Arten müssen vor dem Einnachten und während ungünstiger Witterungsbedingungen auch tagsüber andere Schlafplätze aufsuchen. Während die einen Arten teils einzeln, teils in kleineren Gesellschaften in vorgefundenen Hohlräumen wie Insektenfraßgängen, Stein- und Erdspalten, Schneckengehäusen, in nickenden Blüten oder in selbstgegrabenen Erdlöchern ruhen, schlafen andere Arten exponiert an Pflanzenhalmen, an Blättern, auf Blüten oder auf Fruchtständen, wobei sich auch hier oft mehrere Tiere zu einer Schlafgesellschaft zusammenfinden. Derartige Schlafgesellschaften können sich aus einer lockeren Ansammlung weniger Tiere, die

Epeolus variegatus, ♂ schlafend

ohne Körperkontakt an denselben Pflanzenteilen ruhen, bis hin zu einem kompakten Verband schlafender Bienen zusammensetzen. Einige der exponiert ruhenden Bienen beißen sich mit den Oberkiefern an Halmen oder Blättern fest und verharren ohne Zuhilfenahme der Beine, einzig fixiert durch die klammernden Oberkiefer, regungslos in schräg aufrechter, horizontaler oder hängender Position. Für viele Kuckucksbienen aus den Gattungen *Coelioxys, Pasites, Ammobatoides, Biastes, Epeolus, Nomada, Epeoloides, Melecta* und *Thyreus* sowie für die ♂♂ einiger *Anthidium-, Tetralonia-* und *Anthophora*-Arten ist diese eigenartige Schlafhaltung typisch. Sie kommt gelegentlich auch bei *Systropha* und *Chelostoma* vor. Andere frei an Pflanzenteilen ruhende oder nächtigende Arten aus den Gattungen *Hylaeus, Panurginus, Nomia, Halictus, Lasioglossum, Macropis, Melitta, Tetralonia* u. a. klammern sich mit den Beinen an Pflanzenhalmen, Blättern, Blüten- oder Fruchtständen fest.

Gefährdung und Schutz

Bienen sind für ihre eigene Ernährung und die Ernährung ihrer Larven auf ein großes und vielfältiges Angebot an *Blüten* während der gesamten Vegetationsperiode angewiesen. Die Spezialisten unter ihnen können nur dort leben, wo ihre spezifischen Pollenpflanzen in größeren Beständen wachsen. Zusätzlich benötigen die Bienen für die Anlage ihrer Nester geeignete *Kleinstrukturen* wie gut besonnte Felsblöcke, morsche Baumstrünke, markhaltige Pflanzenstengel, nackte Bodenstellen u. a. (s. Kapitel „Lebensräume“). Nahrungs- und Nistplätze müssen räumlich eng verzahnt sein, sollen sie für einzelne Bienenindividuen als Gesamtlebensraum nutzbar sein.
In den vergangenen vier Jahrzehnten hat in weiten Teilen Mitteleuropas eine beispiellose Ausräumung, Nährstoffbelastung und Überbauung der Landschaft stattgefunden, welche sowohl zu einer starken Verarmung des Blütenangebotes als auch zu einem drastischen Verlust an Kleinstrukturen führte. Die Auswirkungen auf die Bienenfauna waren gravierend. So stehen beispielsweise in der Schweiz 45%, in Rheinland-Pfalz 48% und in Baden-Württemberg 57% aller Arten auf aktuellen Roten Listen.
Neben der Beeinträchtigung der Nahrungsräume und der Zerstörung der Nistplätze, welche zweifellos als Hauptgründe für den starken Rückgang der Bienen angesehen werden müssen, dürften einige weitere Faktoren die bereits kritische Lage vieler Arten noch verschärfen. Die in den letzten Jahren vermehrt zu beobachtenden, lang andauernden Schlechtwetterperioden während der Monate Mai und Juni dürften lokal zum Verschwinden bereits seltener Arten beitragen. Die im Land- und Gartenbau noch immer eingesetzten Pestizide können zu einer direkten Vergiftung der Imagines führen oder indirekt über die gesammelten Blütenprodukte die Larven in den Brutzellen schädigen. Der Konkurrenzdruck durch die Honigbiene *(Apis mellifera),* die vielerorts auf kleinstem Raum in unnatürlich hoher Dichte auftritt, ist nachweislich für die Verarmung lokaler Bienengemeinschaften verantwortlich, weil es durch die von der Honigbiene entnommenen großen Mengen an Pollen und Nektar zeitweise zu Nahrungsengpässen bei ihren Verwandten kommen kann. Besonders stark betroffen durch die Konkurrenz der Honigbiene sind die oligolektischen Bienen, weil sie bei ihrer Sammeltätigkeit nur einen beschränkten Teil des Blütenangebotes nutzen können.
Soll die heute in weiten Teilen Mitteleuropas stark verarmte Bienenfauna einen Teil ihrer ursprünglichen Artenvielfalt wiedererlangen, sind neben der Erhaltung der bestehenden artenreichen Bienenlebensräume alle Maßnahmen von großer Bedeutung, welche zu einer Erhöhung des Blütenreichtums und des Angebotes an Kleinstrukturen führen.

Dank der Tatsache, daß Bienen im allgemeinen nur geringe Raumansprüche haben und sich bereits auf verhältnismäßig kleinen Flächen größere Populationen entwickeln können, sofern die benötigten Nist- und Nahrungsräume genügend nahe beieinander liegen, können naturnahe Gärten auf privaten und öffentlichen Grundstücken wertvolle Bienenlebensräume sein. Durch die Ansiedlung geeigneter Wildpflanzen und durch die gezielte Schaffung von Nistplätzen kann sich in solchen Gärten eine erstaunliche Vielfalt mit teilweise seltenen Arten einstellen. Dies darf jedoch nicht darüber hinwegtäuschen, daß die Schaffung von Naturgärten allein zur Wiederherstellung des ursprünglichen Artenreichtums in unserer Kulturlandschaft nicht genügt.

Mit einfachen Mitteln kann das Nistplatzangebot für Bienen im Siedlungsraum erhöht werden. Arten, die für die Anlage der Brutzellen natürlicherweise Käferfraßgänge in besonntem Totholz nutzen, lassen sich ansiedeln, indem man ihnen entrindete und gut gelagerte Blöcke aus Hartholz (Eiche, Buche, Kirsche, Esche) mit Bohrlöchern von 5–10 cm Tiefe und 3–10 mm Durchmesser anbietet. Um Spalten- und Rißbildung zu verhindern, sollten die Bohrgänge einen Mindestabstand von 2 cm aufweisen. Die Kombination von verschieden weiten Gängen ermöglicht eine Besiedlung durch Arten unterschiedlicher Größe. Die Mehrheit nistet in Bohrgängen von 4–8 mm Durchmesser. Viele Arten beziehen ebenso gerne die linearen Hohlräume von Strangfalzziegeln oder hohle Pflanzenstengel (z. B. Karden, Disteln, Bambus). Letztere werden, mit Draht zusammengebunden oder in leeren Konservenbüchsen gebündelt, in waagrechter Position aufgehängt oder auf einer Unterlage plaziert. Auf die gleiche Weise lassen sich markhaltige Stengel von Königskerzen, Rosen, Disteln, Brombeeren oder Holunder bündeln, die auf eine Länge von 15–30 cm zugeschnitten werden. Die Schnittstellen ermöglichen denjenigen Arten den Zugang, welche sich ihre Nestgänge im Stengelmark selber ausnagen. Marknagende Bienen nehmen auch gerne aufrechtstehende Stengel an, welche in einer Höhe von 0,5–1 m gekappt oder einzeln in den Boden gesteckt werden. Morsche, halbverrottete Stubben oder Äste werden mit etwas Glück von holznagenden Arten besiedelt.

Bodennistende Bienen lassen sich durch Schüttungen von Sand oder sandigem Lehm ansiedeln. Ebenso werden breite, mit Sand gefüllte Fugen zwischen Pflastersteinen oder Steinplatten von vielen Arten für den Nestbau genutzt. Steilwandbewohner legen ihre Nestgänge gerne in Mauerwerk an, dessen Zwischenräume mit magerem Lehm verfugt sind. Steilwände können in bescheidenem Umfang nachgeahmt werden, indem kleine Kisten mit angefeuchtetem ton-

Naturgarten mit hohem Blütenreichtum

haltigen Sand oder Löß gefüllt und entlang von Mauern aufgestellt werden. Die Füllung darf nach dem Abtrocknen nicht zu hart sein. Alle genannten Nisthilfen sollten an gut besonnten und einigermaßen regengeschützten Örtlichkeiten, am besten in südöstlicher bis südwestlicher Exposition, plaziert werden.
Von den angebotenen Nisthilfen profitieren neben den Bienen auch zahlreiche einsiedlerisch lebende Falten-, Grab- und Wegwespen. Über die Möglichkeit, Hummeln *(Bombus)* mittels spezieller Nistkästen anzusiedeln, informiert das im Naturbuch-Verlag in dieser Reihe erschienene Hummel-Buch ausführlich (s. Literaturverzeichnis).

Beobachtungs- und Untersuchungsmethoden

Ein beträchtlicher Prozentsatz der mitteleuropäischen Bienenarten ist im Feld auch von erfahrenen Bienenspezialisten nicht zu bestimmen. Wer sich ernsthaft mit dieser Insektengruppe befassen will, kommt deshalb leider nicht um das Sammeln und Töten einzelner Individuen aus. In Deutschland und in gewissen Teilen Österreichs und der Schweiz bedarf es dafür einer Ausnahmegenehmigung der zuständigen Naturschutzbehörde.
Am weitesten verbreitet ist der Sichtfang von Bienen mit einem Insektennetz an Blüten, an potentiellen und tatsächlichen Nistplätzen oder an Schwarmplätzen. Der Einsatz von Malaisefallen ist aus Sicht des Naturschutzes problematisch, da einerseits oft Hunderte von Individuen einer einzigen Art getötet werden, andererseits die Bienen in der Regel nur einen geringen Anteil an der Gesamtheit der getöteten Insekten ausmachen. Aus demselben Grund ist das Aufstellen von Farbschalen für faunistische Erhebungen abzulehnen. Untersuchungen zeigten, daß das durch erfahrene Bienenspezialisten mit dem Insektennetz erfaßte Artenspektrum durch den Einsatz von Malaisefallen und Farbschalen nicht wesentlich erhöht wird.
Für die Betäubung der gesammelten Bienen haben sich Tötungsgläser bewährt, die zur Hälfte mit Korkschrot gefüllt und mit einigen Tropfen Essigsäureethylester („Essigether") versetzt sind. Die gesammelten Tiere werden in noch weichem Zustand nach herkömmlicher Art genadelt und etikettiert. Der Kopulationsapparat der ♂♂ soll aus dem Körper herausgezogen werden. Hilfreich ist dabei eine an der Spitze zu einem Haken umgebogene Nadel.
Kleine, unauffällige und damit schwer nachzuweisende Bienen von totholz- oder hohlstengelnistenden Arten können durch das Aus-

Nisthilfen im Siedlungsraum (s. Text)

bringen von Nisthilfen (s. Kapitel „Gefährdung und Schutz“) erfaßt werden. Zu diesem Zweck sammelt man die „Kunstnester“ gegen Ende der Vegetationsperiode ein und züchtet die eingetragenen Arten unter kontrollierten Bedingungen. Dabei ist auf eine genügend hohe Luftfeuchtigkeit zu achten; in geheizten Räumen besteht die Gefahr des Vertrocknens. Für das Brechen der winterlichen Diapause ist bei den meisten Bienenarten ein „Kälteerlebnis“ entscheidend. Die im Herbst eingetragenen Kunstnester müßen also vor dem Schlüpfen der Tiere einige Wochen bei tiefen Temperaturen im Freien oder im Kühlschrank gelagert werden. Das Züchten von Arten aus eingetragenen Nisthilfen ermöglicht neben der Erfassung unauffälliger Arten auch Aussagen über Parasit-Wirt-Beziehungen.

Die Bestimmung der Bienen bis auf Artniveau gilt als schwierig, wird aber durch das fortlaufende Erscheinen neuer und guter Schlüssel zunehmend erleichtert. Leider ist zur Zeit noch kein Schlüssel verfügbar, der die Bestimmung sämtlicher mitteleuropäischer Arten ermöglicht. Ein Stereomikroskop mit 10 bis 40facher Vergrößerung ist Voraussetzung für eine erfolgreiche Determination. Die wichtigste Bestimmungsliteratur ist jeweils im speziellen Teil, in der Einleitung zu den einzelnen Gattungen, aufgeführt.

Die Pollenanalyse stellt eine elegante Methode dar, die Pollenquellen eines Individuums, einer Population oder einer Art zu bestimmen. Pollen aus einer Brutzelle oder einer Bein- bzw. Bauchbürste wird in einem Uhrglasschälchen mit Ether entfettet, damit die Oberflächenstrukturen der Körner deutlich zutage treten. Dann wird die Pollenprobe auf einem Objektträger in Glyceringelatine eingebettet und unter dem Lichtmikroskop bei 400 bis 1000facher Vergrößerung oder unter dem Rasterelektronenmikroskop untersucht. Die Bestimmung der Pollenkörner erfolgt mit Hilfe einer Referenzsammlung oder der einschlägigen Literatur. Die Pollenkornreste in Kotbällchen, welche nach dem Schlüpfen der Imagines in den Brutzellen zurückbleiben, lassen sich für die Bestimmung der Larvennahrung ebenfalls verwenden. Die Kotbällchen müssen dazu vorerst in einem Tropfen Wasser aufgelöst werden.

Zur individuellen Markierung von Bienen können ungiftige und rasch trocknende Modellbaufarben verwendet werden, die mit einem Holzzahnstocher oder einer umgebogenen Briefklammer auf die Brustoberseite oder auf die Tergite aufgetragen werden. Bei größeren oder wehrhaften Arten empfiehlt es sich, die Tiere in einem Königinnen-Markiergefäß, wie es die Imker verwenden, zu fixieren oder sie vor der Markierung in einem gut isolierten Behälter mit Kühlelementen abzukühlen.

Beobachtungsnest (s. Text)

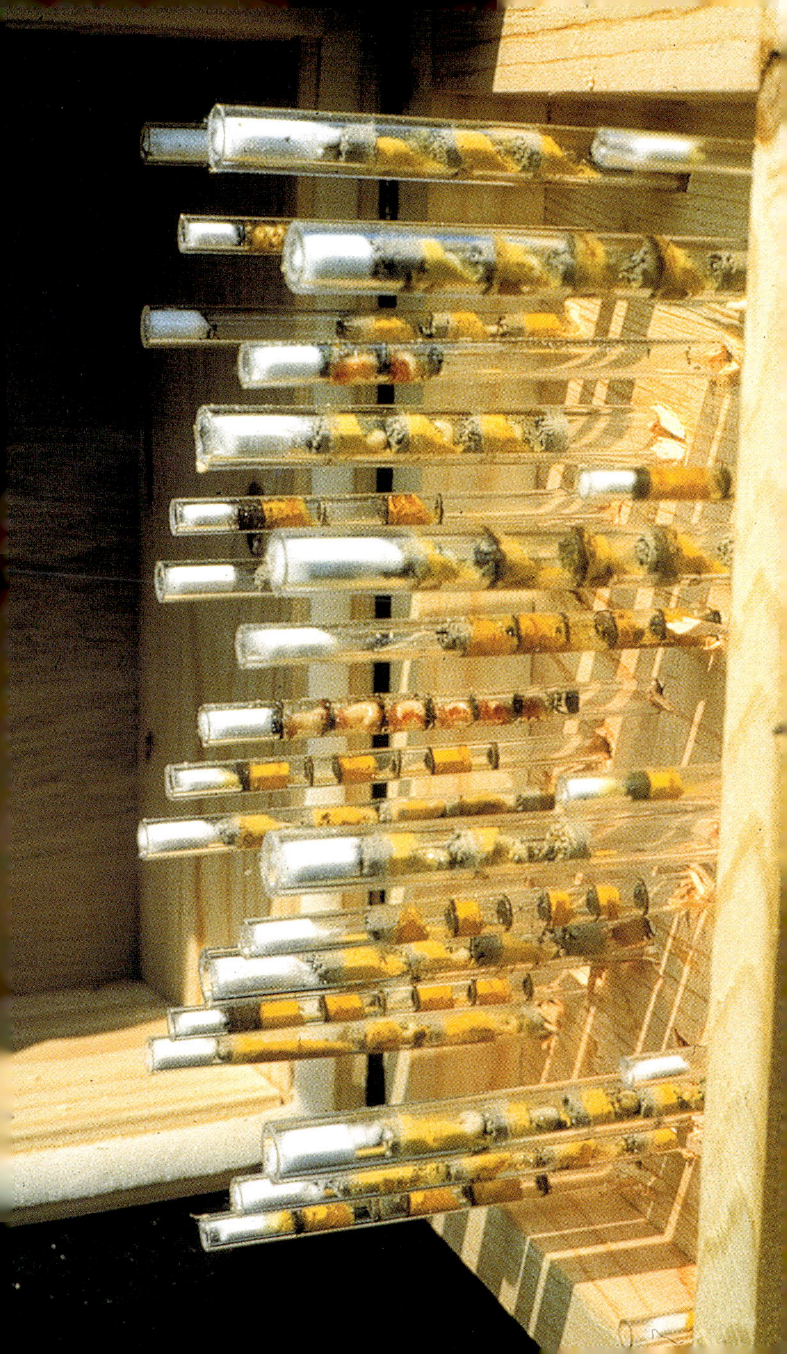

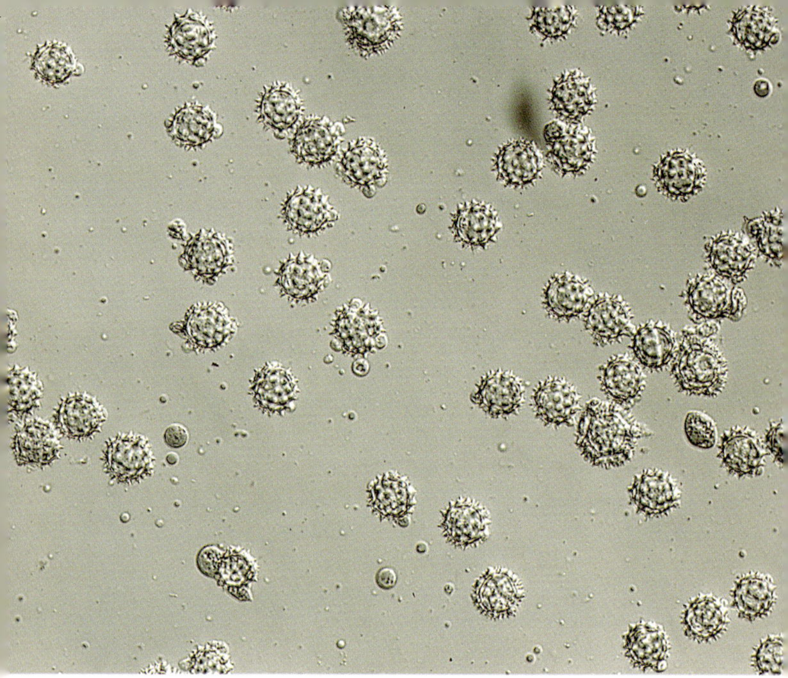

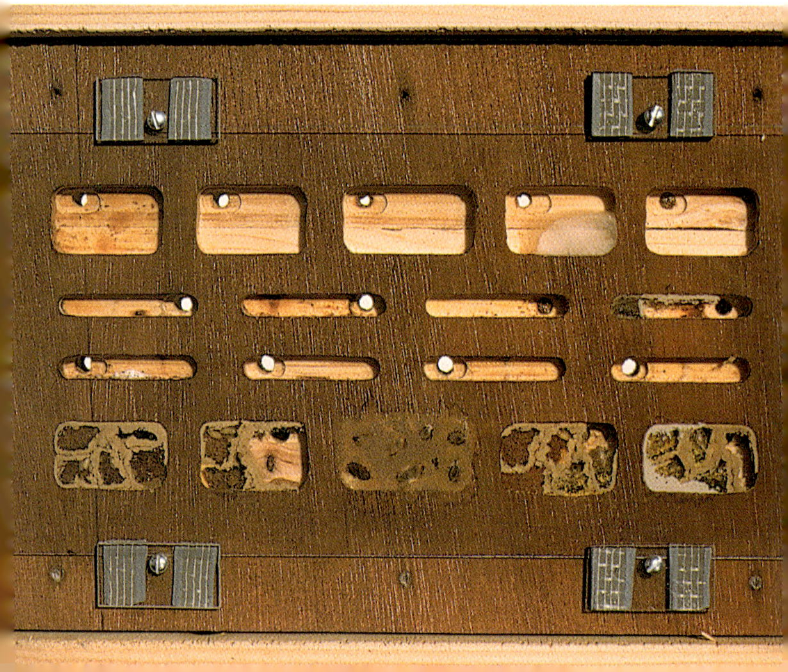

Die Neststruktur und das Nestbauverhalten lassen sich bei Arten, die ihre Brutzellen normalerweise in Käferfraßgängen oder in hohlen Pflanzenstengeln anlegen, durch den Einsatz spezieller Nistkästen studieren. Durchsichtige Plexi- oder Acrylglasröhrchen, die hinten mit einem Wattepfropfen verschlossen sind, werden in vorgebohrte Öffnungen der Vorderwand eines geschlossenen Holzkastens eingelassen. Indem man den Nistkasten so konstruiert, daß sich die Vorderwand oder eine Seitenwand mit Scharnieren ausklappen läßt, kann man den Zustand der Nester jederzeit kontrollieren. Meist lassen sich die ♀♀ bei ihren Aktivitäten im Innern der Glasröhrchen auch dann nicht stören, wenn die Wand einen Spalt breit geöffnet wird. Interessante Erkenntnisse zu Nestbau, Verproviantierung und Eiablage sowie zum Verhalten von Parasiten und anderen Gegenspielern im Nestinnern lassen sich so gewinnen.
Ebenso gute Möglichkeiten, die ♀♀ beim Nestbau direkt zu beobachten, bieten in Holzplatten ausgefräste oder mit Beton gegossene, im Querschnitt halbmondförmige Gänge, die fest mit einer Glasscheibe und zusätzlich mit einem abnehmbaren Holzdeckel verschlossen sind (W. Töpfl, Dornach, mündlich). Die Nestöffnung, die bei diesem Beobachtungsnesttyp rechtwinklig zum Gang verläuft, befindet sich auf der dem Holzdeckel bzw. der Glasscheibe entgegengesetzten Seite.
Die Architektur von Bodennestern läßt sich ermitteln, indem flüssiger Gips in die Nestöffnung eingefüllt wird. Nach der Aushärtung (24 bis 48 Stunden) können die Nester freigelegt werden.
Für das Fotografieren der Bienen eignet sich eine einäugige Spiegelreflex-Kamera mit Makroobjektiv (50–100 mm) und Zwischenringen (oder Vorsatzlinse) in Verbindung mit zwei seitlich am Objektiv befestigten beweglichen Blitzgeräten.

o.: Pollenpräparat aus Brutzelle von *Osmia spinulosa;*
u.: Beobachtungsnest (s. Text)

Die Mauerbiene *Osmia spinulosa* – Lebensweise einer ausgewählten Bienenart

Osmia spinulosa zählt mit einer Länge von 7–8 mm zu den mittelgroßen Bienen Mitteleuropas. Sie ist eine Vertreterin der Megachilinae, deren ♀♀ auf der Unterseite des Hinterleibes eine Haarbürste für den Pollentransport tragen. *O. spinulosa* legt ihre Nester ausschließlich in leeren Schneckengehäusen an und sammelt Pollen einzig auf Pflanzen, die zur Familie der Korbblütler (Asteraceae) gehören. Sie stellt hohe Wärmeansprüche an ihren Lebensraum und ist, wie ein Großteil der einheimischen Bienen, nur bei guten Witterungsbedingungen, also bei Sonne und hohen Temperaturen, aktiv. Bei Regen oder bedecktem Himmel erscheint sie nicht im Freien, bei wechselhaftem Wetter ist ihre Aktivität von längeren Ruhepausen unterbrochen.

Lebensraum

Die drei für das Vorkommen von *O. spinulosa* unerlässlichen Elemente, Schneckengehäuse als Nistplatz, Korbblütler als Pollenquelle und warmes Mikroklima, schränken die Verbreitung dieser Bienenart stark ein. Die wichtigsten Lebensräume von *O. spinulosa* sind gut besonnte, steinige und lückig bewachsene Abhänge und brachliegende Wiesenflächen. Auf alljährlich geschnittenen Wiesen oder auf anderweitig intensiv genutztem Land findet *O. spinulosa* keine Nistmöglichkeiten, da hier das Angebot an leeren Schneckengehäusen zu gering ist.

Lebenszyklus

O. spinulosa ist eine Sommerbiene. Sie erscheint Anfang Juni, wobei die ersten ♂♂ einige Tage vor den ersten ♀♀ auftauchen. Die ♂♂ verschwinden bereits Ende Juli/Anfang August wieder,

o.: *Osmia spinulosa*, ♀ sammelt Pollen auf *Buphthalmum salicifolium*; **u.l.:** Lebensraum, Merishausen (Sh); **u.r.o.:** Zweizelliges Nest in Gehäuse von *Fruticicola fruticum;* **u.r.u.:** Überwinternde Ruhelarven

während die letzten ♀♀ noch bis Mitte September beobachtet werden können. Die individuelle Flugzeit der ♂♂ beträgt im Maximum 5–6 Wochen; die ♀♀ werden deutlich älter, sie erreichen ein Maximalalter von 10–11 Wochen.
Gleich nach ihrem Erscheinen beginnen die ♀♀ mit den Nistaktivitäten. Sie bauen und verproviantieren einzeln und ohne Mithilfe von Artgenossinnen Brutzellen in leeren Schneckengehäusen und legen Eier. Aus den Eiern schlüpfen nach wenigen Tagen Larven, die den Pollen-Nektar-Vorrat in den Brutzellen zu verzehren beginnen. Ist der Nahrungsvorrat nach etwa drei Wochen vollständig gefressen, spinnen sich die Larven in ihren Zellen einen schützenden Kokon. Es beginnt nun eine lange Ruhephase, während der die Bienen als Ruhelarven im Innern der Schneckengehäuse die kalte Jahreszeit überdauern. Erst im nächsten Frühling geht die Entwicklung weiter. Die Larven verpuppen sich, und nach einem etwa dreiwöchigen Puppenstadium erfolgt die Verwandlung zum geflügelten Insekt. Genau ein Jahr nach der Eiablage schlüpfen die Bienen aus den Nestern, und ein neuer Zyklus beginnt.
Wie die große Mehrzahl der Bienen Mitteleuropas bildet auch *O. spinulosa* nur eine Generation pro Jahr aus. Allerdings entwickeln sich nicht alle Ruhelarven bereits im ersten Jahr nach der Überwinterung. Ein gewisser Prozentsatz der Ruhelarven überliegt und durchläuft erst nach der zweiten Überwinterung die Metamorphose zum geflügelten Insekt. Dieses Phänomen des Überliegens, das eine Überlebensstrategie sein dürfte, kennt man von mehreren Vertretern der Megachilinae.

Nestbau

Für die Anlage der Brutzellen werden leere Gehäuse der Strauchschnecke *(Fruticicola fruticum)*, der Vielfraßschnecke *(Zebrina detrita)* und der beiden Heideschnecken *Helicella itala* und *Xerolenta obvia* benützt. In den Schneckengehäusen legt das ♀ jeweils eine bis drei, meist aber zwei Brutzellen an. In jeder Brutzelle durchläuft jeweils eine Biene ihre gesamte Entwicklung vom Ei über Larve und Puppe bis zum geflügelten Insekt. Öffnet man ein zweizelliges Nest kurz nach seiner Fertigstellung, erkennt man die beiden Brutzellen, die gegen die Gehäusemündung durch Wände begrenzt sind. Jede ist zu je etwa vier Fünfteln mit einem Pollen-Nektar-Gemisch gefüllt, auf dem je ein Ei liegt. Auf die zweite Brutzelle folgt ein

o.l.: *Osmia spinulosa*, ♀ sammelt Pflanzenmörtel auf *Sanguisorba minor;*
o.r.: Türschwelle in Gehäuse von *Fruticicola fruticum;*
u.: ♀ trägt Pollen in Gehäuse von *Helicella itala* ein

großer leerer Zwischenraum, der eine halbe bis eineinhalb Windungen einnimmt. Die Gehäusemündung ist durch eine weitere Wand, die Nestabschlußwand, verschlossen. Alle drei Trennwände bestehen aus Material (Pflanzenmörtel), das mit Hilfe der Oberkiefer von den Blatträndern des Kleinen Wiesenknopfes *(Sanguisorba minor)* und des Kriechenden Fingerkrautes *(Potentilla reptans)* abgebissen, zerkaut und in Form kleiner rundlicher Klümpchen zum Nest transportiert wird.
Der Nestbauzyklus beginnt mit der Suche nach einem geeigneten Gehäuse. Hat sich ein ♀ für ein leeres Schneckengehäuse entschieden, trägt es vorerst Pflanzenmörtel ein, mit dem es auf Höhe der späteren Abschlußwand der ersten Brutzelle im spindelnahen Randbereich der Windung einen sichelförmigen Saum baut, wodurch die Länge der Brutzelle bereits im voraus festgelegt ist. Solche „Türschwellen" sind für viele Vertreter der Megachilinae charakteristisch. Sie dürften Markierungen sein, die eine genaue Bemessung der Menge der einzutragenden Vorräte möglich machen. Nach dem Bau der Türschwelle beginnt das ♀ mit der Versorgung der ersten Brutzelle mit Pollen und Nektar. Da das Pollensammeln stets mit gleichzeitiger Nektaraufnahme gekoppelt ist, bringt die Biene nach jedem Sammelflug sowohl Pollen als auch Nektar mit. Wie bei den Megachilinae üblich, deponiert das ♀ nach der Rückkehr zuerst kopfvoran den Nektar in der Brutzelle, dreht sich darauf um und streift den Pollen aus der gefüllten Bauchbürste auf den Vorratsballen ab. Im Nestbauzyklus nimmt die Versorgung einer Brutzelle mit Pollen und Nektar den weitaus größten Zeitanteil ein (s. Abbildung). Nach dem letzten Versorgungsflug legt das ♀ ein Ei auf den Nahrungsvorrat und trägt unmittelbar danach Pflanzenmörtel ein, mit dem die vorbereitete Türschwelle zur Zellabschlußwand ergänzt wird. Nach deren Vollendung bereitet die Biene auf Höhe der späteren Abschlußwand der zweiten Brutzelle erneut eine Türschwelle vor, bevor sie wiederum Pollen und Nektar einträgt. Hat das ♀ die zweite Zelle des Nestes fertig verproviantiert und mit einem Ei belegt, wird sie auf Höhe der zweiten Türschwelle verschlossen. Für den Bau dieser jeweils stark verdickten und am Rand gut schließenden zweiten Zellabschlußwand ist eine vergleichsweise große Anzahl Mörtelsammelflüge und ein hoher zeitlicher Aufwand erforderlich. Sobald das ♀ die zweite Brutzelle verschlossen hat, beginnt es ohne zeitliche Unterbrechung mit dem Bau der Nestabschlußwand an der Gehäusemündung. Bedingt durch den verwendeten Baustoff ist diese anfangs auffällig grün, verfärbt sich aber innerhalb weniger Tage zu einem schmutzigen Dunkelbraun. Nach Fertigstellung der Nestabschlußwand kriecht das ♀, mit der Körperunterseite nach oben, kopfvoran unter das fertige Nest, benützt die Oberseite von Brust und Hinterleib als Widerlager und dreht das Schnecken-

Abfolge der Nestbauphasen für ein zweizelliges Nest von *Osmia spinulosa*

(Die Zahlen gelten für optimale äußere Bedingungen)

		durchschnittliche Anzahl Flüge	durchschnittlicher Zeitaufwand
Pflanzenmörtel eintragen: Bau der 1. Türschwelle	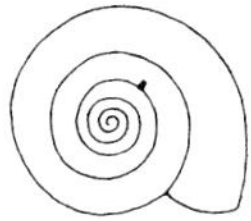	5 Flüge	20 min
Versorgung der 1. Brutzelle mit Pollen und Nektar	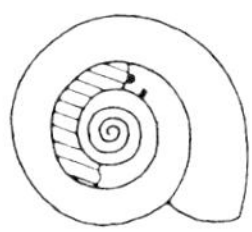	29 Flüge	12,5 h
Eiablage			4 min
Pflanzenmörtel eintragen: Verschluß der 1. Türschwelle zu einer Zellabschlußwand und Bau der 2. Türschwelle	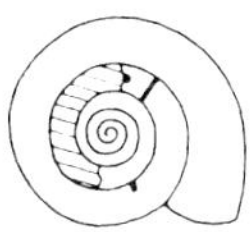	12 Flüge	42 min
Versorgung der 2. Brutzelle mit Pollen und Nektar	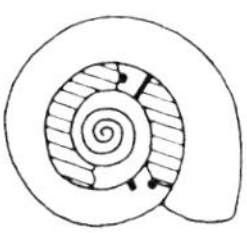	29 Flüge	12,5 h
Eiablage			4 min
Pflanzenmörtel eintragen: Verschluß der 2. Türschwelle zu einer Zellabschlußwand	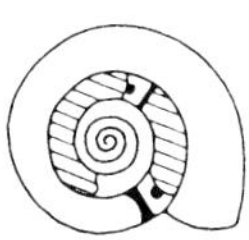	32 Flüge	140 min
Pflanzenmörtel eintragen: Bau der Nestabschlußwand	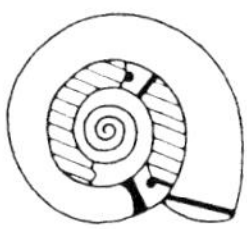	28 Flüge	80 min
Gehäuse drehen, bis Mündung gegen Erdboden gerichtet;			1-2 min
Nestabschlußwand kontrollieren und eventuell Schäden mit Pflanzenmörtel ausbessern			

gehäuse mit Hilfe der Beine derart, daß die Gehäusemündung mit der Nestabschlußwand direkt gegen den Erdboden gerichtet und so vor Witterungseinflüssen geschützt ist. Das Drehen des fertigen Nestes bedeutet den Abschluß des Nestbauzyklus. Das ♀ macht sich danach für die Anlage weiterer Brutzellen auf die Suche nach einem neuen Schneckenhaus. Im günstigen Fall versorgt ein ♀ während seines Lebens 15–20 Brutzellen, für welche rund zehn Schneckengehäuse erforderlich sind.

Für den Bau eines zweizelligen Nestes benötigt *O. spinulosa* bei gutem Wetter insgesamt rund 31 Stunden. Da ein „Bienentag" bei optimalen äußeren Bedingungen zwischen 7 und 7 1/2 Stunden (von etwa 11.00 bis 18.15 Uhr MESZ) dauert, entspricht dies bei andauernd schönem Wetter etwa 4,3 Bienentagen.

Interessanterweise inspizieren die ♀♀ die Nestabschlußwände der fertigen Nester noch lange nach dem Baubeginn neuer Nester und bessern gegebenenfalls Löcher und Spalten mit zusätzlich herbeigebrachtem Pflanzenmörtel aus. Die maximale Zeitspanne zwischen der Fertigstellung eines Nestes und der letzten Ausbesserung einer experimentell beschädigten Abschlußwand betrug 29 Tage. Dieses Verhalten dürfte dem Schutz der Nachkommen vor Brutparasiten dienen.

Brutparasiten

O. spinulosa hat einen artspezifischen Bienenparasiten. Die Kuckucksbiene *Stelis odontopyga* (Megachilinae) entwickelt sich als Brutschmarotzer ausschließlich in ihren Nestern. Das *Stelis*-♀ schmuggelt sein Ei bei einer kurzfristigen Abwesenheit der Nestbesitzerin in eine noch nicht verschlossene Brutzelle des Wirtsnestes. Die Larve der Kuckucksbiene schlüpft eher aus dem Ei als die Larve von *O. spinulosa,* saugt zunächst das Wirtsei oder die frisch geschlüpfte Wirtslarve aus und beginnt danach, den Futtervorrat zu verzehren. In der Brutzelle entwickelt sich anstelle der *O. spinulosa*-Larve die Larve von *S. odontopyga.*

Im Gegensatz zu *S. odontopyga* frißt die Larve des Trauerschwebers *Anthrax aethiops* (Bombyliidae) nicht den Futtervorrat, sondern die Bienenlarve. Das Trauerschweber-♀ schleudert im Schwebeflug sein Ei in die Gehäusemündung eines im Bau befindlichen Nestes von *O. spinulosa.* Nach dem Schlüpfen kriecht die winzige Fliegenlarve in die noch nicht verschlossene Brutzelle, wartet, bis die Wirtslarve den Futtervorrat aufgezehrt hat, und läßt sich danach in ihren Kokon mit einspinnen. Nachdem ihr Opfer seinen Kokon fertig

o.: *Osmia spinulosa,* ♀ verschließt Nest an der Mündung eines Gehäuses von *Zebrina detrita;* **m:** ♀ dreht Nest in geschützte Lage; **u.:** *Anthrax aethiops* inspiziert Nest von *O. spinulosa*

gesponnen hat, beginnt die Trauerschweberlarve, die ausgewachsene Bienenlarve auszusaugen. Im Schutz des fremden Kokons verpuppt sich die Fliegenlarve und schlüpft im nächsten Frühsommer als geflügeltes Insekt aus der Brutzelle.

Blütenbesuch

Die ♀♀ von *O. spinulosa* sammeln den Pollen für die Larven ausschließlich auf Vertretern der Korbblütler (Asteraceae). Wichtige Pollenquellen sind zu Beginn der Flugzeit das Bitterkraut *(Picris hieracioides)* und die Wiesen-Flockenblume *(Centaurea jacea),* später im Jahr das Ochsenauge *(Buphthalmum salicifolium)* und im Spätsommer das Raukenblättrige Greiskraut *(Senecio erucifolius)* und die Herbst-Aster *(Aster amellus).*
Das besuchte Blütenspektrum beim Nektarerwerb ist größer und umfaßt neben verschiedenen Korbblütlerarten, die gleichzeitig Pollenlieferanten sind, auch Vertreter aus anderen Pflanzenfamilien

Flugbahn eines ♂ von *Osmia spinulosa* am 18. 6. 1989 zu zwei verschiedenen Zeitpunkten

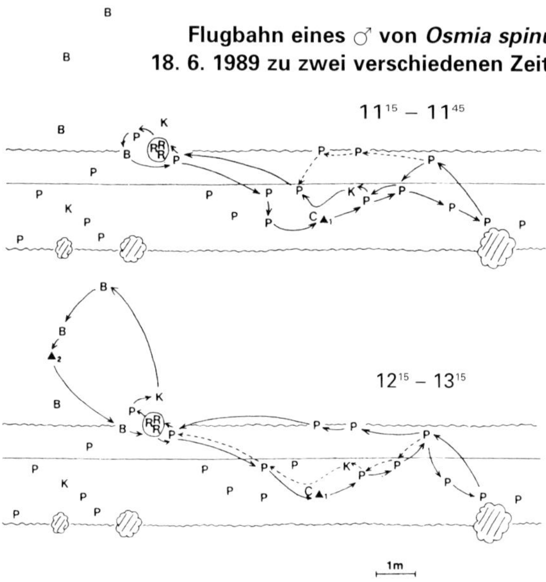

B = Ochsenauge; C = Wiesen-Flockenblume; K = Acker-Witwenblume; P = Bitterkraut; R = Knolliger Hahnenfuß; Dreieck = Rastplatz am Erdboden; ausgezogene Pfeile = regelmäßig durchflogene Bahnabschnitte; gestrichelte Pfeile = nur sporadisch durchflogene Bahnabschnitte.

wie z. B. den Knolligen Hahnenfuß *(Ranunculus bulbosus)* oder die Acker-Witwenblume *(Knautia arvensis).* Es bestätigt sich hier die bei vielen spezialisierten Bienen gemachte Feststellung, daß die Spezialisierung im allgemeinen auf die Pollenquellen beschränkt bleibt, während das Spektrum der für die Nektaraufnahme besuchten Pflanzen größer ist.

Paarungsstrategie

Die ♂♂ von *O. spinulosa* beteiligen sich nicht an der Brutfürsorge, sondern suchen während ihres wenige Wochen dauernden Lebens als geflügelte Insekten unaufhörlich nach paarungswilligen ♀♀. Sie besetzen dazu 20–100 m^2 große Areale, an denen sie über Wochen festhalten. Innerhalb dieser Areale patrouillieren sie entlang von Flugbahnen die Blüten der Pollen- und Nektarpflanzen der ♀♀ ab (s. Abbildung). Sie kontrollieren die Blüten im Flug, wobei sie vor jedem Blütenkopf kurz ihre Fluggeschwindigkeit drosseln, um gleich darauf wieder in gewohnter Schnelligkeit den nächsten Anflugspunkt anzusteuern. Auf einem Durchflug, der in der Regel zwischen einer und zwei Minuten dauert, wird meist einmal für wenige Sekunden an einer bestimmten Bodenstelle eine Flugpause eingelegt. Der Verlauf einer Flugbahn bleibt nicht über längere Zeit konstant, sondern unterliegt in kurzfristigen Abständen leichten Veränderungen.

Die Areale der ♂♂ überlappen sich teilweise beträchtlich. Ihre Flugbahnen können sich kreuzen und bestimmte Blütenköpfe werden bei hoher ♂♂-Dichte regelmäßig von mehreren ♂♂ auf ihren sonst unterschiedlich verlaufenden Flugbahnen kontrolliert. Areale und Flugbahnen werden weder duftmarkiert noch gegen artgleiche ♂♂ verteidigt.

Entlang der Flugbahnen stürzen sich die ♂♂ auf blütenbesuchende ♀♀. Ihre Kopulationsversuche sind allerdings nur selten erfolgreich, weil sich die ♀♀ nur ein einziges Mal, und zwar gleich nach dem Ausschlüpfen aus den Brutzellen, verpaaren. Späteren Paarungsversuchen widersetzen sich die ♀♀ erfolgreich. So kommen nur ♂♂, die auf ein frisch geschlüpftes ♀ treffen, zur Paarung.

Schlafplätze

Die ♂♂ sowie jene ♀♀, die noch kein eigenes Nest begonnen oder ein Nest eben fertiggestellt haben, schlafen in der Nacht und bei schlechtem Wetter am Tag einzeln oder in kleinen Gruppen in leeren Schneckengehäusen.

Spezieller Teil

Systematische Übersicht

In Deutschland, Österreich und der Schweiz ist nach heutigem Kenntnisstand (Dezember 1996) das Vorkommen von 729 Bienenarten belegt (Deutschland: 547; Österreich: 649; Schweiz: 580). Bezüglich System und Gattungsabgrenzung richten wir uns nach dem kürzlich erschienenen „Katalog der Bienen Österreichs, Deutschlands und der Schweiz“ (s. Literaturverzeichnis) mit den folgenden drei Abweichungen: *Parammobatodes* und *Amegilla* werden als Untergattungen zu *Pasites* bzw. *Anthophora* gestellt, *Psithyrus* wird dagegen als eigenständige Gattung beibehalten. Wir persönlich würden es begrüßen, wenn sich die maßgebenden Bienentaxonomen auf ein Konzept von bereits im Feld gut erkennbaren Großgattungen einigen könnten. Im Rahmen eines solchen Konzeptes, das dem Nicht-Spezialisten die Übersicht und dem Anfänger den Einstieg erleichtern würde, müßten unseres Erachtens *Halictus* und *Lasioglossum, Ammobates* und *Pasites, Epeolus* und *Triepeolus, Eucera* und *Tetralonia* sowie *Chelostoma, Heriades* und *Osmia* zu jeweils einer Gattung zusammengefaßt werden.

Apidae

Colletinae
- Colletini
  - ***Colletes*** – Seidenbienen
- Hylaeini
  - ***Hylaeus*** – Maskenbienen

Andreninae
- Andrenini
  - ***Andrena*** – Sandbienen
- Panurgini
  - ***Camptopoeum*** – Buntbienen
  - ***Panurginus*** – Scheinlappenbienen
  - ***Panurgus*** – Zottelbienen
  - ***Melitturga*** – Schwebebienen

Halictinae
- Rophitini
  - ***Dufourea*** – Glanzbienen
  - ***Rhophitoides*** – Graubienen
  - ***Rophites*** – Schlürfbienen
  - ***Systropha*** – Spiralhornbienen
- Nomiini
  - ***Nomia*** – Schienenbienen
- Nomioidini
  - ***Nomioides*** – Steppenbienen
- Halictini
  - ***Halictus*** und ***Lasioglossum*** – Furchenbienen
  - ***Sphecodes*** – Blutbienen

Melittinae
Dasypodini
Dasypoda – Hosenbienen
Melittini
Macropis – Schenkelbienen
Melitta – Sägehornbienen

Megachilinae
Megachilini
Lithurgus – Steinbienen
Anthidium – Harz- und Wollbienen
Stelis – Düsterbienen
Dioxys – Zweizahnbienen
Megachile – Mörtel- und Blattschneiderbienen
Coelioxys – Kegelbienen
Chelostoma – Scherenbienen
Heriades – Löcherbienen
Osmia – Mauerbienen

Apinae
Nomadini
Ammobates und ***Pasites*** (inkl. *Parammobatodes*) – Sandgänger- und Kurzhornbienen
Ammobatoides – Steppenglanzbienen
Biastes – Kraftbienen
Epeolus und ***Triepeolus*** – Filzbienen
Nomada – Wespenbienen
Xylocopini
Ceratina – Keulhornbienen
Xylocopa – Holzbienen
Apini
Epeoloides – Schmuckbienen
Eucera und ***Tetralonia*** – Langhornbienen
Anthophora (inkl. *Amegilla*) – Pelzbienen
Melecta – Trauerbienen
Thyreus – Fleckenbienen
Bombus (exkl. *Psithyrus*) – Hummeln
Psithyrus – Schmarotzerhummeln
Apis – Honigbienen

Gattungs-Bestimmungsschlüssel

Der folgende Bestimmungsschlüssel erlaubt die Determination der mitteleuropäischen Bienen bis auf die Ebene der Gattung. Da sich die einzelnen Gattungen zusätzlich zu den im Schlüssel angeführten morphologischen Merkmalen durch charakteristische habituelle und verhaltensbiologische Eigenheiten unterscheiden, kann jedoch nach unserer Erfahrung schon nach kurzer Einarbeitungszeit auf den Schlüssel verzichtet werden. Die überwiegende Mehrheit der mitteleuropäischen Bienengattungen ist mit etwas Übung bereits im Feld sicher ansprechbar.
Für den Gebrauch des Schlüssel ist ein Stereomikroskop mit 10 bis 40facher Vergrösserung notwendig.
Die im Schlüssel auftauchenden Fachbegriffe sind im Kapitel „Körperbau und Sinnesorgane" erläutert. Die beiden Geschlechter lassen sich leicht unterscheiden. Bei den ♀♀ setzen sich die Fühler aus zwölf, bei den ♂♂ aus dreizehn Gliedern zusammen. Einzig bei einigen Kraft- und Kurzhornbienen *(Biastes* und *Pasites)* verfügen beide Geschlechter über zwölfgliedrige Fühler. Der Hinterleib besteht bei den ♀♀ aus sechs, bei den ♂♂ aus sieben sichtbaren Segmenten.

Z1

Z2

0. Ferse 3 lang und drehrund, an der Basis mit schwacher, kammartig behaarter Einbuchtung, die mit einem der beiden Schienensporne eine Putzvorrichtung bildet (Z 1). Körperhaare einfach, nicht gefiedert. Larvennahrung, außer bei *Celonites,* tierisch. .... **Weg-, Falten- und Grabwespen**

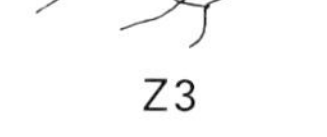
Z3

– Ferse 3 kürzer und meist deutlich abgeflacht, ohne Putzvorrichtung (Z 2). Körperhaare zumindest teilweise gefiedert. Larvennahrung pflanzlich. **Bienen** **1**

Z4

1. Vorderflügel mit drei Cubitalzellen (Z 3)...................... **2**

– Vorderflügel mit zwei Cubitalzellen (Z 4). **24**

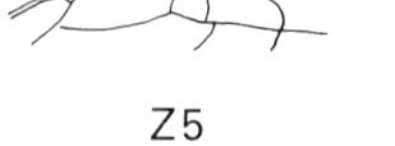
Z5

2. Radialzelle des Vorderflügels im ersten Drittel am breitesten, zum Flügelende stark verschmälert (Z 5). . . **3**

– Radialzelle gegen die Mitte zu am breitesten, in der äußeren Hälfte schwach verschmälert, am Ende abgerundet oder abgestutzt, bei *Xylocopa* zugespitzt; innere Hälfte zur äußeren annähernd symmetrisch (Z 6). . . . **13**

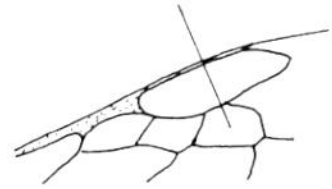

Z6

3. Punktaugen fast auf einer Linie (Z 7). Die drei Cubitalzellen etwa gleich groß. 4

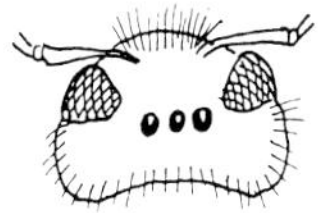

Z7

– Punktaugen im Dreieck, oder verschieden große Cubitalzellen (Z 8). 5

Z8

4. ♀: Außenseite der Schiene 3 unbehaart, am Rande mit starken Borsten (Z 9). Sternit 6 ohne Schwielen, gestreckt. ♂: Außenseite der Schiene 3 meist mit kleinerem oder größerem haarlosem Fleck. Kopulationsapparat am Ende etwa so dunkel sklerotisiert wie in der Mitte (Z 10). . . . ***Bombus***

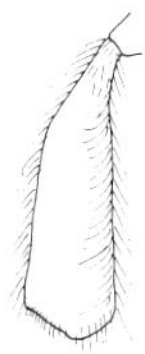

Z9

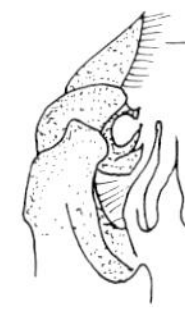

Z10

– ♀: Schiene 3 überall stark behaart (Z 11). Sternit 6 mit deutlichen Schwielen, meist eingekrümmt. ♂: Schiene 3 stark behaart. Kopulationsapparat am Ende zum Teil weißlich (Z 12). . . . . ***Psithyrus***

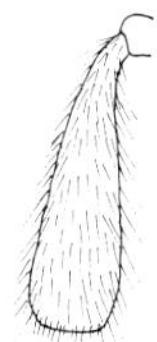

Z11

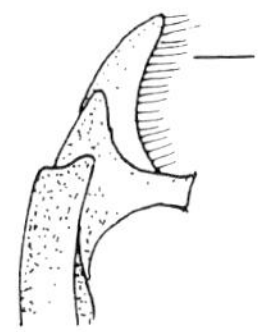

Z12

5. Zweite und dritte Cubitalzelle etwa gleich groß. 6

– Zweite Cubitalzelle deutlich kleiner als die dritte. 7

6. Basalader des Vorderflügels gerade, beide Abschnitte etwa gleich lang (Z 13). Hinterleib braunschwarz. . . . ***Colletes***

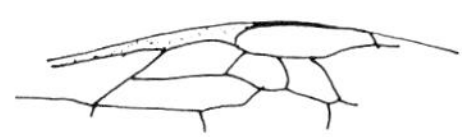

Z13

– Basalader abgewinkelt, innerer Abschnitt viel länger als der äußere (Z 14). Hinterleib in unterschiedlichem Ausmaß rot, gelb oder weiß gefärbt. . . . . ***Nomada***

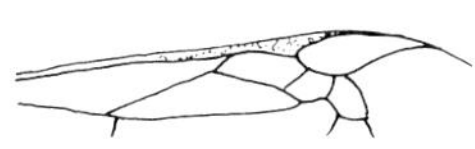

Z14

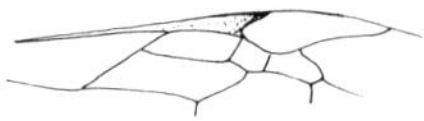

Z 15

7. Basalader gerade oder schwach gebogen. (Z 15) 8

– Basalader am Grunde deutlich gekrümmt (Z 16). 10

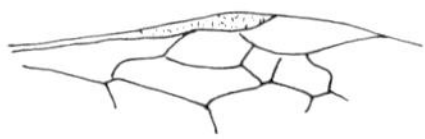

Z 16

8. Erste Cubitalzelle deutlich größer als die dritte. 9

– Erste Cubitalzelle etwa gleich groß wie die dritte (Z 17). ♂: Fühler an der Spitze dreieckig eingerollt. . *Systropha*

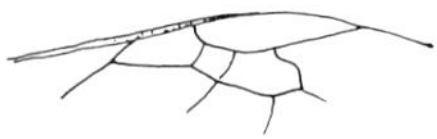

Z 17

9. Stirn neben Komplexaugen mit länglicher, filzig behaarter Grube, beim ♂ oft nur angedeutet (Z 18). Krallenglied nicht deutlich breiter als zweitletztes Tarsenglied (Z 19). ♀: Schenkelring 3 mit Haarlocke. ♂: Fühlerende abgerundet oder zusammengedrückt. . . . . *Andrena*

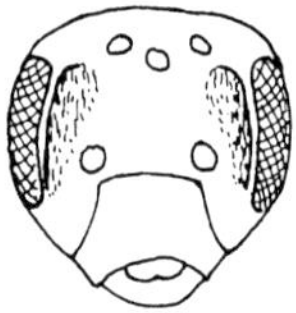

Z 18

– Stirn ohne filzige Grube. Krallenglied deutlich breiter als zweitletztes Tarsenglied (Z 20). ♀: ohne Haarlocke an Schenkelring 3. ♂: Fühlerende abgestutzt. Glieder oft knotig. . *Melitta*

10. Hinterleib mit gelben Binden. Winzige Tiere von 3–5 mm. . . . . *Nomioides*

Z 19

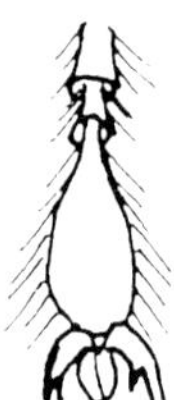

Z 20

– Hinterleib anders gefärbt. Meist deutlich größer. 11

11. Hinterleib mehr oder weniger rot, selten ganz schwarz. ♀: ohne Längsfurche auf Tergit 5. ♂: Fühlerglieder knotig, an der Basis mit Samtflecken, die oft seitlich verbreitert sind (Z 21). Kopfschild kurz, immer schwarz. . . . . *Sphecodes*

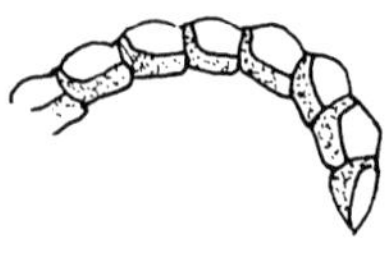

Z 21

– Hinterleib selten rot gefärbt. ♀: mit Längsfurche auf Tergit 5 (Z 22). ♂:

Fühlerglieder ohne Samtflecken. Kopfschild meist vorgezogen und gelb gefleckt. 12

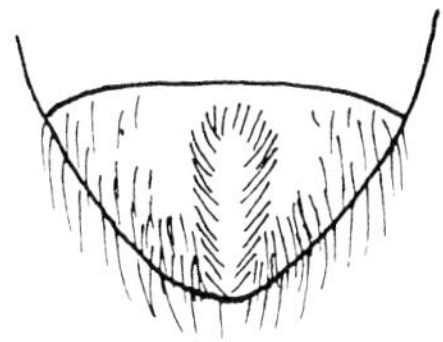

Z 22

12. Endrand der Tergite 1–2 mit ganzen oder unterbrochenen, anliegenden Haarbinden, oder die ganzen Tergite mehr oder weniger filzig behaart. . . . . *Halictus*

– Endrand der Tergite 1–2 höchstens mit lockeren abstehenden Haaren. Tergitbasis oft mit Haarbinden oder -flecken. . . . . *Lasioglossum*

13. Radialzelle etwa sechsmal so lang wie breit.. 14

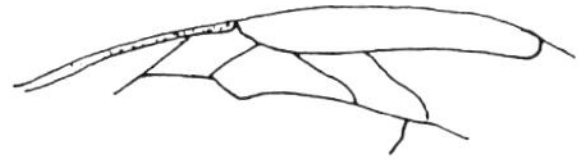

Z 23

– Radialzelle höchstens viermal so lang wie breit. 15

14. Radialzelle am Ende abgerundet, überragt die Cubitalzellen um mehr als die Hälfte (Z 23). Schiene 3 ohne Sporn. *Apis*

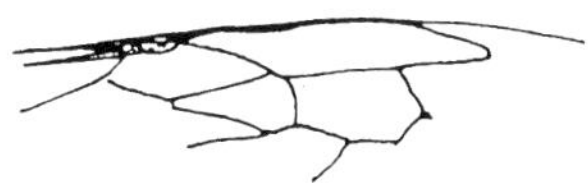

Z 24

– Radialzelle am Ende spitz, überragt die Cubitalzellen nur wenig (Z 24). Schiene 3 mit Sporn. . . . . . *Xylocopa*

15. Schildchen mitten oder seitlich mit Ecken oder Dornen. 16

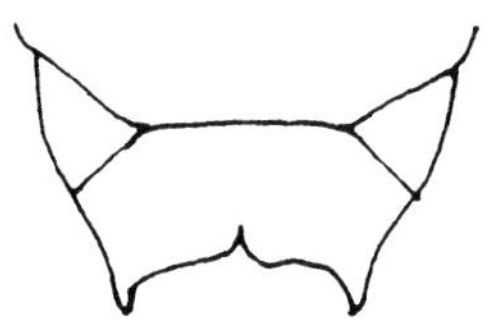

Z 25

– Schildchen abgerundet. 19

16. Schildchen mitten flach, am Endrand stumpfwinklig ausgeschnitten und mit weißem Haarbüschel (Z 25). . . . . *Thyreus*

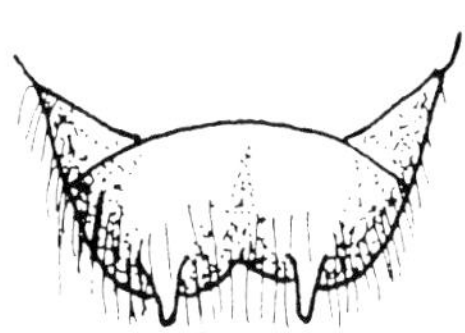

Z 26

– Schildchen mitten gerundet. . . 17

17. Schildchen mitten mit zwei Dornen, seitlich ohne Zähne (Z 26). . . . . *Melecta*

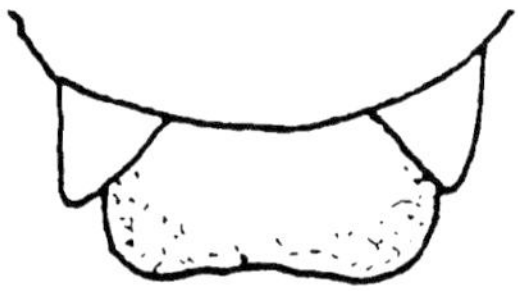

Z27

– Schildchen mitten ohne Dornen, Schildchen-Seitenlappen gezähnt oder mindestens eckig (Z 27). 18

18. Körper und Beine in unterschiedlichem Ausmaß rot gefleckt. . *Epeolus*

– Körper und Beine ohne rote Flecken.. . . . . *Triepeolus*

19. Erste und dritte Cubitalzelle etwa gleich groß, die zweite deutlich kleiner, oder die Radialzelle abgestutzt.**20**

– Alle Cubitalzellen gleich groß, oder die erste oder die dritte deutlich größer. **22**

20. Körper fast kahl, metallisch glänzend oder schwarz.. . . . . . . *Ceratina*

– Körper, insbesondere die Brust, stark behaart. **21**

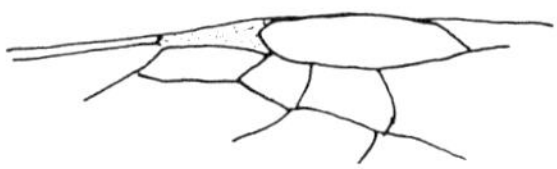

Z28

21. Radialzelle am Ende schräg abgestutzt, durch eine Ader verlängert (Z 28). Beide Geschlechter mit kurzen keulenförmigen Fühlern. . *Melitturga*

– Radialzelle am Ende abgerundet, ohne verlängerte Ader (Z 29). ♂: Fühler fast körperlang. . . . *Tetralonia*

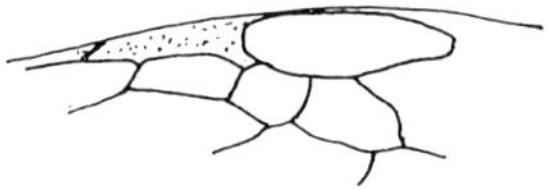

Z29

22. Alle Cubitalzellen etwa gleich groß. Meist mittelgroße bis sehr große, pelzig behaarte Tiere. ♂: Gesicht gelb oder weiß gefleckt. . . . . *Anthophora*

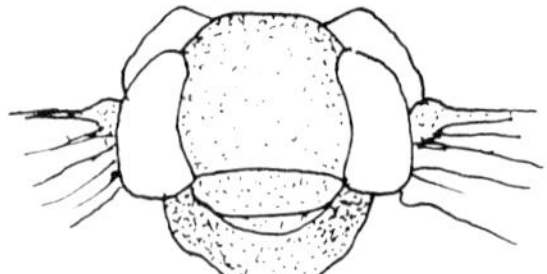

Z30

– Cubitalzellen verschieden groß. Kleiner, schwach behaart. ♂: Gesicht nicht hell gefleckt.. . . . . **23**

23. Dritte Cubitalzelle viel größer als die erste. Flügelschuppen auffallend groß, etwa halb so lang wie die Brust (Z 30). Tergite bis auf die oft rötlich durchscheinenden Endränder schwarz. . . . . *Nomia*

– Dritte Cubitalzelle kleiner als die erste. Flügelschuppen etwa ein Viertel so lang wie die Brust. Mindestens die ersten drei Tergite rot. . . . . *Epeoloides*

24. Radialzelle nach außen stark verengt, mit der Spitze ganz am Flügelrand anliegend (Z 31). 25

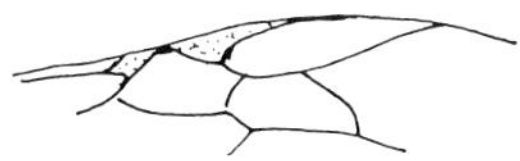

Z31

– Radialzelle mit der Spitze vom Flügelrand entfernt oder abgerundet (Z 32). Am Ende oft durch eine Ader verlängert, die eine offene oder geschlossene Anhangszelle bildet. . 29

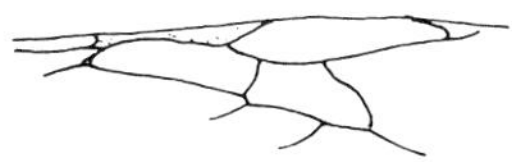

Z32

25. Tergite am Ende ohne deutliche Haarbinden. Körper locker behaart. . . . . *Dufourea*

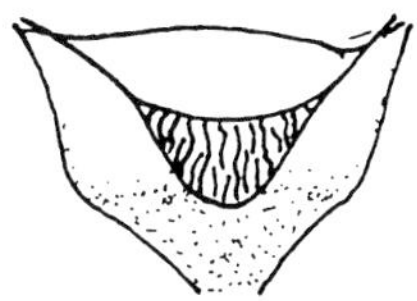

Z33

– Zwei bis mehrere Tergite mit dichten Endbinden. 26

26. Mittelfeld des Mittelsegmentes dreieckig, mit starken Längsrunzeln (Z 33). Hinterleib auffallend grob punktiert. . . . . . . *Andrena lagopus*

– Mittelfeld anders. Hinterleib fein punktiert. 27

Z34

27. Hinterleib glänzend schwarz. Tergit 2 ohne weiße Binde. ♀: Ferse 3 etwa eineinhalb mal so lang wie breit (Z 34). ♂: Gesicht gelb gefleckt. . . . . *Macropis*

– Hinterleib matt. Tergit 2 mit Binde. ♀: Ferse 3 im Verhältnis länger (Z 35). ♂: Gesicht schwarz. 28

Z35

Z36

28. ♀: Stirn mit stachelartigen Haaren. ♂: Fühler reichen bis fast an das Brustende. Letztes Fühlerglied etwa zweimal so lang wie breit (Z 36). . . . . . *Rophites*

Z37

– ♀: Stirn ohne stachelartige Haare. ♂: Fühler kürzer, reichen nur bis zu den Flügelschuppen. Letztes Fühlerglied etwa so lang wie breit (Z 37). . . . . *Rhophitoides*

Z38

29. Radialzelle meist abgestutzt (Z 38). Oberkiefer nur mit einer Spitze, ohne Seitenzähne. **30**

– Nicht in beiden Merkmalen übereinstimmend. **33**

30. Hinterleib einfarbig schwarz. . **31**

– Hinterleib schwarz-rot, meist mit weißen Filzflecken oder Binden. . . **32**

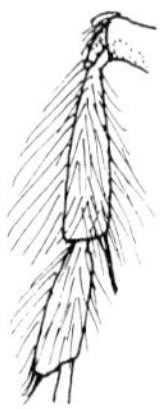

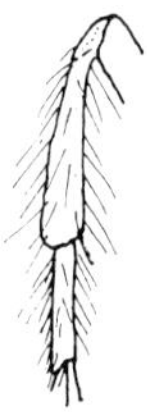

Z39 Z40

31. ♀: Schiene 3 und Ferse 3 dicht und fast doppelt so lang wie die Gliedbreite behaart (Z 39). ♂: Gesicht schwarz. . . . . *Panurgus*

– ♀: Schiene 3 und Ferse 3 locker und nur wenig länger als die Gliedbreite behaart (Z 40). ♂: Gesicht hellgelb gefleckt. . . . . *Panurginus*

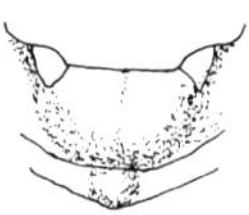

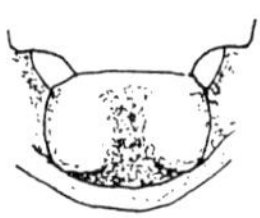

Z41 Z42

32. Schildchen flach, ohne Längseindruck (Z 41). Hinterschildchen mitten mit Höcker. . . . . *Ammobates*

– Schildchen zweihöckerig (Z 42). Hinterschildchen ohne deutlichen Höcker. . . . . *Pasites*

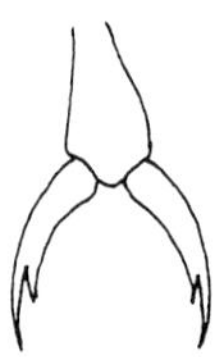

Z43 Z44

33. Krallenglied mit Haftlappen (Z 43). **34**

– Krallenglied ohne Haftlappen (Z 44). **44**

34. Erste Cubitalzelle viel kleiner als die zweite. ♀: zweites Tarsenglied der Hinterbeine entspringt in der vorderen Ecke der Ferse (Z 45). ♂: Fühler fast körperlang. . . . . *Eucera*

– Nicht in allen Merkmalen übereinstimmend.. 35

Z45

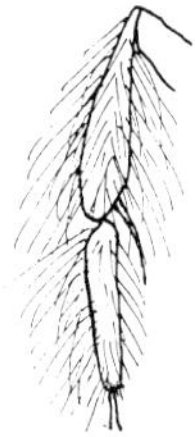

Z46

35. ♀: Schiene 3 und Ferse 3 dicht und bis über doppelt so lang wie die Gliedbreite behaart (Z 46). ♂: Behaarung der Hinterbeine lockerer und etwas kürzer. Tergite struppig behaart mit hellen Binden. . . . . . . *Dasypoda*

– Schiene 3 selten etwas länger als die Gliedbreite behaart. 36

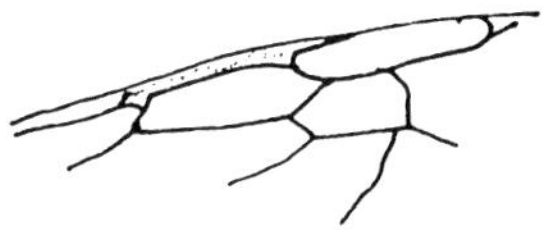

Z47

36. Erste Cubitalzelle deutlich größer als die zweite (Z 47). 37

– Erste Cubitalzelle nicht deutlich größer als die zweite (Z 48). 38

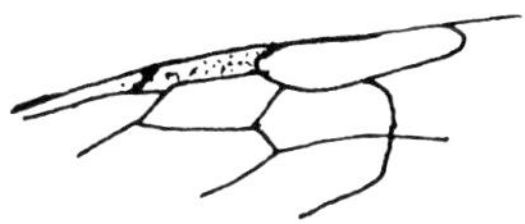

Z48

37. Körperlänge unter 9 mm. Gesicht meist gelb oder weiß gefleckt. . . . . *Hylaeus*

– Körperlänge über 10 mm. Gesicht schwarz. . . . . *Ammobatoides*

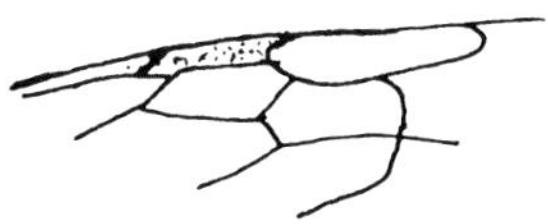

Z49

38. Zweite Discoidalader des Vorderflügels mündet bei der zweiten Cubitalader oder dahinter (Z 49). 39

– Zweite Discoidalader mündet deutlich vor der zweiten Cubitalader (Z 50). . 40

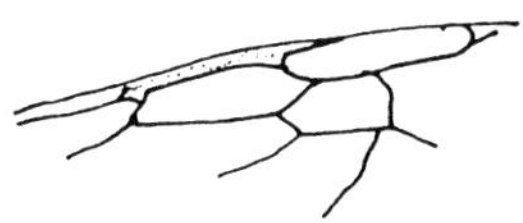

Z50

39. ♀: Bauchbürste vorhanden (Z 51). ♂: Endtergite mit Zähnen oder Lappen, oder Endsternit mit Dorn. *Anthidium*

– ♀: Bauchbürste fehlt, Endrand der Sternite jedoch oft mit Haarbinden.

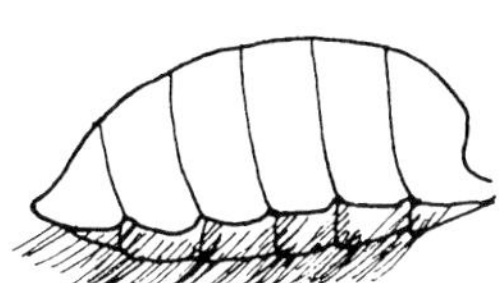

Z51

♂: Hinterleibsende abgerundet oder stumpfwinklig. . . . . *Stelis*

40. Hinterleib nicht oder nur kurz behaart. ♀: Bauchbürste fehlt. . . . **41**

– Hinterleib länger behaart. ♀: Bauchbürste vorhanden. **42**

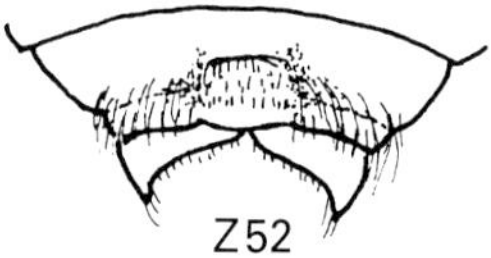

Z52

41. Hinterleib schwarz, rot oder schwarz-rot. ♀: Tergit 6 breit ausgeschnitten, seitlich eckig vorstehend (Z 52). ♂: mittlere Sternite mit hellen Filzflecken. Fühler mit 12 oder 13 Gliedern. . . . . *Biastes*

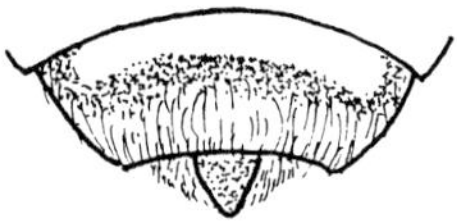

Z53

– Hinterleib mit gelben Binden. ♀: Tergit 6 mit Analplatte (Z 53). ♂: Sternite ohne Filzflecken. Fühler stets mit 13 Gliedern. . . . . *Camptopoeum*

Z54

42. Hinterschildchen liegt in Seitenansicht tiefer als das Schildchen. Mittelsegment ohne waagrechte Fläche (Z 54). . . . . *Osmia*

Z55

– Hinterschildchen, Schildchen und Mesonotum liegen in einer Ebene. Mittelsegment mit waagrechter Fläche (Z 55). **43**

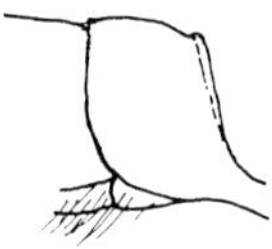

Z56

43. Tergit 1 zwischen dem vorderen abschüssigen und dem hinteren waagrechten Teil mit Querkante (Z 56). Schildchen seitlich gezähnt. *Heriades*

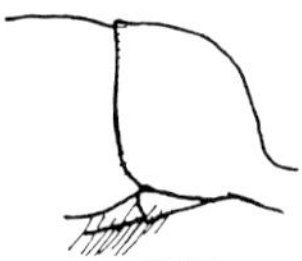

Z57

– Tergit 1 gerundet, ohne Querkante (Z 57). Schildchen nicht gezähnt. . . . . *Chelostoma*

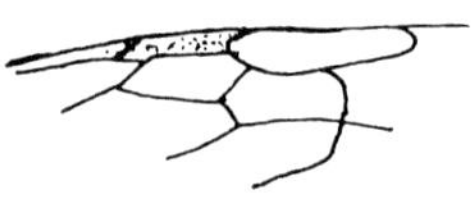

Z58

44. Zweite Discoidalader mündet bei oder nach der zweiten Cubitalader (Z 58). Körper meist schwarz-gelb gefärbt. . . . . *Anthidium*

– Zweite Discoidalader mündet deutlich vor der zweiten Cubitalader (Z 59). Körper ohne gelbe Flecken. 45

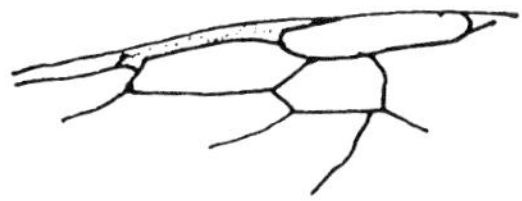

Z59

45. Schildchen seitlich mit Dornen. 46

– Schildchen unbewehrt. 47

46. Komplexaugen behaart. Hinterschildchen ohne Dorn (Z 60). .... *Coelioxys*

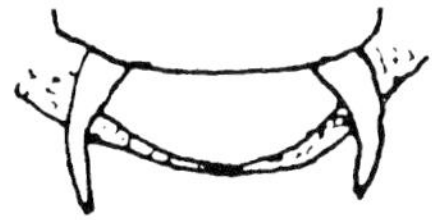

Z60

– Komplexaugen unbehaart. Hinterschildchen mit Dorn (Z 61). . *Dioxys*

Z61

47. Oberkiefer schmal, am Ende zweizähnig. ♀: Stirn mit auffälligem Höcker. ♂: Tergit 7 von oben gut sichtbar, endet in einem schmalen Dorn (Z 62). Tergit 6 ohne Auszeichnung. .... *Lithurgus*

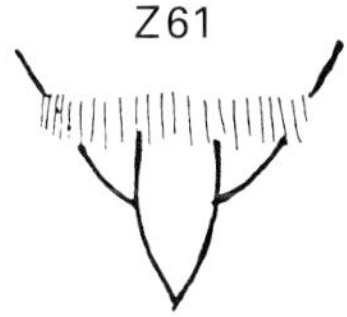

Z62

– Oberkiefer breit, drei- oder vierzähnig. ♀: Stirn ohne Höcker. ♂: Tergit 7 von oben nicht sichtbar. Tergit 6 meist mit einer geraden oder gezähnten Querlamelle (Z 63). . . *Megachile*

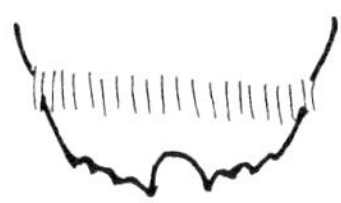

Z63

Die mitteleuropäischen Gattungen

Jede mitteleuropäische Bienengattung wird im folgenden in einem gesonderten Kapitel behandelt. Die Gattungskapitel sind zweigeteilt. In einem einleitenden Teil wird die Gattung allgemein charakterisiert. Im zweiten Teil folgt die Beschreibung ausgewählter Arten, welche die Spannweite von äußerer Erscheinung und Lebensweise innerhalb der betreffenden Gattung illustrieren sollen. Die Reihenfolge der Gattungen sowie die Abfolge der Arten innerhalb einer Gattung richtet sich nach dem Alphabet.

Die einleitenden Gattungstexte sind nach dem folgenden Schema aufgebaut: Hinweis auf abweichende Gattungsabgrenzungen, Anzahl Arten im Gebiet, Körperlänge, Feldkennzeichen, Anteil der bereits im Feld ansprechbaren Arten, Bestimmungsliteratur, Flugzeit, Generationenzahl, Hinweis auf Arten in der alpinen Stufe, Brutbiologie, Pollentransporteinrichtung, Blütenbesuch, Paarungsstrategien, Schlafplätze und Brutparasiten. Die Angaben beziehen sich dabei nur auf die im Gebiet vorkommenden Arten. Falls Angaben zu einzelnen Punkten fehlen, sind uns entsprechende Informationen aus der Literatur oder aus eigener Erfahrung unbekannt.

Das behandelte Gebiet umfasst die drei Länder Deutschland *(D),* Österreich *(A)* und Schweiz *(CH).* Die Artenzahlen wurden dem „Katalog der Bienen Österreichs, Deutschlands und der Schweiz" (s. Literaturverzeichnis) entnommen. Falls nicht ausdrücklich zwischen ♀♀ und ♂♂ unterschieden wird, beziehen sich die Angaben zu den Feldkennzeichen bzw. zum Anteil der im Gelände erkennbaren Arten jeweils auf beide Geschlechter. Unter dem Anteil der bereits im Feld ansprechbaren Arten verstehen wir den ungefähren Prozentsatz an Arten, die ein erfahrener Bienenkenner in Mitteleuropa bei guten Bedingungen und ausreichender Beobachtungszeit bereits im Gelände zuverlässig erkennen kann, ohne daß er die Tiere einfangen muß. Die genauen Quellenangaben zur Bestimmungsliteratur finden sich im Literaturverzeichnis. Die unter Flugzeit angegebenen römischen Zahlen I-XII beziehen sich auf die Monate Januar bis Dezember.

Grundsätzlich wurde versucht, all diejenigen Eigenschaften im einleitenden Gattungstext aufzuführen, welche den mitteleuropäischen Arten einer Gattung gemeinsam sind. So wurde beispielsweise in den Arttexten die Flugzeit nur angegeben, wenn in der betreffenden Gattung sowohl Frühlings- als auch Sommerarten vorkommen.

Die Arttexte enthalten Angaben über Körperlänge, Feldkennzeichen, Häufigkeit, Vorkommen im Gebiet, Biologie und Gefährdung.

Bei der Körperlänge wird, von wenigen Ausnahmen abgesehen, nicht zwischen ♀♀ und ♂♂ unterschieden. Da bei der Mehrheit der Bienen die ♀♀ größer sind als die ♂♂, bezieht sich bei der angegebenen Spanne die kleinere Zahl auf die Minimalgröße der ♂♂, die größere Zahl auf die Maximalgröße der ♀♀. Die Kennzeichen gelten jeweils für beide Geschlechter, falls nicht explizit zwischen ♀♀ und ♂♂ unterschieden wird. Bei der Häufigkeit werden vier Klassen unterschieden. Als *„sehr selten"* werden Arten bezeichnet, von denen in Mitteleuropa nur gerade einige wenige aktuelle Nachweise bekannt sind. Als *„selten"* definieren wir Arten, die eine lückenhafte Verbreitung besitzen und nur lokal vorkommen; für ihren Nachweis sind meist gezielte Nachforschungen notwendig. *„Verbreitete"* und *„häufige"* Arten treten mehr oder weniger flächendeckend auf; während letztere praktisch in jedem blütenreichen Garten vorkommen, sind erstere etwas weniger häufig, dürften aber in jedem größeren Landschaftsraum nachzuweisen sein. Die Häufigkeitsangaben für die einzelnen Arten beziehen sich jeweils auf ihr mitteleuropäisches Verbreitungsareal. Sie sind als grobe Abschätzungen zu verstehen und können regional durchaus abweichen. Für Österreich und die Schweiz stammen die näheren Angaben zum Vorkommen in einzelnen Landesteilen aus dem oben erwähnten Katalog, für Deutschland richten sie sich nach der zur Zeit verfügbaren Spezialliteratur und Auskünften von deutschen Bienenkundlern. Während sich die Häufigkeitsangaben auf die heutige Situation beziehen, wird beim Vorkommen in den einzelnen Ländern nicht zwischen früheren und aktuellen Nachweisen unterschieden. Die Angaben zur Gefährdung der einzelnen Arten in Deutschland (**Bw** = Baden-Württemberg; **Ba** = Bayern; **R** = Rheinland-Pfalz; **T** = Thüringen; **S** = Sachsen-Anhalt; **Br** = Brandenburg) und der Schweiz entstammen aktuellen Roten Listen (s. Literaturverzeichnis). Da für Österreich noch keine Rote Liste existiert, entfallen die entsprechenden Angaben. Die folgenden Gefährdungskategorien werden unterschieden: **0** = ausgestorben oder verschollen; **1** = vom Aussterben bedroht; **2** = stark gefährdet; **3** = gefährdet; **4** = potentiell gefährdet; **n** = nicht gefährdet.

Bei den Ortsangaben in den Fotolegenden wurden folgende Abkürzungen verwendet: **Ao** = Aostatal (I); **Av** = Aveyron (F); **Be** = Bern (CH); **Br** = Brandenburg (D); **Bs** = Basel (CH); **Bu** = Burgenland (A); **Bw** = Baden-Württemberg (D); **Fr** = Freiburg (CH); **Ga** = Gard (F); **Ge** = Genf (CH); **Gl** = Glarus (CH); **Gr** = Graubünden (CH); **Pu** = Apulien (I); **Sa** = Salzburg (A); **Sh** = Schaffhausen (CH); **So** = Solothurn (CH); **Tg** = Thurgau (CH); **Ti** = Tessin (CH); **Ur** = Uri (CH); **Vd** = Waadt (CH); **Vs** = Wallis (CH); **Zh** = Zürich (CH).

♀ = Weibchen, weiblich; ♂ = Männchen, männlich.

Ammobates und *Pasites* – Sandgänger- und Kurzhornbienen

Die beiden Gattungen sind nah miteinander verwandt. Der im Gebiet nur im östlichen Österreich vorkommende *Pasites minutus* wird gelegentlich in eine eigene Gattung, *Parammobatodes,* gestellt. *Ammobates:* 2 Arten im Gebiet (***D:*** 1; ***A:*** 2; ***CH:*** 1). *Pasites:* 2 Arten im Gebiet (***A:*** 2; ***CH:*** 1).
5–10 mm. Beide Gattungen sind durch gedrungene Körpergestalt, stark gewölbten und rot bis rot-schwarz gefärbten Hinterleib sowie meist auffällige weiße Haarflecken an Brust und Tergitendrändern charakterisiert. ♀♀ mit gewölbtem, seitlich stark abschüssigem und kreisförmig ausgeschnittenem Sternit 5, aus dem das stiftförmige Sternit 6 hervorragt. ♂♂ von *Pasites* nur mit 12 Fühlergliedern. Die vier mitteleuropäischen Arten können im Feld voneinander unterschieden werden. Bestimmungsliteratur: Schmiedeknecht (1930); Warncke (1983); Scheuchl (1995), wo allerdings der im östlichen Österreich nachgewiesene *A. vinctus* fehlt.
Flugzeit: VI-VIII. Eine Generation im Jahr.
Die *Ammobates*-Arten sind Brutparasiten bei *Anthophora* bzw. *Tetralonia,* die *Pasites*-Arten schmarotzen bei *Nomia* bzw. *Camptopoeum.* Die sonderbar u-förmig gebogenen Eier werden soweit durch die Wirtszellwand in das umgebende Bodensubstrat eingebettet, daß ihre stark abgeplattete Spitze mit der Zellwand in eine Ebene zu liegen kommt. Möglicherweise wird mit dem stiftförmigen Sternit 6 das Loch für das Ei in die Zellwand gebohrt. Die Larven spinnen keinen Kokon.

Ammobates punctatus (Fabricius 1804)

Kennzeichen: 7–8 mm. Hinterleib basal rot, an der Spitze schwarz gefärbt. Hinterleibsbasis gelegentlich verdunkelt, so daß der Hinterleib bis auf die rotbraunen Tergitendränder einheitlich dunkel gefärbt ist. Tergite 2–5 mit weißen Haarflecken, die auf den Tergiten 4–5 auffallend breit und praktisch zu durchgehenden Haarbinden verschmolzen sind. Beine schwarz gefärbt.
Vorkommen: Selten. ***D:*** Baden-Württemberg, Bayern, Rheinland-Pfalz, Hessen und in mehreren ostdeutschen Bundesländern; ***A:*** Burgenland, Steiermark, Kärnten, Niederösterreich; ***CH:*** Wallis.
Biologische Angaben: Brutparasit bei *Anthophora bimaculata.*
Gefährdung: ***D:*** Bw 1, Ba 1, R 1, T -, S 1, Br 1; ***CH:*** 1.

A. punctatus, ♀ auf *Centaurea paniculata,* Susten (Vs), VII.96

Pasites maculatus Jurine 1807

Kennzeichen: 7–8 mm. Hinterleib größtenteils rot gefärbt. Die weißen Haarflecke auf den Tergiten ebenfalls breit, aber auch auf den hinteren Tergiten stets deutlich voneinander getrennt. Beine rot gefärbt.
Vorkommen: Sehr selten. ***A:*** Burgenland, Niederösterreich; ***CH:*** Wallis.
Biologische Angaben: Brutparasit bei *Nomia.* Beide Geschlechter beißen sich zum Schlafen mit ihren Oberkiefern an Pflanzenteilen fest.
Gefährdung: *CH:* 2.

P. maculatus, schlafend, Susten (Vs), VII.77

Ammobatoides – Steppenglanzbienen

Eine Art im Gebiet (***D:*** 1; ***A:*** 1), die durch ihre Größe und die in der Artbeschreibung angeführten Merkmale bereits im Feld sicher von den anderen brutparasitischen Vertretern der Apinae unterschieden werden kann. Sie ist bei älteren Autoren unter der Gattung *Phiarus* aufgeführt.

Ammobatoides abdominalis (Eversmann 1852)

Kennzeichen: 10–12 mm. Beim ♀ sind die Hinterschienen und -tarsen sowie der Hinterleib bis auf die schwarze Spitze leuchtend rot gefärbt, die Tergitendränder weisen an den Seiten weiße Haarflecken auf, welche auf Tergit 4 zu einer auffälligen Endbinde verschmolzen sind, und das ausgerandete Sternit 6 ragt beidseits mit je einem griffelartigen, an der Spitze krallig bewehrten Teil über das mit langen gelben Haaren dicht bewimperte Sternit 5 vor. ♂ mit auffallend großen Augen, dichter gelblichweißer Behaarung auf Kopf, Brust und Tergit 1, schwarz gefärbtem Hinterleib, der weiß bandiert ist, sowie deutlich vorragendem, stiftförmigem Tergit 7.
Vorkommen: Sehr selten. ***D:*** Brandenburg; ***A:*** Burgenland, Niederösterreich.
Biologische Angaben: Flugzeit: VI-VII. Eine Generation im Jahr. Brutparasit bei *Melitturga.* Eiablageverhalten unbekannt, aufgrund des Baues von Sternit 6 wird das Ei möglicherweise wie bei anderen Vertretern der Nomadini in die Wand der Wirtszelle gelegt. Die Larven spinnen keinen Kokon. Beide Geschlechter beißen sich zum Schlafen mit ihren Oberkiefern an Halmen fest. Die großen Augen des ♂ lassen auf eine besondere Paarungsstrategie schließen.
Gefährdung: ***D:*** Bw -, Ba -, R -, T -, S -, Br 0.

o.: *A. abdominalis*, ♀ schlafend, St. Pierre (Ao), VII.96;
u.: *A. abdominalis*, ♂ schlafend, St. Pierre (Ao), VII.96

Andrena – Sandbienen

148 Arten im Gebiet (***D:*** 112; ***A:*** 137; ***CH:*** 113).
5–16 mm. Ohne eindeutige, von bloßem Auge erkennbare gattungstypische Feldkennzeichen. Bei einer im Frühling fliegenden Biene mit Beinbürste und fehlender Furche auf dem letzten Hinterleibstergit dürfte es sich jedoch in den meisten Fällen um eine *Andrena*-Art handeln. Sandbienen sind von schwarzer, seltener schwarz-roter oder metallischer Körpergrundfarbe. Während die einen Arten eine pelzige und oft auffällig gefärbte Behaarung aufweisen, sind andere nahezu unbehaart oder tragen helle Haarbinden auf dem Hinterleib. ♀♀ meist mit gut entwickelter Haarlocke *(Flocculus)* auf dem Schenkelring der Hinterbeine sowie breiter, samtartig behaarter Grube entlang des Augeninnenrandes *(Fovea facialis)*. In geringerer Ausprägung kommen Flocculus und Fovea jedoch auch bei anderen Bienengattungen vor. ♂♂ mancher Arten mit hell geflecktem Gesicht, andere mit mächtig entwickelten Oberkiefern. Während die ♂♂ im Feld, von einzelnen Ausnahmen abgesehen, nicht bis auf Artniveau bestimmt werden können, ist grob ein Drittel der mitteleuropäischen Arten im ♀ Geschlecht unter Berücksichtigung des häufig charakteristischen Blütenbesuchs bereits draußen zuverlässig anzusprechen. Bestimmungsschlüssel: Schmiedeknecht (1930); Dylewska (1987); Schmid-Egger & Scheuchl (1997). In den ersteren beiden Schlüsseln fehlen allerdings mehrere im Gebiet vorkommende Arten.
Flugzeit: III-IX, wobei die überwiegende Mehrheit der Arten im Frühling fliegt. Meist nur eine Generation im Jahr, vereinzelte Arten mit zwei Generationen im Frühling bzw. Sommer. *A. rogenhoferi* steigt in den Alpen bis weit über die Waldgrenze.
Selbstgegrabene, je nach Art und Bodenverhältnissen 5–60 cm tiefe Nester im Boden an meist ebenen, seltener stark geneigten, vegetationslosen bis dicht bewachsenen Stellen. Einige Arten nisten bevorzugt in lockerem Sand. Die meist mehr oder weniger horizontal orientierten Brutzellen liegen in der Regel einzeln am Ende von kurzen (selten fehlenden) oder langen Seitengängen, die von einem Hauptgang abzweigen. Die Seitengänge und oft auch der Hauptgang werden nach Fertigstellung der Brutzelle bzw. des Nestes mit Erde verschlossen. Einige Arten scharren die Nestöffnung vor jedem Sammelflug zu. Die Anlage von zwei oder drei Nestern pro ♀ kommt häufig vor; die einzelnen Nester enthalten in diesem Fall nur 1–5 Brutzellen. Die ♀♀ legen vor der Verproviantierung der ersten Brutzelle eine mehrtägige Ruhephase ein, während der die Eier heranreifen. Die Larven spinnen keinen Kokon. Nester einzeln oder in

Nestkolonie von *A. vaga* und *Colletes cunicularius*,
Neuhausen (Sh), IV.96

kleineren bis riesigen und dann oft aus mehreren Arten zusammengesetzten Kolonien. Die meisten Arten leben solitär, für vereinzelte Arten ist aber eine kommunale Nistweise mit einigen wenigen bis mehreren hundert ♀♀ pro Nest charakteristisch.
Pollentransporteinrichtung: Haarbürste an Hinterschiene und -ferse sowie Körbchen auf der Unterseite des Hinterschenkels und an den Seiten des Mittelsegmentes. Knapp zwei Fünftel der mitteleuropäischen Arten sind oligolektisch und besuchen nur Ochsenzunge (*Anchusa;* 1 Art), Spargel (*Asparagus;* 1), Zaunrübe (*Bryonia;* 1), Milchstern (*Ornithogalum;* 1), Fingerkraut (*Potentilla;* 2), Weide (*Salix;* 8), Beinwell (*Symphytum;* 1), Ehrenpreis (*Veronica;* 1), Doldenblütler (Apiaceae; 4), Korbblütler (Asteraceae; 9), Kreuzblütler (Brassicaceae; 12), Glockenblumengewächse (Campanulaceae; 4), Zistrosengewächse (Cistaceae; 1), Kardengewächse (Dipsacaceae; 2), Erikagewächse (Ericaceae; 2) bzw. Schmetterlingsblütler (Fabaceae; 6). Ein Drittel ist polylektisch, während die Pollenquellen von rund einem Viertel aller Arten noch ungenügend bekannt sind. *A. nasuta* kratzt den Pollen mit hakig gebogenen Borsten auf dem Rüssel aus den engröhrigen Blüten der Ochsenzunge *(Anchusa officinalis)* heraus. Die bisher untersuchten Arten benötigen für die Verproviantierung einer Brutzelle meist nur 5–10 Sammelflüge. Auch bei gutem Wetter werden jedoch pro Tag kaum mehr als vier bis sechs Sammelflüge getätigt. Mehrere stark behaarte Arten fliegen im frühen Frühling, auch bei stärkerer Bewölkung, bereits ab einer Lufttemperatur von 10°C.
Die ♂♂ kontrollieren Nistplätze, patrouillieren Blüten ab oder umschwärmen auf individuellen Flugbahnen Sträucher und Baumstämme. Sie markieren entlang dieser Flugbahnen Blätter, Knospen, Grashalme u. ä. mit artspezifischen Sekreten der Mandibulardrüsen, die eine anziehende Wirkung auf ♀♀ und andere ♂♂ ausüben, so daß sich um Gebüsche und kleine Bäume herum oft kleine Schwärme ausbilden. Die Paarung findet statt, wenn die ♂♂ auf frisch ausschlüpfende oder blütenbesuchende und noch unverpaarte ♀♀ treffen, bzw. wenn die ♀♀ aktiv die duftmarkierten Flugbahnen aufsuchen. Die ♂♂ schlafen einzeln oder in kleinen Gruppen in Erdspalten, selbstgegrabenen Löchern oder in Blüten.
In *Andrena*-Nestern parasitieren Kuckucksbienen der Gattungen *Nomada* und *Sphecodes* sowie Ölkäfer (Meloidae) und Wollschweber (Bombyliidae). Sandbienen sind wichtige Wirte der Fächerflügler (Strepsiptera), welche sich als Innenparasiten im Hinterleib der Bienen entwickeln und bei den Wirten Sterilität sowie Veränderungen in Flugzeit, Verhalten und Morphologie hervorrufen.

A. vaga, Brutzelle mit Pollen-Nektar-Kugel und Ei, Illnau (Zh), V.96

Andrena agilissima (Scopoli 1770)

Kennzeichen: 13–15 mm. Beide Geschlechter durch spezialisierten Blütenbesuch, stark verdunkelte Flügel, schwarzblau glänzenden Hinterleib sowie weiße Haarflecken an Brust und Tergitseiten 3–5 bereits im Feld zu erkennen.
Vorkommen: Selten. Die nördliche Verbreitungsgrenze verläuft durch das mittlere Deutschland.
Biologische Angaben: Flugzeit: V-VII. Nistet bevorzugt in Steilwänden. Zum Teil kommunale Nistweise. Oligolektisch, auf Kreuzblütler (Brassicaceae) spezialisiert. Kuckucksbiene: *Nomada melathoracica.*
Gefährdung: ***D:*** Bw 2, Ba 1, R 3, T 1, S 2, Br -; ***CH:*** 2.

Andrena bicolor Fabricius 1775 (= *A. gwynana*)

Kennzeichen: 8–10 mm. ♀ im frischen Zustand dank rotbraun behaarter Brustoberseite, meist schwarzer Behaarung von Gesicht und Brustseiten, lockeren hellen Tergitbinden sowie rostgelber Beinbürste im Feld gut kenntlich. Abgeflogene ♀♀ dagegen kaum von ähnlichen Arten zu unterscheiden.
Vorkommen: Häufig. Im Gebiet keine Verbreitungsgrenze.
Biologische Angaben: Flugzeit: III-VIII. Zwei Generationen. Polylektisch, die Tiere der zweiten Generation zeigen jedoch eine ausgeprägte Vorliebe für Glockenblume *(Campanula).* Kuckucksbiene: *Nomada fabriciana.*
Gefährdung: ***D:*** Bw n, Ba n, R n, T n, S n, Br n; ***CH:*** n.

o.l.: *A. agillissima*, Paarung, Flaach (Zh), V.94;
o.r.: *A. bicolor*, ♀ auf *Veronica persica*, Agasul (Zh), IV.91;
u.: *A. bicolor*, ♀ am Nest mit lauerndem ♀ von *Nomada fabriciana*, Agasul (Zh), IV.95

Andrena carantonica Pérez 1902 (= *A. jacobi, A. scotica*)

Kennzeichen: 10–14 mm. Im Feld nicht sicher von ähnlichen *Andrena*-Arten zu unterscheiden.
Vorkommen: Verbreitet. Im Gebiet keine Verbreitungsgrenze.
Biologische Angaben: Flugzeit: IV-V. Kommunale Nistweise mit bis zu 600 ♀♀ pro Nest. Über 70% der ♀♀ verpaaren sich bereits vor dem ersten Verlassen des Nestes im Nestinnern mit ♂♂ desselben Nestes. Da die ♀♀ eines kommunalen Nestes nicht näher miteinander verwandt sind, tritt dabei kaum Inzucht auf. ♂♂ umschwärmen Gebüsche und kleine Bäume. Kuckucksbienen: *Nomada flava, N. marshamella.*
Gefährdung: ***D:*** Bw n, Ba n, R n, T n, S n, Br n; ***CH:*** n.

Andrena cineraria (Linné 1758)

Kennzeichen: 10–14 mm. Die charakteristische schwarze Querbinde auf der Brustoberseite des ♀ kommt auch bei der nah verwandten *A. barbareae* vor, welche jedoch deutlich stärker verdunkelte Flügel hat, vorwiegend in mittleren bis höheren Berglagen fliegt und zwei Generationen aufweist.
Vorkommen: Verbreitet. Im Gebiet keine Verbreitungsgrenze.
Biologische Angaben: Flugzeit: IV-V. Nistet gelegentlich in großen Kolonien. Polylektisch. ♂♂ schwärmen vorwiegend an den Nistplätzen. Kuckucksbienen: *Nomada goodeniana, N. lathburiana.*
Gefährdung: ***D:*** Bw 3, Ba 4, R n, T 3, S 4, Br n; ***CH:*** 3.

o.: *A. carantonica*, ♀♀ verlassen kommunales Nest, Agasul (Zh), V.92;
u.: *A. cineraria*, ♀ auf *Taraxacum officinale*, Mühledorf (So), IV.96

Andrena curvungula Thomson 1870

Kennzeichen: 11–14 mm. ♀ im Feld dank spezialisiertem Blütenbesuch und dicht anliegender, im Unterschied zu *A. pandellei* im frischen Zustand leuchtend rostbräunlicher Beschuppung der Brustoberseite sicher zu bestimmen.
Vorkommen: Selten. Die nördliche Verbreitungsgrenze verläuft vom nördlichen Ostdeutschland in südwestlicher Richtung durch das mittlere Westdeutschland.
Biologische Angaben: Flugzeit: V-VII. Oligolektisch, auf Glockenblumengewächse (Campanulaceae) spezialisiert. Neben Glockenblume *(Campanula)* wird auch Teufelskralle *(Phyteuma)* besucht. ♂♂ patrouillieren Glockenblumen ab, die zusätzlich als Schlafplätze genutzt werden. Kuckucksbiene: *Nomada braunsiana.*
Gefährdung: ***D:*** Bw 2, Ba 3, R 2, T 2, S 2, Br wenige Nachweise seit 1993; ***CH:*** 2.

Andrena flavipes Panzer 1799

Kennzeichen: 9–13 mm. ♀ durch die durchgehenden, auffällig breiten und weißen Tergitbinden sowie die im Unterschied zur ähnlichen *A. gravida* bräunliche Behaarung von Gesicht und Brustseiten kaum mit einer anderen Art zu verwechseln.
Vorkommen: Häufig. Im Gebiet keine Verbreitungsgrenze.
Biologische Angaben: Flugzeit: IV-VIII. Zwei Generationen. Nistet gelegentlich in großen Kolonien. Ausgesprochen polylektisch. Kuckucksbiene: *Nomada fucata.*
Gefährdung: ***D:*** Bw n, Ba n, R n, T n, S n, Br n; ***CH:*** n.

o.: *A. curvungula*, ♀ auf *Campanula rotundifolia*, Jeizinen (Vs), VI.96;
u.: *A. flavipes*, ♀ auf *Anthemis tinctoria*, Schlattingen (Tg), VII.96

Andrena florea Fabricius 1793

Kennzeichen: 9–13 mm. Beide Geschlechter dank spezialisiertem Blütenbesuch und schwarzbraunem Hinterleib, der in individuell variierendem Ausmaß rot aufgehellt ist, bereits im Feld leicht kenntlich.

Vorkommen: Verbreitet. Die nördliche Verbreitungsgrenze verläuft vom nördlichen Ostdeutschland in südwestlicher Richtung durch das mittlere Westdeutschland.

Biologische Angaben: Flugzeit: V-VII. Oligolektisch, auf Zaunrübe *(Bryonia)* spezialisiert. Die einzige im westlichen Mitteleuropa vorkommende Zaunrüben-Art, *Bryonia dioica,* ist zweihäusig, weshalb die ♀♀ zum Pollensammeln auf die weiblichen Pflanzen angewiesen sind. ♂♂ patrouillieren Zaunrüben ab und nutzen deren Blüten auch als Nektarquelle.

Gefährdung: ***D:*** Bw n, Ba n, R n, T 3, S 4, Br 1; ***CH:*** 3.

Andrena fulva (Müller 1766)

Kennzeichen: 9–13 mm. ♀ durch pelzige, im frischen Zustand leuchtend gelbrote, im abgeflogenen Zustand dagegen graubräunliche Behaarung der Oberseite von Brust und Hinterleib unverwechselbar.

Vorkommen: Häufig. Im Gebiet keine Verbreitungsgrenze.

Biologische Angaben: Flugzeit: IV-V. Nistet häufig in größeren Kolonien. Polylektisch, zeigt aber eine auffallende Vorliebe für Johannisbeere *(Ribes).* ♂♂ umschwärmen Gebüsche und kleine Bäume. Kuckucksbienen: *Nomada panzeri, N. signata.*

Gefährdung: ***D:*** Bw n, Ba n, R n, T n, S n, Br n; ***CH:*** n.

o.: *A. florea,* ♀ auf *Bryonia dioica,* Rüdlingen (Sh), VI.94;
u.l.: *A. florea,* ♂ auf *Bryonia dioica,* Rüdlingen (Sh), VI.94;
u.r.: *A. fulva,* ♀ auf *Ribes* spec., Solothurn (So), IV.81

Andrena fulvago (Christ 1791)

Kennzeichen: 10–11 mm. ♀ dank spezialisiertem Blütenbesuch, glänzend schwarzem und ungebändertem Hinterleib, gelb behaarter Beinbürste sowie rostrot gefärbten Hinterschienen und -tarsen bereits im Feld recht gut anzusprechen.
Vorkommen: Verbreitet. Im Gebiet keine Verbreitungsgrenze.
Biologische Angaben: Flugzeit: V-VII. Oligolektisch, auf Korbblütler (Asteraceae) spezialisiert. Besucht innerhalb der Korbblütler vorwiegend Zungenblütler (Lactuceae), seltener Flockenblumen und Disteln (Cardueae).
Gefährdung: ***D:*** Bw 3, Ba 3, R n, T n, S 3, Br n; ***CH:*** n.

Andrena fuscipes (Kirby 1802)

Kennzeichen: 8–11 mm. Beide Geschlechter dank spezialisiertem Blütenbesuch, später Flugzeit sowie sehr breiten und lockeren, gelbbräunlichen Tergitbinden bereits im Feld bis auf die Art bestimmbar.
Vorkommen: Selten, in Sandgebieten mit großen Heidekraut-Beständen verbreitet. Im Gebiet keine Verbreitungsgrenze. In der *CH* nur aus Graubünden, dem Wallis und Tessin bekannt.
Biologische Angaben: Flugzeit: VIII-IX. Oligolektisch, auf Erikagewächse (Ericaceae) spezialisiert. Einzige Pollenquelle in Mitteleuropa ist das Heidekraut *(Calluna vulgaris).* ♂♂ fliegen sowohl um Gebüsche und kleine Bäume als auch an den Blüten des Heidekrauts. Kuckucksbiene: *Nomada rufipes.*
Gefährdung: ***D:*** Bw 2, Ba 4, R 3, T 1, S 2, Br n; ***CH:*** 2.

Andrena gravida Imhoff 1832

Kennzeichen: 10–14 mm. ♀ durch die durchgehenden, auffällig breiten und weißen Tergitbinden sowie die im Unterschied zur ähnlichen *A. flavipes* schneeweiße Behaarung von Gesicht und Brustseiten bereits im Feld gut kenntlich.
Vorkommen: Häufig. Im Gebiet keine Verbreitungsgrenze.
Biologische Angaben: Flugzeit: IV-V. Nistet gelegentlich in großen Kolonien. Nesteingänge häufig in dichter Vegetation versteckt. Polylektisch. ♂♂ umschwärmen Gebüsche und kleine Bäume. Kuckucksbiene: *Nomada bifasciata.*
Gefährdung: ***D:*** Bw n, Ba 4, R 3, T n, S n, Br n; ***CH:*** n.

o.: *A. fulvago*, ♀ auf *Cichorium intybus*, Agasul (Zh), VII.89;
u.l.: *A. fuscipes*, ♀ auf *Calluna vulgaris*, Biasca (Ti), VIII.95;
u.r.: *A. gravida*, ♀, Zürich (Zh), IV.96

Andrena haemorrhoa (Fabricius 1781) (= *A. albicans*)

Kennzeichen: 8–12 mm. ♀ dank leuchtend orangebraun behaarter Brustoberseite und orange gefärbter Endfranse unverwechselbar.
Vorkommen: Häufig. Im Gebiet keine Verbreitungsgrenze.
Biologische Angaben: Flugzeit: IV-VI. Polylektisch. ♂♂ umschwärmen Gebüsche und kleine Bäume, kontrollieren auf der Suche nach paarungswilligen ♀♀ jedoch auch Blüten. Kuckucksbiene: *Nomada ruficornis.*
Gefährdung: ***D:*** Bw n, Ba n, R n, T n, S n, Br n; ***CH:*** n.

Andrena hattorfiana (Fabricius 1775)

Kennzeichen: 13–16 mm. Beide Geschlechter dank Größe, spezialisiertem Blütenbesuch und schwarz glänzendem Hinterleib, der an seiner Basis häufig rot gefärbt ist, im Feld gut zu bestimmen. ♂ zusätzlich mit weiß gefärbtem Kopfschild.
Vorkommen: Verbreitet. Im Gebiet keine Verbreitungsgrenze.
Biologische Angaben: Flugzeit: V-VIII. Oligolektisch, auf Kardengewächse (Dipsacaceae) spezialisiert. Wichtigste Pollenquelle in Mitteleuropa ist die Acker-Witwenblume *(Knautia arvensis).* ♂♂ patrouillieren *Knautia*-Blütenköpfe ab. Kuckucksbiene: *Nomada armata.*
Gefährdung: ***D:*** Bw 3, Ba 3, R 3, T 3, S 3, Br n; ***CH:*** 3.

o.: *A. haemorrhoa*, ♀ auf *Potentilla* spec., Onnens (Vd), IV.91;
u.: *A. hattorfiana*, ♀ auf *Knautia arvensis*, Rüdlingen (Sh), VI.95

Andrena humilis Imhoff 1832

Kennzeichen: 10–13 mm. ♀ durch spezialisierten Blütenbesuch, spärliche Körperbehaarung, matt schwarzen Hinterleib, gelbe Beinbürste und gelbe Endfranse, ♂ durch weißen Kopfschild ausgezeichnet. Nördlich Baden-Württembergs reichen diese Merkmale für eine zuverlässige Bestimmung aus, in Baden-Württemberg, Bayern sowie in Österreich und der Schweiz kommen sehr ähnliche, ebenfalls auf Korbblütler spezialisierte Arten hinzu, die jedoch bedeutend seltener sind.
Vorkommen: Verbreitet. Im Gebiet keine Verbreitungsgrenze.
Biologische Angaben: Flugzeit: IV-VI. Nistet gelegentlich in großen Kolonien. Oligolektisch, auf Korbblütler (Asteraceae) spezialisiert. Besucht innerhalb der Korbblütler einzig Zungenblütler (Lactuceae). ♂♂ patrouillieren Korbblütler ab. Kuckucksbiene: *Nomada integra.*
Gefährdung: ***D:*** Bw 3, Ba 3, R n, T 3, S 3, Br 3; ***CH:*** n.

Andrena lagopus Latreille 1809

Kennzeichen: 8–10 mm. ♀ im Feld durch spezialisierten Blütenbesuch, leuchtend rotbraun behaarte Brust sowie helle, scharf abgesetzte und mitten breit unterbrochene, schmale Haarbinden auf den Tergiten 2–4 gut kenntlich.
Vorkommen: Verbreitet. Die nördliche Verbreitungsgrenze verläuft durch das mittlere Deutschland. Die früher recht seltene Art scheint momentan in Ausbreitung begriffen zu sein.
Biologische Angaben: Flugzeit: IV-VI. Oligolektisch, auf Kreuzblütler (Brassicaceae) spezialisiert. Wichtige Pollenquellen in Mitteleuropa sind Barbarakraut *(Barbarea vulgaris),* Raps *(Brassica napus),* Ackersenf *(Sinapis arvensis)* und Wiesenschaumkraut *(Cardamine pratensis).*
Gefährdung: ***D:*** Bw 2, Ba n, R n, T -, S -, Br -; ***CH:*** n.

Andrena lathyri Alfken 1899

Kennzeichen: 10–14 mm. Im Gelände nicht zweifelsfrei von verwandten *Andrena*-Arten zu unterscheiden, die ebenfalls auf Schmetterlingsblütler (Fabaceae) spezialisiert sind.
Vorkommen: Verbreitet. Im Gebiet keine Verbreitungsgrenze.
Biologische Angaben: Flugzeit: V-VI. Oligolektisch, auf Platterbse *(Lathyrus)* und Wicke *(Vicia)* spezialisiert. ♂♂ patrouillieren Platterbsen- und Wicken-Blüten ab. Kuckucksbiene: *Nomada villosa.*
Gefährdung: ***D:*** Bw n, Ba 3, R n, T 3, S 3, Br 3; ***CH:*** 3.

o.l.o.: *A. humilis,* ♀ , Agasul (Zh), IV.93; **o.l.u.:** *A. humilis,* ♀ an Nest, Agasul (Zh), IV.93; **o.r.:** *A. lagopus,* ♀ auf *Barbarea vulgaris,* Weil am Rhein (Bw), V.96; **u.:** *A. lathyri,* ♀ auf *Vicia sepium,* Kleinandelfingen (Zh), V.94

Andrena marginata Fabricius 1776

Kennzeichen: 9–10 mm. Beide Geschlechter dank später Flugzeit, spezialisiertem Blütenbesuch und hell orangerot gefärbtem Hinterleib unverwechselbar. ♂ zusätzlich mit weiß gefärbtem Kopfschild.
Vorkommen: Selten. Im Gebiet keine Verbreitungsgrenze.
Biologische Angaben: Flugzeit: VII-VIII. Oligolektisch, auf Kardengewächse (Dipsacaceae) spezialisiert. Die wichtigsten Pollenquellen im Gebiet sind Skabiose *(Scabiosa)* und Teufelsabbiß *(Succisa pratensis),* welche von den ♂♂ auf der Suche nach paarungswilligen ♀♀ abpatrouilliert werden. Kuckucksbiene: *Nomada argentata.*
Gefährdung: ***D:*** Bw 2, Ba 1, R 2, T 2, S 2, Br 1; ***CH:*** 2.

Andrena minutula (Kirby 1802)

Kennzeichen: 5–7 mm. Im Feld nicht von ähnlich kleinen, rein schwarz gefärbten und spärlich behaarten *Andrena*-Arten abzugrenzen.
Vorkommen: Häufig. Im Gebiet keine Verbreitungsgrenze.
Biologische Angaben: Flugzeit: IV-VIII. Zwei Generationen. Polylektisch. Kuckucksbiene: *Nomada flavoguttata.*
Gefährdung: ***D:*** Bw n, Ba n, R n, T n, S n, Br n; ***CH:*** n.

Andrena nitida (Müller 1776)

Kennzeichen: 11–15 mm. ♀ durch Größe, leuchtend rotbraun behaarte Brustoberseite, hell behaarte Brustseiten sowie glänzend schwarzen, nahezu unbehaarten Hinterleib im Feld einzig mit der seltenen, zweibrütigen und nördlich von Rheinland-Pfalz fehlenden *A. limata* zu verwechseln. Bei letzterer Art ist die Brust seitlich und unten nicht wie bei *A. nitida* schneeweiß, sondern dunkel gelb- bis schwarzbraun behaart.
Vorkommen: Häufig. Im Gebiet keine Verbreitungsgrenze.
Biologische Angaben: Flugzeit: IV-VI. Nistet gelegentlich in großen Kolonien. Polylektisch. ♂♂ umschwärmen Gebüsche und kleine Bäume. Kuckucksbienen: *Nomada flava, N. goodeniana, N. succincta.*
Gefährdung: ***D:*** Bw n, Ba n, R n, T n, S n, Br n; ***CH:*** n.

o.: *A. marginata*, ♀ auf *Succisa pratensis*, Maschwanden (Zh), VIII.95; **u.l.:** *A. minutula*, ♀ auf *Salix purpurea*, Illnau (Zh), IV.96; **u.r.o.:** *A. nitida*, ♀ an Nest, Agasul (Zh), V.91; **u.r.u.:** *A. nitida*, ♂ auf *Salix* spec., Attisholz (So), IV.96

Andrena pandellei Pérez 1895

Kennzeichen: 10–12 mm. ♀ im Feld dank spezialisiertem Blütenbesuch und dicht anliegender, im Unterschied zu *A. curvungula* jedoch auch im frischen Zustand dunkelbrauner Beschuppung der Brustoberseite gut kenntlich.
Vorkommen: Verbreitet. Die nördliche Verbreitungsgrenze verläuft vom nördlichen Ostdeutschland in südwestlicher Richtung durch das mittlere Westdeutschland.
Biologische Angaben: Flugzeit: V-VI. Oligolektisch, auf Glockenblume *(Campanula)* spezialisiert. ♂♂ patrouillieren Glockenblumen ab, welche häufig auch als Schlafplätze genutzt werden. Kuckucksbiene: *Nomada braunsiana.*
Gefährdung: ***D:*** Bw 2, Ba 2, R 3, T 1, S 2, Br 1; ***CH:*** 2.

Andrena praecox (Scopoli 1763)

Kennzeichen: 8–11 mm. ♀ durch spezialisierten Blütenbesuch und zottig gelbbraun behaarte Tergite 1–4 unverwechselbar.
Vorkommen: Verbreitet. Im Gebiet keine Verbreitungsgrenze. Charakteristische Art von Flußauen, die Sandboden bevorzugt.
Biologische Angaben: Flugzeit: III-V. Oligolektisch, auf Weide *(Salix)* spezialisiert. ♂♂ umschwärmen in tänzelndem Flug Baumstämme. Kuckucksbiene: *Nomada ferruginata.*
Gefährdung: ***D:*** Bw 3, Ba n, R n, T n, S n, Br n; ***CH:*** 3.

Andrena proxima (Kirby 1802)

Kennzeichen: 8–10 mm. ♀ dank spezialisiertem Blütenbesuch, blauschwarz gefärbtem und mit schneeweißen Seitenfransen geziertem Hinterleib sowie dunklen Hinterbeinen im Feld recht gut zu bestimmen.
Vorkommen: Verbreitet. Im Gebiet keine Verbreitungsgrenze.
Biologische Angaben: Flugzeit: V-VII. Oligolektisch, auf Doldenblütler (Apiaceae) spezialisiert. Kuckucksbiene: *Nomada conjungens.*
Gefährdung: ***D:*** Bw n, Ba 4, R n, T n, S 3, Br 0; ***CH:*** n.

o.: *A. pandellei,* ♀ auf *Campanula rapunculus,* Mt. Vully (Fr), VII.91;
u.l.: *A. praecox,* ♀ auf *Salix* spec., Attisholz (So), IV.96;
u.r.: *A. proxima,* ♀ auf Doldenblütler, Jeizinen (Vs), VI.96

Andrena spectabilis Smith 1853
(= *A. carbonaria* auct., *A. pilipes* auct.)

Kennzeichen: 11–15 mm. Im Feld nicht von ähnlichen *Andrena*-Arten zu unterscheiden, die ebenfalls rein schwarz gefärbt sind.
Vorkommen: Selten. Im Gebiet keine Verbreitungsgrenze.
Biologische Angaben: Flugzeit: IV-IX. Zwei Generationen. Polylektisch, zeigt aber eine deutliche Bevorzugung von Kreuzblütlern (Brassicaceae) und Resede *(Reseda)*. Kuckucksbiene: *Nomada fulvicornis.*
Gefährdung: ***D:*** Bw 1, Ba 1, R 3, T 2, S 3, Br n; ***CH:*** 2.

Andrena vaga Panzer 1799

Kennzeichen: 11–15 mm. ♀ durch Größe, grauweiße Behaarung von Kopf und Brust sowie glänzend schwarz gefärbtem Hinterleib unverwechselbar.
Vorkommen: Verbreitet. Im Gebiet keine Verbreitungsgrenze, aber auf Sandboden beschränkt. Die Bodenansprüche sowie der spezialisierte Blütenbesuch lassen in *A. vaga* eine charakteristische Art der Flußauen erkennen, die heute auch Sand- und Kiesgruben besiedelt.
Biologische Angaben: Flugzeit: III-V. Nistet teilweise in großen Kolonien mit mehreren hundert bis mehreren tausend Nestern. Der Nesteingang wird vor jedem Sammelflug zugescharrt. Oligolektisch, auf Weide *(Salix)* spezialisiert. ♂♂ schwärmen häufig an den Nistplätzen. Kuckucksbiene: *Nomada lathburiana.*
Gefährdung: ***D:*** Bw n, Ba 3, R n, T 3, S 3, Br n; ***CH:*** n.

o.l.: *A. spectabilis,* ♀ auf *Rubus* spec., St. Pierre (Ao), VII.96;
o.r.: *A. vaga,* ♀ an Nest, Rheinau (Zh), IV.89;
u.: *A. vaga,* ♀ auf *Salix purpurea,* Illnau (Zh), IV.96

Andrena viridescens Viereck 1916

Kennzeichen: 6–7 mm. Der bei guten Lichtverhältnissen auch im Feld erkennbare, schwach metallisch blaugrüne Glanz von Kopf und Brust lassen *A. viridescens* in Kombination mit dem spezialisierten Blütenbesuch bereits im Gelände recht gut von anderen kleinen *Andrena*-Arten unterscheiden. ♂ zusätzlich mit weiß gefärbtem Kopfschild.
Vorkommen: Verbreitet. Die nördliche Verbreitungsgrenze verläuft vom nördlichen Ostdeutschland in südwestlicher Richtung durch das mittlere Westdeutschland.
Biologische Angaben: Flugzeit: IV-VI. Oligolektisch, auf Ehrenpreis *(Veronica)* spezialisiert. Kuckucksbiene: *Nomada atroscutellaris.*
Gefährdung: ***D:*** Bw 3, Ba 3, R n, T 2, S 2, Br Nachweis 1994; ***CH:*** 3.

Andrena wilkella (Kirby 1802)

Kennzeichen: 9–12 mm. Im Feld nicht von mehreren ähnlichen Arten der *A. wilkella*-Gruppe zu unterscheiden, die ebenfalls auf Schmetterlingsblütler spezialisiert sind.
Vorkommen: Verbreitet. Im Gebiet keine Verbreitungsgrenze.
Biologische Angaben: Flugzeit: V-VII. Oligolektisch, auf Schmetterlingsblütler (Fabaceae) spezialisiert. Pollensammelnde ♀♀ drücken bei unterschiedlichen Schmetterlingsblütlern das Schiffchen mit den Mittel- und Hinterbeinen nach unten, so daß Griffel und Staubblätter hervortreten. Danach drehen sie sich um und ernten den Pollen direkt mit den Vorderbeinen von den pollenbesetzten Blütenteilen. ♂♂ patrouillieren Schmetterlingsblütler ab. Kuckucksbiene: *Nomada striata.*
Gefährdung: ***D:*** Bw 3, Ba n, R n, T 3, S 3, Br n; ***CH:*** n

o.: *A. viridescens*, ♀ auf *Veronica chamaedrys*, Solothurn (So), V.89;
u.: *A. wilkella*-Gruppe, ♀ auf *Onobrychis viciifolia*, Hohtenn (Vs), VI.96

Anthidium – Harz- und Wollbienen

Verschiedene Autoren splittern die mitteleuropäischen Harz- und Wollbienen in die sechs Gattungen *Anthidiellum, Anthidium, Icteranthidium, Pseudoanthidium, Rhodanthidium* und *Trachusa* auf. 16 Arten im Gebiet (***D:*** 9; ***A:*** 11; ***CH:*** 14).

6–18 mm. Die meisten Arten durch ausgedehnte, wespenartig gelbe bis weißgelbe Fleckung von Kopf, Brust und Hinterleib sowie durch schwebfliegenartigen Flug leicht kenntlich. ♂♂ vieler Arten zusätzlich mit auffälligen Zähnen, Dornen oder Lappen am Hinterleibsende. ♂♂ häufig deutlich größer als ♀♀. *A. byssinum* und *A. montanum,* die als Ausnahme unter den mitteleuropäischen Arten im ♀ Geschlecht einheitlich dunkel gefärbt sind, können leicht mit Vertretern der Gattung *Osmia* verwechselt werden; die ♂♂ der beiden Arten verraten sich jedoch durch ihr gelb gefärbtes Gesicht. Zwei mitteleuropäische *Stelis*-Arten, die durch ihre gelbschwarze Färbung den *Anthidium*-Arten täuschend ähnlich sehen, unterscheiden sich durch einen deutlich kleineren Kopf sowie die fehlende Bauchbürste bei den ♀♀. Die meisten mitteleuropäischen Arten können bereits im Feld erkannt werden. Bestimmungsliteratur: Schmiedeknecht (1930); Warncke (1980); Scheuchl (1996). In den ersteren beiden Schlüsseln fehlt allerdings die im östlichen Österreich vorkommende, mit *A. scapulare* nah verwandte Wollbiene *A. tenellum.* Im letzteren Schlüssel sind vier in der Schweiz nachgewiesene Arten nicht berücksichtigt.

Flugzeit: VI-IX, *A. septemdentatum* erscheint bereits im Mai. Im Gegensatz zu den meisten anderen Bienen schlüpfen die ♀♀ in der Regel vor den ♂♂ *(Proterogynie).* Eine Generation im Jahr, *A. manicatum* gelegentlich mit partieller zweiter Generation. *A. montanum* steigt in den Bergen bis weit über die Waldgrenze.

Nistweisen unterschiedlich. Sechs Arten sammeln für den Bau ihrer Brutzellen Harz, das hauptsächlich auf Nadelbäumen geerntet und allein oder mit anderen Materialien gemischt Verwendung findet *(Harzbienen).* Reines Harz verwenden *A. strigatum, A. laterale* sowie *A. septemdentatum.* Letztere Art legt ihre durch Zwischenwände aus Harz voneinander getrennten Brutzellen in leeren Schneckengehäusen an, die mit einem beidseits durch Harzwände begrenzten Pfropfen aus Erdbröckchen, Steinchen u. ä. verschlossen werden. Bei *A. byssinum, A. interruptum* und *A. caturigense* bestehen die Brutzellen aus einer inneren Schicht Harz und einer äußeren Schicht von

o.: *A. strigatum*, Brutzellen an Stein, Illnau (Zh), VIII.71;
m.o.: *A. byssinum*, ausgegrabene Brutzelle, Vauffelin (Be), VII.91;
m.u.: *A. caturigense*, ausgegrabene Brutzelle, Gimillan (Ao), VII.96;
u.: *A. manicatum*, Brutzellen in Fensternut, Agasul (Zh), VII.91

Laubblattstreifen bzw. Pflanzenwolle. Zehn Arten bauen ihre Brutzellen aus Pflanzenhaaren *(Wollbienen),* die mittels der spezialisierten, mit zahlreichen spitzen Zähnen versehenen Oberkiefer auf stark behaarten Blättern und Stengeln geerntet und in Form kleiner Wollkugeln ins Nest transportiert werden, das meist in bereits vorhandenen Hohlräumen der unterschiedlichsten Art angelegt wird. Zum Teil finden für den Zellenbau auch stark behaarte Samen, z. B. von Weide *(Salix),* Verwendung. Viele Wollbienen verschließen nach Bau und Verproviantierung der letzten Brutzelle das Nest mit Erdbröckchen, Steinchen, Pflanzenteilchen und/oder Pflanzenwolle. Einige Arten imprägnieren die Zellwolle wahrscheinlich zum Schutz des Brutzelleninhaltes vor Pilz- und Bakterienbefall mit pflanzlichen Drüsensekreten. Diese werden mit speziellen Saugpolstern auf den Fersen aller drei Beinpaare, die aus winzigen, geweihartig verzweigten Haaren bestehen, auf stark drüsig behaarten Blütenstielen, Hüllblättern oder Fruchtkapseln verschiedener Pflanzen aufgesaugt. Mehrere Arten verschließen die Brutzelle vor jedem Sammelflug, indem sie die Pflanzenwolle mit den Oberkiefern vom Rand der Zellöffnung nach innen zerren. Die *Anthidium*-Larven spinnen einen Kokon, der an der Spitze mit einem charakteristischen zapfenartigen Fortsatz versehen ist. Solitäre Nistweise.
Pollentransporteinrichtung: Haarbürste auf der Unterseite des Hinterleibes. Sechs Arten sind streng oligolektisch. Von diesen sammeln drei Arten den Pollen ausschließlich auf Korbblütlern (Asteraceae) und zwar vorwiegend auf Vertretern der Distel- und Flockenblumenverwandtschaft (Cardueae), zwei Arten sind auf Schmetterlingsblütler (Fabaceae) spezialisiert und eine Art besucht einzig Kardengewächse (Dipsacaceae). Die übrigen Arten sind mehr oder weniger stark polylektisch. Vier mitteleuropäische Arten haben auf dem Kopfschild einen Pollensammelapparat aus wellenförmig verbogenen Borsten. Mit reibenden Kopfbewegungen kämmen die ♀♀ dieser Arten den Pollen aus den oberständigen Staubbeuteln von Lippenblütlern (Lamiaceae) und gewissen Rachenblütlern (Scrophulariaceae) direkt in die spezielle Gesichtsbehaarung. Der Pollen wird danach mit den Vorderbeinen aus dem Gesicht entfernt und via Mittelbeine in die Bauchbürste überführt. Die Korbblütler-Spezialisten nehmen den Pollen direkt mit auf- und abwip-

o.l.: Harzbiene *A. strigatum,* ♀, Oberkiefer (REM, 45x); **o.r.:** Wollbiene *A. oblongatum,* ♀, Oberkiefer (REM, 33x); **m.l.:** *A. manicatum,* ♀, Mittelbeinferse mit spezialisierten Haaren für Aufnahme von Drüsensekreten (REM, 38x); **u.l.:** *A. manicatum,* Drüsensekret-Sammelhaare (REM, 111x); **m.r.:** *A. manicatum,* ♀, Kopfschild mit spezialisierten Pollensammelhaaren (REM, 30x); **u.r.:** *A. manicatum,* Pollensammelhaare (REM, 111x)

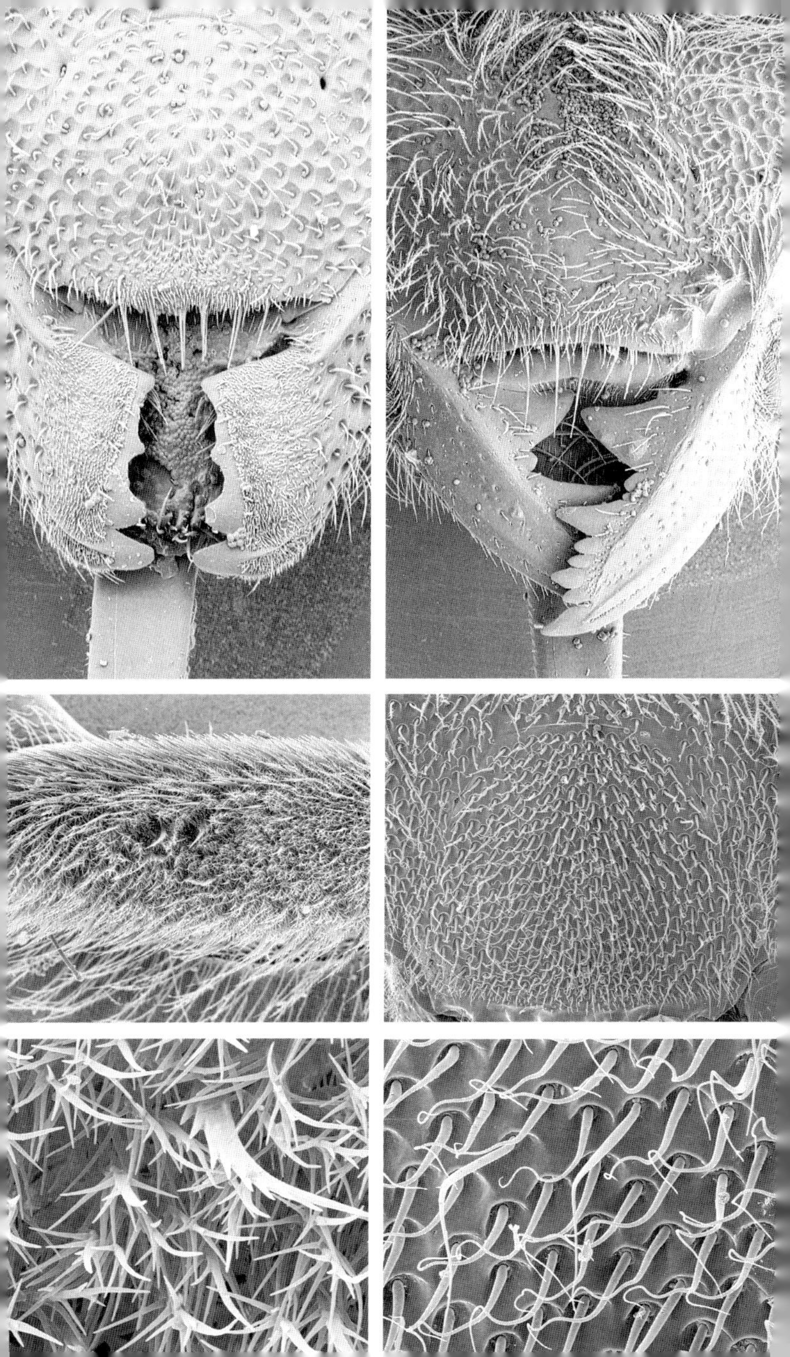

pendem Hinterleib von den pollenbesetzten Blütenteilen in die Bauchbürste auf.
Die ♂♂ mehrerer Arten verteidigen im Bereich der Nahrungspflanzen ihrer ♀♀ kleine Territorien gegen arteigene ♂♂. Dadurch daß sie auch andere Blütenbesucher aus ihren Revieren vertreiben, indem sie diese mit ihrem bedornten Hinterleibsende rammen, dürften sie die Attraktivität ihrer Territorien für pollen- und nektarsammelnde ♀♀ erhöhen. Die ♂♂ anderer Arten patrouillieren in rasantem Flug die Pollenquellen der ♀♀ ab oder kontrollieren die Nestkolonien. Die ♀♀ verpaaren sich mehrfach mit verschiedenen ♂♂. Die ♂♂ schlafen einzeln oder in kleinen Gruppen in unterschiedlichen Hohlräumen, einzelne Arten beißen sich mit den Oberkiefern an Pflanzenteilen fest.
Brutparasiten sind mehrere *Stelis*-Arten sowie wahrscheinlich *Coelioxys quadridentata.*

Anthidium byssinum (Panzer 1798) (= *Trachusa byssina*)

Kennzeichen: 11–12 mm. Körper mit Ausnahme des gelb gefärbten Gesichts beim ♂ ohne helle Flecken. Gestalt charakteristisch gedrungen mit nahezu kugeligem Hinterleib. Brust rotbraun, Hinterleib spärlich graubraun behaart mit unauffälligen hellen Haarbinden.
Vorkommen: Verbreitet. Im Gebiet keine Verbreitungsgrenze.
Biologische Angaben: Nistet in selbstgegrabenen Gängen im Boden, oft in kleineren Kolonien. Das fertige Nest besteht aus einem wenige Zentimeter langen Hauptgang, von welchem fingerförmig Seitengänge abzweigen, die jeweils zwei oder drei hintereinanderliegende Brutzellen enthalten. Die Brutzellen sind zweischichtig und bestehen außen aus einer Lage schmaler Laubblattstreifen, die mit den Oberkiefern auf Bäumen und Sträuchern ausgeschnitten werden, und innen aus einer dünnen Schicht Harz. Für den Bau einer Brutzelle werden 7–14 Blattstreifen und 20–30 Harzbröckchen benötigt. Oligolektisch, auf Schmetterlingsblütler (Fabaceae) spezialisiert. ♂♂ beißen sich zum Schlafen gerne an Halmen fest. Kuckucksbiene: wahrscheinlich *Coelioxys quadridentata.*
Gefährdung: ***D:*** Bw 3, Ba n, R n, T 3, S 3, Br 2; ***CH:*** n.

o.l.o: *A. byssinum,* ♀ auf *Lotus corniculatus,* Schaffhausen (Sh), VI.88;
o.l.u.: *A. byssinum,* ♀ trägt Harz ein, Vauffelin (Be), VII.91;
o.r.: *A. byssinum,* ♂ schlafend, Susten (Vs), VII.68;
u.: *A. byssinum,* ♀ trägt Blattrolle ein, Vauffelin (Be), VII.91

Anthidium caturigense Giraud 1863

Kennzeichen: 9–12 mm. Dank der beinahe weißen, teilweise durch eine gezackte Randlinie begrenzten Hinterleibsflecken bereits im Feld recht gut anzusprechen. *A. interruptum* und *A. laterale,* die ebenfalls weißgelbe, jedoch durch eine gerade Randlinie begrenzte Hinterleibsflecken besitzen, sind meist deutlich größer und besuchen andere Pflanzen.
Vorkommen: Sehr selten. ***CH:*** Wallis.
Biologische Angaben: Nistet in selbstgegrabenen Gängen im Boden, meist in kleinen bis großen Kolonien. Die am Ende eines wenige Zentimeter langen Nestganges angelegte Brutzelle besteht außen aus einer Schicht Pflanzenhaare, innen aus einer Lage Harz. Der Nestgang wird nach Verschluß der Brutzelle an seiner Mündung mit Steinchen, Holzstückchen u. ä. verbarrikadiert. Polylektisch mit deutlicher Vorliebe für Schmetterlingsblütler (Fabaceae). ♂♂ fliegen dicht über den Nestkolonien und kriechen auf der Suche nach paarungswilligen ♀♀ häufig in die Nester ein.
Gefährdung: ***CH:*** 3.

o.l.: *A. caturigense*, Lebensraum, Gimillan (Ao), VII.96;
o.r.o.: *A. caturigense*, ♀ trägt Pflanzenhaare ein, Gimillan (Ao), VII.96;
o.r.u.: *A. caturigense*, ♂ auf *Stachys recta,* Gimillan (Ao), VII.96;
u.: *A. caturigense*, Paarung, Gimillan (Ao), VII.96

Anthidium interruptum (Fabricius 1781)

Kennzeichen: 11–14 mm. Anhand des spezialisierten Blütenbesuchs, der weißgelben Hinterleibsflecken sowie der auffallend schneeweiß gefärbten Bauchbürste bereits im Feld sicher zu bestimmen.
Vorkommen: Sehr selten. ***CH:*** Wallis, Tessin.
Biologische Angaben: Gleiche Nistweise wie *A. byssinum.* Oligolektisch, auf Kardengewächse (Dipsacaceae) spezialisiert. Besucht in Mitteleuropa wohl ausschließlich Skabiose *(Scabiosa).* ♂♂ patrouillieren *Scabiosa*-Blütenköpfe in rasantem Flug ab. Kuckucksbiene: *Stelis annulata.*
Gefährdung: ***CH:*** 1.

Anthidium laterale Latreille 1809

Kennzeichen: ♀ 12–14 mm; ♂ 15–18 mm. Im Feld dank bedeutender Größe, auffallend schwarz glänzendem und weißgelb geflecktem Hinterleib sowie spezialisiertem Blütenbesuch kaum mit anderen *Anthidium*-Arten zu verwechseln.
Vorkommen: Sehr selten. ***A:*** Burgenland; ***CH:*** Wallis.
Biologische Angaben: Die Brutzellen bestehen aus reinem Harz und werden in kleinen Haufen in vorhandenen oder selbstgegrabenen Hohlräumen in der Erde untergebracht. Eingeschränkt polylektisch, besucht meist nur Flockenblumen und Disteln (Cardueae). ♂♂ bewachen die ♀♀ nach der Paarung für eine gewisse Zeit, indem sie ihnen in wenigen Zentimetern Abstand folgen und andere ♂♂ an einer Annäherung hindern.
Gefährdung: ***CH:*** 2.

o.: *A. interruptum*, ♀ auf *Scabiosa triandra*, Hérémence (Vs), VIII.93;
u.: *A. laterale*, ♀ auf *Centaurea paniculata*, Susten (Vs), VII.96

Anthidium manicatum (Linné 1758)

Kennzeichen: ♀ 11–12 mm; ♂ 14–18 mm. ♀ im Siedlungsgebiet nur mit der Art *A. oblongatum* zu verwechseln, die jedoch meist deutlich kleiner ist, in der Regel weder Lippen- noch Rachenblütler besucht, orangerot gefärbte Beine hat und olivgrüne Komplexaugen aufweist. ♂ dank Größe, orangefarbenen Haarbüscheln an den Seiten der Hinterleibssegmente sowie dreidornigem Endtergit unverwechselbar.
Vorkommen: Im Siedlungsgebiet oft häufig, außerhalb des Siedlungsgebietes deutlich seltener. Im Gebiet keine Verbreitungsgrenze.
Biologische Angaben: Die Brutzellen bestehen aus Pflanzenwolle und werden meist zu mehreren dicht neben- oder hintereinander in den unterschiedlichsten Hohlräumen wie Fensternuten, Felsspalten, Erdlöchern u. ä. untergebracht. Die Zellwolle wird vor der Verproviantierung der Brutzelle mit pflanzlichen Drüsensekreten imprägniert. Bislang nachgewiesene Drüsensekretquellen sind Blütenhüllblätter des Kleinköpfigen Pippaus *(Crepis capillaris)* und des langhaarigen Habichtskrautes *(Hieracium pilosella),* Blütenstiele von Hausgeranien *(Pelargonium),* Fruchtkapseln von Löwenmäulchen *(Antirrhinum)* sowie Jungtriebe von Brombeere *(Rubus).* Das Nest wird gegen außen mit Pflanzenhaaren, Steinchen, Erdbröckchen oder Holzstückchen verbarrikadiert. Eingeschränkt polylektische Art, welche nur Schmetterlingsblütler (Fabaceae), Lippenblütler (Lamiaceae) und gewisse Rachenblütler (Scrophulariaceae) besucht. An den Blüten der letzteren beiden Pflanzenfamilien wird der Pollen mit reibenden Kopfbewegungen aus den oberständigen Staubbeuteln direkt in eine spezialisierte Gesichtsbehaarung gekämmt. Beliebte Pollen- und Nektarquellen sind Hauhechel *(Ononis),* Ziest *(Stachys),* Fingerhut *(Digitalis),* Leinkraut *(Linaria)* u. a.. ♂♂ verteidigen im Bereich der Nahrungspflanzen der ♀♀ kleine Territorien und vertreiben daraus nicht nur arteigene ♂♂, sondern alle blütenbesuchenden Insekten. Unterlegene ♂♂, die über keine eigenen Territorien verfügen, dringen regelmäßig in fremde Reviere ein und versuchen sich unbemerkt vom Revierinhaber mit blütenbesuchenden ♀♀ zu paaren. ♂♂ schlafen gerne gruppenweise in Hohlräumen, z. B. in Käferfraßgängen oder in Nisthilfen. Kuckucksbiene: *Stelis punctulatissima.*
Gefährdung: ***D:*** Bw n, Ba n, R n, T n, S n, Br n; ***CH:*** n.

o.l.: *A. manicatum,* ♀ auf *Stachys recta,* Zürich (Zh), VII.88; **o.r.:** *A. manicatum,* ♂ schlafend, Agasul (Zh), VIII.91; **m.l.:** *A. manicatum,* mit pflanzlichen Drüsensekreten imprägnierter Nestverschluß, Agasul (Zh), VIII.91; **m.r.:** *A. manicatum,* ♀ sammelt Drüsensekrete auf den Hüllblättern von *Crepis capillaris,* Solothurn (So), VIII.95; **u.:** *A. manicatum,* Nestverschluß aus Wolle, Steinchen und Pflanzenteilchen, Agasul (Zh), V.92

Anthidium oblongatum (Illiger 1806)

Kennzeichen: 8–10 mm. ♀ sieht *A. manicatum* sehr ähnlich. Letztere Art ist aber meist deutlich größer, nutzt ein anderes Blütenspektrum, hat gelb gefärbte Beine und weist dunkel braunolive Komplexaugen auf. ♂ im Unterschied zu *A. manicatum* ohne orangefarbene Haarbüschel an den Seiten des Hinterleibes und mit zweilappigem Endtergit.
Vorkommen: Verbreitet. Die nördliche Verbreitungsgrenze verläuft vom nördlichen Ostdeutschland in südwestlicher Richtung durch das mittlere Westdeutschland.
Biologische Angaben: Die charakteristisch abgeflachten, fladenförmigen Nester, die stets aus mehreren direkt nebeneinanderliegenden Brutzellen bestehen, werden in schmalen Fels- und Steinspalten angelegt. Baumaterial sind Pflanzenhaare. Eingeschränkt polylektische Art, die in weiten Teilen ihres Verbreitungsgebietes nur Schmetterlingsblütler (Fabaceae), Dickblattgewächse (Crassulaceae), Resede *(Reseda)* sowie – seltener – Glockenblume *(Campanula)* besucht. Kommen die Nahrungspflanzen der ♀♀ auf engem Raum in dichten Beständen vor, verteidigen die ♂♂ kleine Territorien. Wachsen die Nahrungspflanzen jedoch nur vereinzelt, werden sie auf Flugbahnen abpatrouilliert. Kuckucksbiene: *Stelis punctulatissima.*
Gefährdung: ***D:*** Bw 3, Ba 3, R n, T 2, S 4, Br n; ***CH:*** n.

Anthidium punctatum Latreille 1809

Kennzeichen: 8–10 mm. Dank der weißgelben, beidseits in je zwei Punktreihen aufgelösten Hinterleibsflecken unverwechselbar.
Vorkommen: Verbreitet. Im Gebiet keine Verbreitungsgrenze, im nördlichen Deutschland jedoch nur sehr vereinzelt.
Biologische Angaben: Legt die oft nur aus einer Brutzelle bestehenden Nester in Erdlöchern oder Steinspalten an. Baumaterial sind Pflanzenhaare. Wie bei *A. manicatum* wird die Zellwolle mit pflanzlichen Drüsensekreten imprägniert. Das Nest wird gegen außen mit Pflanzenhaaren, Erdbröckchen, Steinchen, Holzteilchen u. ä. verschlossen. Polylektisch, besucht jedoch mit Vorliebe Schmetterlingsblütler (Fabaceae), besonders Hornklee *(Lotus corniculatus).* ♂♂ besitzen eine ähnliche Paarungsstrategie wie *A. oblongatum.* Sie beißen sich zum Schlafen gerne an Halmen oder Blättern fest.
Gefährdung: ***D:*** Bw 3, Ba 3, R n, T 2, S 3, Br wenige Nachweise seit 1994; ***CH:*** 3.

o.l.: *A. oblongatum*, ♀ sammelt Pflanzenhaare auf *Carlina vulgaris*, Agasul (Zh), VIII.91; **o.r.o.:** *A. oblongatum*, Nest in Trockenmauerspalte, Bräntschu (Vs), VI.96; **o.r.u.:** *A. oblongatum*, Nest unter (entfernter) Steinplatte, Zeneggen (Vs), VII.92; **u.l.:** *A. punctatum*, ♀ auf *Lotus corniculatus*, Glattfelden (Zh), VII.96; **u.r.:** *A. punctatum*, aufgegrabenes einzelliges Nest in Seitenansicht, Zeneggen (Vs), VII.90

Anthidium scapulare Latreille 1809 (= *A. lituratum*)

Kennzeichen: 6–8 mm. Dank geringer Größe in weiten Teilen Mitteleuropas nur mit der Harzbiene *A. strigatum* und der Düsterbiene *Stelis signata* zu verwechseln. Erstere unterscheidet sich durch den Blütenbesuch und die Lage der Hinterleibsflecken, die auf den Tergiten 3–5 den Seitenrand nicht erreichen, sondern deutlich gegen innen versetzt sind. Letztere hat einen deutlich kleineren Kopf sowie gelb anstatt orangerot gefärbte Beine. Die sehr ähnliche Art *A. tenellum,* die im Gelände nicht von *A. scapulare* unterschieden werden kann, kommt im Gebiet nur im östlichen Österreich vor.
Vorkommen: Selten. Die nördliche Verbreitungsgrenze verläuft vom nördlichen Ostdeutschland in südwestlicher Richtung durch das mittlere Westdeutschland.
Biologische Angaben: Die Brutzellen bestehen aus Pflanzenwolle und werden zu mehreren direkt hintereinander in meist aufrechten und hohlen Pflanzenstengeln untergebracht. *A. scapulare* kann jedoch auch markhaltige Stengel nutzen, die dann von den Bienen selber ausgehöhlt werden. Ist das Mark durch keine Bruchstelle zugänglich, wird seitlich ein Loch durch die verholzte Stengelwand genagt. Oligolektische, auf Korbblütler (Asteraceae) spezialisierte Art, die innerhalb der Korbblütler vorwiegend Flockenblumen und Disteln (Cardueae) besucht. ♂♂ patrouillieren die Nahrungspflanzen der ♀♀ ab. Kuckucksbienen: *Stelis ornatula, S. punctulatissima.*
Gefährdung: ***D:*** Bw 2, Ba 1, R 3, T 0, S 1, Br 2; ***CH:*** 3.

Anthidium strigatum (Panzer 1805)

Kennzeichen: 6–7 mm. Im Unterschied zu den ähnlich kleinen Arten *A. scapulare* und *Stelis signata,* bei denen die hellen Hinterleibsflecken beidseits praktisch in einer Linie liegen, sind die Flecken auf den Tergiten 3–5 bei *A. strigatum* deutlich gegen innen versetzt.
Vorkommen: Verbreitet. Im Gebiet keine Verbreitungsgrenze.
Biologische Angaben: Die geschnäbelten, rund 1 cm langen Brutzellen bestehen aus reinem Harz. Sie werden einzeln oder in kleinen Gruppen, in der Regel in Bodennähe, frei an Steine, Pflanzenhalme oder Baumstämmen geklebt. Möglicherweise zwecks Tarnung werden häufig kleine Rindenstückchen in die Zellwand eingearbeitet. Polylektisch, besucht jedoch bevorzugt Schmetterlingsblütler (Fabaceae) und unter diesen besonders Hornklee *(Lotus corniculatus).* ♂♂ patrouillieren die Nahrungspflanzen der ♀♀ ab. Sie beißen sich zum Schlafen oft an Pflanzenteilen fest. Kuckucksbiene: *Stelis signata.*
Gefährdung: ***D:*** Bw n, Ba n, R n, T n, S 3, Br n; ***CH:*** n.

o.: *A. scapulare,* ♀ auf *Centaurea paniculata,* Susten (Vs), VII.96;
u.l.: *A. strigatum,* ♀ verschließt Brutzelle, Teufen (Zh), IX.73;
u.r.: *A. strigatum,* ♂ schlafend, Susten (Vs), VII.77

Anthophora – Pelzbienen

Vier mitteleuropäische Pelzbienen-Arten, die durch breite und scharf abgesetzte, helle Haarbinden am Ende der Hinterleibstergite und das Fehlen von Haftlappen zwischen den Klauen ausgezeichnet sind, werden gelegentlich von *Anthophora* abgetrennt und in die Gattung *Amegilla* gestellt.
20 Arten im Gebiet (***D:*** 12; ***A:*** 15; ***CH:*** 19).
8–18 mm. Gedrungene, hummelähnliche Bienen mit pelzig behaartem, befilztem oder mit hellen Haarbinden versehenem Hinterleib. Durch einen rasanten, regelmäßig von Schwebephasen und Körperdrehungen unterbrochenen Flug charakterisiert, der oft von hohen Flugtönen begleitet ist. ♀♀ zum Teil, ♂♂ stets mit gelb oder weiß geflecktem Gesicht. ♂♂ mehrerer Arten mit verlängerten und auffallend büschel- bis pinselartig behaarten Mittelbeintarsen. Einige Arten kommen in unterschiedlichen Farbvarietäten vor. Gut die Hälfte der mitteleuropäischen Pelzbienen kann im Feld bis auf die Art bestimmt werden. Bestimmungsliteratur: Schmiedeknecht (1930); Scheuchl (1995). Im ersten Schlüssel fehlen die beiden in der Schweiz auftretenden *A. balneorum* und *A. canescens,* im zweiten fünf in der Schweiz bzw. im östlichen Österreich vorkommende Arten.
Flugzeit: III-IX. Eine Generation im Jahr, *A. furcata* vermutlich mit partieller zweiter Generation.
Selbstgegrabene Nester in Steilwänden, im Mörtel lehmverfugter Mauern oder an ebenen, vegetationslosen Bodenstellen. *A. furcata* schachtet die Brutzellen in Totholz oder Stengelmark aus. Mehrere Arten weichen die Erde beim Graben mit Wasser auf, das sie an nahegelegenen Wasserstellen mit dem Rüssel aufnehmen. *A. crinipes* und *A. plagiata* bauen eine mehrere Zentimeter lange Erdröhre vor dem Nesteingang, welche vermutlich der Nestbesitzerin am Morgen einen früheren Aktivitätsbeginn ermöglicht, indem sie durch das Einfangen der Sonnenstrahlen das Nest aufwärmt. Die Brutzellen sind je nach Art und Neststandort vertikal bis fast horizontal orientiert. Sie liegen einzeln oder zu mehreren direkt hintereinander am Ende von einem oder mehreren Seitengängen, die fingerförmig von einem kurzen Hauptgang abzweigen. Etwas abweichend sind die Verhältnisse bei *A. fulvitarsis,* die ihre vertikal orientierten Brutzellen einzeln unterhalb eines waagrechten Hauptganges anlegt. Die Brutzellen werden als grobe Höhlungen ausgeschachtet und erhalten ihre typische urnenförmige Form meist erst

o.: *A. plumipes*, aufgegrabenes Nest in Steilwand mit Brutzelle und fingerförmig vom Hauptgang abzweigendem Seitengang, Rüdlingen (Sh), VI.96; **u.:** *A. plagiata*, Nistplatz mit charakteristischen Eingangsröhren, St. Luc (Vs), VII.75

nach dem Einbau einer Schicht Erde bzw. bei *A. furcata* einer mit Drüsensekreten vermischten Lage von Holzpartikeln. Der charakteristische käsige Geruch der Brutzellen geht von Sekreten der Dufourdrüse aus, die einerseits in den Nahrungsvorrat abgegeben, andererseits auf die Zellwände aufgetragen werden. Die Larven einer nordamerikanischen Art ernähren sich nach dem Verzehr des Nahrungsvorrates nachgewiesenermaßen von dieser Wandauskleidung. Der Larvenproviant ist nicht wie sonst bei Bodennistern üblich zu einer Kugel geformt, sondern in der unteren Hälfte der Brutzelle aufgehäuft. Die Larven spinnen keinen Kokon. Gelegentlich wird vor der äußersten Brutzelle eine rudimentäre, mit wenig Pollen und Nektar versehene, aber nicht mit einem Ei belegte „Täuschzelle“ gebaut, die möglicherweise Brutparasiten zur Eiablage verleiten soll. Viele Arten verschließen ihr Nest mit einem meist etwas nach innen versetzten Propfen aus Erde bzw. bei *A. furcata* Holzpartikeln. Nester oft in kleinen bis großen Kolonien. Solitäre Nistweise.

Pollentransporteinrichtung: Haarbürste auf Hinterschiene und -ferse. Alle bisher näher untersuchten Arten sind polylektisch. Mehrere Arten haben spezialisierte Pollensammeleinrichtungen für die Ausbeutung von Blüten entwickelt, bei denen die Staubbeutel entweder eine oberständige Lage einnehmen oder im Innern enger Röhren versteckt liegen. Viele Arten besuchen bereits frühmorgens bzw. noch spät am Abend Blüten. Diese Ausnutzung der konkurrenzarmen randlichen Tageszeiten ist ihnen dank der Fähigkeit möglich, ihre Körpertemperatur vor dem Flug durch Muskelzittern rasch über die Umgebungstemperatur zu erhöhen.

Die ♂♂ patrouillieren Nistplätze und Nahrungspflanzen der ♀♀ auf teilweise festgelegten und mit Sekreten der Mandibulardrüsen markierten Flugbahnen ab, die über Tage und Wochen beibehalten werden können. Sie schlafen in unterschiedlichen Hohlräumen oder beißen sich, gelegentlich gruppenweise, mit den Oberkiefern an Pflanzenteilen fest.

Brutparasiten sind Kuckucksbienen der Gattungen *Melecta* und *Thyreus* sowie *Coelioxys rufescens* und *C. quadridentata.*

o.: *A. plumipes*, ausgegrabene Brutzelle mit Ei auf Pollen-Nektar-Vorrat, Solothurn (So), V.89;
u.l.: *A. furcata*, Brutzellen in selbstgenagten Gängen in Totholz, Solothurn (So), VII.96;
u.r.: *A. furcata*, Brutzellen im Mark eines dürren Pflanzenstengels, Merishausen (Sh), VIII.90

Anthophora aestivalis (Panzer 1801)

Kennzeichen: 13–15 mm. ♀ durch deutlich abgesetzte schwarze Querbinde auf der Brustoberseite, helle Haarbinden auf den Tergitendrändern sowie weiße Beinbürste eindeutig charakterisiert. ♂ im Feld nicht von der selteneren *A. retusa* zu unterscheiden, welche ebenfalls eigentümlich büschelförmig behaarte Mittelbeintarsen besitzt.
Vorkommen: Selten. Im Gebiet keine Verbreitungsgrenze.
Biologische Angaben: Flugzeit: V-VII. Für die Nestanlage werden Steilwände und Abbruchkanten ebenen Flächen vorgezogen. Pollen- und Nektaraufnahme häufig auf Schmetterlingsblütlern (Fabaceae) und Lippenblütlern (Lamiaceae). Kuckucksbiene: *Melecta luctuosa.*
Gefährdung: ***D:*** Bw 2, Ba 2, R n, T 2, S 3, Br n; ***CH:*** 3.

Anthophora albigena Lepeletier 1841
(= *Amegilla albigena*)

Kennzeichen: 9–10 mm. Im Feld nicht sicher von der im östlichen Österreich und im Wallis nachgewiesenen *A. salviae* zu unterscheiden, die ebenfalls durch breite und scharf abgesetzte, weiße Haarbinden an den Tergitendrändern ausgezeichnet ist. Die sehr ähnliche *A. quadrifasciata,* die als große Seltenheit sehr lokal in Mitteleuropa vorkommt, ist mit einer Körperlänge von 14–15 mm deutlich größer.
Vorkommen: Sehr selten. ***A:*** Burgenland; ***CH:*** Wallis.
Biologische Angaben: Flugzeit: VI-VIII. Kuckucksbiene: *Thyreus ramosus.*
Gefährdung: ***CH:*** n.

o.l.: *A. aestivalis,* ♀ am Nest, Zeneggen (Vs), V.96;
o.r.: *A. albigena,* ♀ auf *Ballota nigra,* St. Pierre (Ao), VII.96;
u.: *A. aestivalis,* ♂, Môtier (Fr), V.90

Anthophora bimaculata (Panzer 1798)

Kennzeichen: 8–9 mm. ♀ durch die folgenden Merkmale bereits im Feld von den anderen mitteleuropäischen *Anthophora*-Arten abzugrenzen: Körpergröße gering; Gesicht gelb gefleckt; Tergitendränder mit hellen Haarbinden; Tergite 2–3 basal, 4–5 vollständig graugelblich befilzt. ♂ mit schmalen hellen Tergitendbinden, vollständig gelb gefärbtem Gesicht und normal behaarten Mittelbeintarsen. Beide Geschlechter mit sehr hohem Flugton.
Vorkommen: Verbreitet. Im Gebiet keine Verbreitungsgrenze, aber auf Sandboden beschränkt.
Biologische Angaben: Flugzeit: VII-VIII. Nistet vorwiegend auf ebenen Flächen. ♂♂ beißen sich zum Schlafen häufig an Halmen fest. Kuckucksbiene: *Ammobates punctatus.*
Gefährdung: ***D:*** Bw 1, Ba 2, R 2, T 1, S 3, Br n; ***CH:*** 2.

Anthophora furcata (Panzer 1798)

Kennzeichen: 11–12 mm. ♀ durch einfarbig braun behaarten, ungebänderten Hinterleib und orange gefärbte Hinterleibsspitze im Feld sicher anzusprechen. ♂ mit vollständig gelb gefärbtem Gesicht, normal behaarten Mittelbeintarsen und fehlenden Hinterleibsbinden.
Vorkommen: Verbreitet. Im Gebiet keine Verbreitungsgrenze.
Biologische Angaben: Flugzeit: VI-IX. Als Ausnahme unter den mitteleuropäischen Pelzbienen schachtet *A. furcata* die Nester nicht im Boden, sondern in Baumstrünken, morschen Ästen oder ausnahmsweise im Mark dürrer Pflanzenstengel aus. *A. furcata* ist die am stärksten blütenspezialisierte Pelzbiene in Mitteleuropa, sie besucht nur Lippenblütler (Lamiaceae) und gewisse Rachenblütler (Scrophulariaceae). Sie sammelt Pollen auf den Blüten dieser beiden Pflanzenfamilien, indem sie ihren speziell behaarten Kopfschild gegen die oberständigen Staubbeutel drückt und mit Vibrationsstößen der indirekten Flugmuskulatur *(buzzing)* die Pollenkörner in die Gesichtsbehaarung schüttelt. Kuckucksbienen: *Coelioxys rufescens, C. quadridentata.*
Gefährdung: ***D:*** Bw 3, Ba 3, R n, T 3, S 3, Br n; ***CH:*** n.

o.l.: *A. bimaculata*, ♀ auf *Centaurea paniculata*, Susten (Vs), VII.96;
o.r.: *A. bimaculata*, ♂ schlafend, Susten (Vs), VII.75;
u.l.: *A. furcata*, ♀ an Nest, Agasul (Zh), VI.92;
u.r.: *A. furcata*, ♀ auf *Stachys recta*, Agasul (Zh), VI.92

Anthophora plagiata (Illiger 1806) (= *A. parietina*)

Kennzeichen: 13–14 mm. ♀ kommt in ein- und derselben Population oft in zwei arttypischen Farbformen vor: bei der dunklen Form sind Kopf, Brust und Tergit 1 schwarz, die Tergite 2–4 dagegen rostrot behaart; bei der hellen Form ist der Körper einfarbig rotgelb behaart. ♂ mit weiß geflecktem Gesicht, normal behaarten Mittelbeintarsen und ungebändertem Hinterleib.
Vorkommen: Sehr selten. Im Gebiet keine Verbreitungsgrenze.
Biologische Angaben: Flugzeit: V-VII. Nester in Steilwänden, gelegentlich auch auf ebenen Flächen. Der Nesteingang besteht aus einer gebogenen, oft mit seitlichen Schlitzen durchbrochenen Röhre. Nistet meist kolonieweise. Kuckucksbienen: *Coelioxys rufescens, Thyreus orbatus.*
Gefährdung: ***D:*** Bw 0, Ba 0, R 0, T 0, S 0, Br 2; ***CH:*** 3.

Anthophora plumipes (Pallas 1772) (= *A. acervorum*)

Kennzeichen: 14–15 mm. ♀ der typischen Form mit charakteristisch düster grau- bis schwarzbrauner Behaarung, rostroter Beinbürste und schwach angedeuteten hellen Hinterleibsbinden. Bei der dunklen Form ist der gesamte Körper bis auf die rostrote Beinbürste schwarz behaart. Tiere der dunklen Form können im Gelände nicht von der seltenen *A. retusa* unterschieden werden. ♂ durch die sehr langen schwarzen Haarfransen auf den ersten vier Tarsengliedern der Mittelbeine unverwechselbar.
Vorkommen: Häufig. Im Gebiet keine Verbreitungsgrenze.
Biologische Angaben: Flugzeit: III-VI. Nistplätze sind vorwiegend Steilwände, Abbruchkanten und lehmverfugte Gemäuer, ebene Flächen werden jedoch gleichfalls genutzt. Nistet meist kolonieweise. Der Rüssel von *A. plumipes* und mehrerer weiterer mitteleuropäischer Pelzbienen-Arten ist dicht mit starken Borsten bestanden, mit deren Hilfe der Pollen aus engröhrigen Blüten von Borretschgewächsen (Boraginaceae) und Primelgewächsen (Primulaceae) herausgekratzt wird. Zusätzlich werden Lippenblütler (Lamiaceae) sowie Vertreter mehrerer weiterer Pflanzenfamilien als Nahrungsquellen genutzt. Kuckucksbiene: *Melecta albifrons.*
Gefährdung: ***D:*** Bw n, Ba n, R n, T n, S n, Br n; ***CH:*** n.

o.l.o: *A. plagiata*, ♀ der dunklen Form am Nest, Scheid (Gr), VI.92; **o.l.u.:** *A. plagiata*, ♀ der hellen Form am Nest, St. Luc (Vs), VII.75; **o.r:** *A. plumipes*, ♂ schlafend, Agasul (Zh), IV.94; **u:** *A. plumipes*, ♀ im Anflug auf *Lamium maculatum*, Solothurn (So), V.93

Apis – Honigbienen

Eine Art im Gebiet (***D:*** 1; ***A:*** 1; ***CH:*** 1), die bereits im Feld sicher erkannt werden kann.

Apis mellifera Linné 1758

Kennzeichen: Königin 15–18 mm; Arbeiterin 11–13 mm; ♂ *(Drohne)* 13–16 mm. Einheitlich braun gefärbt mit hellen Filzbinden am Grund der Tergite. Hinterleibsbasis bei gewissen Rassen rötlich aufgehellt. ♀ ähnelt großen *Andrena*-Arten sowie *Colletes cunicularius,* ist aber durch die langgestreckte Radialzelle im Vorderflügel, das Vorhandensein eines Körbchens auf der Außenseite der Hinterschiene sowie durch die mitten nicht flache, sondern in Längsrichtung gekielte Bauchseite leicht zu unterscheiden. ♂ durch die riesigen, sich auf dem Scheitel berührenden Augen unverwechselbar.
Vorkommen: Häufig. Im Gebiet keine Verbreitungsgrenze.
Biologische Angaben: Flugzeit: III-X. Während die ♂♂ unmittelbar nach der Paarung im Sommer sterben, überwintern die Königin sowie die im Spätsommer geschlüpften Arbeiterinnen in der Nisthöhle in einer dichten Traube.
Geräumige Baumhöhlen oder kleine Felshöhlen dürften früher die bevorzugten Nistplätze der Honigbiene in Mitteleuropa gewesen sein. Heute kommt die Art in Mitteleuropa nicht mehr wild vor, entflogene Schwärme können sich aber längere Zeit in hohlen Bäumen, Nistkästen u. ä. halten. Die Honigbienen bauen ihre Zellen aus Wachs, das in speziellen Hautdrüsen produziert und in Form kleiner Schüppchen zwischen den Bauchsegmenten des Hinterleibes ausgeschieden wird. Die horizontal orientierten Zellen haben eine regelmäßig sechseckige Form. Sie werden zu scheibenförmigen, zweischichtigen Waben zusammengefügt, die zu mehreren dicht nebeneinander von der Decke der Nisthöhle herabhängen. Die Zellen dienen sowohl der Aufzucht der Brut als auch der getrennten Speicherung von Honig und Pollen, wobei Brut- und Vorratsbereiche in unterschiedlichen Wabenbebezirken liegen. Risse und Fremdkörper im Innern der Nisthöhle werden mit Harz *(Propolis)* ausgekleidet, das antimikrobielle Eigenschaften besitzt und an Baumwunden oder Knospenschuppen gesammelt wird. Honigbienen stellen die Temperatur im Brutbereich konstant auf einer Höhe von 34°C ein. Bei tiefen Außentemperaturen wird eine Erwärmung

A. mellifera, ♂ frisch geschlüpft, Effretikon (Zh), IX.72

des Brutbereichs durch Vibration der indirekten Flügelmuskulatur erreicht, bei hohen Temperaturen kühlen die Honigbienen die Nisthöhle durch das Verdunsten von eingetragenem Wasser. Auch während des Winters wird im Traubeninnern eine konstante Temperatur von gegen 30°C eingehalten, wobei die Energie für die Erzeugung der Wärme aus den im Herbst eingelagerten Honigvorräten stammt. Die Nisthöhle wird aggressiv gegen Eindringlinge verteidigt. Bei Gefahr produzieren die Arbeiterinnen in ihrer Stachelkammer ein Pheromon, das ihre Geschwister alarmiert und sie zur Nestverteidigung veranlaßt.

Die Honigbiene ist die einzige hoch eusoziale Bienenart Mitteleuropas. Ihre Staaten bestehen aus einer Königin, aus bis zu 80 000 Arbeiterinnen und zeitweise aus mehreren hundert ♂♂. Die Königin, die eine Lebensdauer von vier bis fünf Jahren erreicht und zeitlebens von den Arbeiterinnen mit *Bienenmilch* (s. unten) gefüttert wird, legt als einzige Biene in der Kolonie Eier. Pro Tag produziert sie bis zu 1500 Stück. Durch ein Pheromon aus ihren Mandibulardrüsen verhindert sie die Ovarienentwicklung bei ihren Töchtern. Die Arbeiterinnen leisten mit Ausnahme des Eierlegens alle übrigen Tätigkeiten, die zum Aufbau der Kolonie notwendig sind. Dabei durchläuft jede Arbeiterin während ihres vier bis sechs Wochen dauernden Lebens eine festgelegte Abfolge unterschiedlicher Tätigkeiten: vorerst Reinigung alter Brutzellen, danach Fütterung der Larven, in der Folge Bau von Brutzellen, anschließend Verteidigung des Nestes und schließlich Sammeln von Blütenprodukten, Propolis und Wasser. Die Arbeiterinnen produzieren in ihren Hypopharyngealdrüsen nach Aufnahme von Pollen ein Sekret (Bienenmilch), das fortlaufend in die Brutzellen mit jungen Larven gegeben wird und anfänglich die einzige Nahrung der Larven darstellt. Während die Königinnen-Larven während ihrer gesamten Entwicklung ausschließlich Bienenmilch *(Gelee royale)* erhalten, werden ältere Larven, die sich zu Arbeiterinnen oder Drohnen entwickeln, zusätzlich direkt mit Pollen und Honig gefüttert. Die Brutzellen bleiben bei der Honigbiene während der Larvenentwicklung stets offen und werden erst kurz vor der Verpuppung mit Wachs verdeckelt. Die Larven spinnen einen Kokon. Die Entwicklung vom Ei bis zum geflügelten Insekt dauert bei der Königin 16, bei der Arbeiterin 21 und beim ♂ 24 Tage.

Neue Kolonien der Honigbiene entstehen durch die Abspaltung *(Schwärmen)* eines Teiles des Volkes. Im späteren Frühling bauen die

o.: *A. mellifera*, Arbeiterin auf *Sinapis arvensis*, Flaach (Zh), V.96;
u.: *A. mellifera*, Königin und Arbeiterinnen auf Brutwabe, Ulm (Bw), VII.92

Arbeiterinnen meist im Randbereich der Wabe mehrere größere, nach unten gerichtete Brutzellen *(Weiselzellen)* mit wabig strukturierten Wänden, in denen sich je eine Königin entwickelt. Einige Tage vor dem Schlüpfen der Jungköniginnen verläßt die alte Königin zusammen mit rund der Hälfte der Arbeiterinnen die Nisthöhle. Sie lassen sich als Traube offen an einem Zweig nieder und ziehen, nachdem spezialisierte Arbeiterinnen eine geeignete Behausung gefunden haben, in die neue Nisthöhle um. Die erste im alten Stock aus ihrer Zelle geschlüpfte Jungkönigin tötet zuerst ihre Schwestern, verläßt darauf die Nisthöhle für die Paarung und wird nach ihrer Rückkehr zur neuen Königin des alten Bienenvolkes. In zeitlicher Abstimmung mit der Erzeugung von Jungköniginnen entwickeln sich im späteren Frühling und Frühsommer aus unbefruchteten Eiern der Königin ♂♂, welche den Stock zum Paarungsflug verlassen. Da sich diese nicht selber auf Blüten verköstigen können, kehren sie regelmäßig in das Nest zurück, wo sie von den Arbeiterinnen gefüttert werden.
Pollentransporteinrichtung: Körbchen auf der Außenseite der Hinterschiene. Feuchtsammler. Die Honigbiene ist ausgesprochen polylektisch. Die einzelnen Individuen verhalten sich auf ihren Sammelflügen aber in hohem Maß blütenstet. Pollen und Nektar wird auf getrennten Flügen gesammelt. Neben diesen beiden Blütenprodukten werden auch die zuckerhaltigen Ausscheidungen *(Honigtau)* von Blatt- und Rindenläusen eingetragen. Durch Eindickung des Nektars bzw. Honigtaus und Zugabe von Enzymen aus den Labialdrüsen, die den Rohrzucker der Ausgangsstoffe in Trauben- und Fruchtzucker spalten, entsteht Honig. Zwischen den Arbeiterinnen herrscht ein ständiger Futteraustausch. Einzigartig ist die „Tanzsprache", mit der die Honigbienen untereinander Informationen über ergiebige Futterquellen austauschen. Dabei vollführt eine von einem Sammelflug zurückgekehrte Arbeiterin auf der Wabe in Anwesenheit weiterer Bienen festgelegte Lauffiguren. Weniger als 50–100 m von der Nisthöhle entfernte Nahrungsquellen werden durch den *Rundtanz* angezeigt, der keine exakten Informationen über die Entfernung und die Richtung der Nahrungsquelle enthält. Die durch den Rundtanz zum Ausfliegen veranlassten Arbeiterinnen suchen die nähere Umgebung des Nestes systematisch nach dem Blütenduft ab, welcher der Tanzbiene anhaftete. Bei weiter entfernten Futterplätzen tanzt die Sammlerbiene den *Schwänzeltanz.* Bei diesem signalisiert das Tanztempo die Entfernung der Futterquelle vom Nest; die Tanzrichtung bezüglich der Wabensenkrechten gibt den Winkel zwischen Futterquelle und Sonnenstand, d. h. die Rich-

A. mellifera, Weiselzelle, Solothurn (So), VII.88

tung, an. Dank der Tanzsprache kann das Bienenvolk rasch auf das dauernd wechselnde Nahrungsangebot reagieren und sich beispielsweise kurzfristig auf die Ausbeutung eines frisch aufblühenden Baumes oder einer plötzlich einsetzenden Honigtautracht konzentrieren.

Aufgrund ihres hohen Bedarfes an Pollen und Nektar, der einerseits in der hohen Individuenzahl ihrer Staaten, andererseits in der Vorratshaltung begründet liegt, übt die Honigbiene einen starken Konkurrenzdruck auf andere Bienenarten aus. Dank der Wärmeregulierung im Nest, die ihr eine längere Tagesaktivität erlaubt, dank ihrer Fähigkeit, Informationen mittels der Tanzsprache auszutauschen, sowie dank ihrer Flexibilität in bezug auf ihre Futterquellen ist sie ihren solitären Verwandten überlegen. Eine hohe Honigbienendichte hat nachgewiesenermaßen Nahrungsengpässe bei anderen Bienen, insbesondere bei oligolektischen Arten, zur Folge, was über eine Verminderung der Fortpflanzungsrate schließlich zu deren lokalem Verschwinden führen kann.

Zur Paarung versammeln sich die ♂♂ aus verschiedenen Völkern an traditionellen, über Jahre hinweg benutzten Sammelplätzen, wo sie zu Hunderten in 10–25 m Höhe in der Luft auf Jungköniginnen warten, welche ihre Ankunft im Paarungsschwarm mit einem Pheromon aus der Mandibulardrüse signalisieren. Bei der Paarung stülpt das ♂ seinen monströsen Genitalapparat in die Stachelkammer der Königin und stirbt unmittelbar danach. Eine Jungkönigin paart sich mit mehreren ♂♂. Die dabei erhaltene Samenmenge reicht für die Besamung aller Eier während eines Königinnenlebens aus.

Wichtige Feinde in den Nestern der Honigbiene sind neben bestimmten Viren, Bakterien und Einzellern die Raupen der Wachsmotte *Galleria mellonella* (Pyralidae), die sich vom Wachs der Brutzellen und von den Futtervorräten ernähren, und die Varroa-Milben *(Varroa jacobsoni)*, welche Körperflüssigkeit von Larven, Puppen und erwachsenen Honigbienen saugen. Bei starkem Milbenbefall kann ein Volk so stark in Mitleidenschaft gezogen werden, daß es abstirbt.

Gefährdung: ***D:*** Bw n, Ba n, R n, T n, S n, Br n; ***CH:*** n.

A. mellifera, Schwarmtraube, Egerkingen (So), V.89

Biastes – Kraftbienen

Drei Arten im Gebiet (***D:*** 3; ***A:*** 3; ***CH:*** 3).
5–8 mm. Im Unterschied zu *Ammobates* und *Pasites* mit abgeflachtem Hinterleib. Die vorstehenden Ecken des ausgerandeten Sternits 6 bei den ♀♀ mit krallenartigen Fortsätzen. ♂♂ mit charakteristischen gelblichen Filzflecken auf den mittleren Sterniten. ♂♂ von *B. emarginatus* und *B. truncatus* nur mit 12 Fühlergliedern. Die drei Arten sind im Feld voneinander zu unterscheiden. Bestimmungsliteratur: Schmiedeknecht (1930); Warncke (1982); Scheuchl (1995).
Flugzeit: VI-VIII. Eine Generation im Jahr.
Die drei mitteleuropäischen Arten entwickeln sich brutparasitisch in den Nestern von *Dufourea, Rophites* bzw. *Systropha,* die alle zur Verwandtschaftsgruppe der Rophitini zählen. Das seitlich abgeplattete, gerade Ei wird der Länge nach in einen Spalt in der Wand der Wirtszelle gelegt, welcher möglicherweise mit dem speziell gestalteten Sternit 6 hergestellt wird. Das Ei liegt danach gut geschützt mit seiner abgeflachten Seite mehr oder weniger in einer Ebene mit der Zellwand. Die Larven spinnen keinen Kokon. Beide Geschlechter beißen sich während der Nacht, bei schlechtem Wetter auch tagsüber, mit ihren Oberkiefern an Pflanzenteilen fest, seltener schlafen sie in Blüten.

Biastes brevicornis (Panzer 1798)

Kennzeichen: 7–8 mm. Im Gegensatz zu den beiden anderen mitteleuropäischen Arten ohne weiße Haarflecken auf den Tergiten. ♀ mit schwarz gefärbtem Vorder- und rot gefärbtem Hinterkörper, ♂ vollständig schwarz gefärbt.
Vorkommen: Sehr selten. ***D:*** Bayern, Schleswig-Holstein, Brandenburg, Mecklenburg-Vorpommern; ***A:*** Burgenland, Steiermark, Niederösterreich; ***CH:*** Wallis.
Biologische Angaben: Brutparasit bei *Systropha.* Winden *(Convolvulus),* die Pollenquellen der Wirte, sind bevorzugte Nektarquellen und dienen teilweise auch als Schlafplätze.
Gefährdung: ***D:*** Bw -, Ba 0, R -, T -, S -, Br Nachweis 1993; ***CH:*** 0.

o.: *B. brevicornis,* ♀ schlafend, St. Pierre (Ao), VII.96;
u.: *B. brevicornis,* ♂ schlafend, St. Pierre (Ao), VII.96

Biastes emarginatus (Schenck 1853)

Kennzeichen: 7–8 mm. In beiden Geschlechtern durch die charakteristisch weiß befilzten Brustseiten von den beiden anderen mitteleuropäischen Arten unterschieden. Weiße Haarflecken sind auch an den Seiten des rot gefärbten Hinterleibes ausgebildet, der beim ♀ in geringem, beim ♂ in deutlich stärkerem Ausmaß schwarz gefleckt ist.
Vorkommen: Sehr selten. ***D:*** Baden-Württemberg, Bayern, Hessen, Schleswig-Holstein und in mehreren ostdeutschen Bundesländern; ***A:*** Burgenland, Steiermark, Kärnten, Nieder- und Oberösterreich; ***CH:*** Wallis.
Biologische Angaben: Brutparasit bei *Rophites.* Lippenblütler (Lamiaceae), z. B. Ziest *(Stachys),* sind beliebte Nektarquellen. Im Bereich der Nistplätze des Wirtes werden regelmäßig lockere, gemischtgeschlechtliche Schlafgesellschaften gebildet, welche sich Abend für Abend am gleichen Ort einfinden.
Gefährdung: ***D:*** Bw 1, Ba 1, R -, T 0, S 1, Br 0; ***CH:*** 2.

B. emarginatus, ♀ schlafend, Erschmatt (Vs), VII.96

Bombus – Hummeln

36 Arten im Gebiet (***D:*** 31; ***A:*** 35; ***CH:*** 31).
8–34 mm. Dank ihrer Größe und ihrem sehr dichten und pelzigen, meist auffällig farbig gemusterten Haarkleid sind die Hummeln in der mitteleuropäischen Bienenfauna einzig mit Vertretern der Gattung *Psithyrus* zu verwechseln. Von letzteren unterscheiden sie sich durch das deutlich lebhaftere Verhalten beim Blütenbesuch und den dichter behaarten Hinterleib, im ♀ Geschlecht zusätzlich durch das Vorhandensein eines Körbchens auf der Außenseite der Hinterschiene sowie durch die nicht eingekrümmte Hinterleibsspitze. Aufgrund der bei vielen Arten großen innerartlichen Variabilität in der Färbung ist in beiden Geschlechtern nur grob ein Drittel der mitteleuropäischen Arten im Feld zuverlässig anzusprechen. Bestimmungsliteratur: Mauss (1987); Amiet (1996). Im ersten Schlüssel fehlen sechs im Gebiet vorkommende Arten, im zweiten ist der im östlichen Österreich nachgewiesene *B. armeniacus* nicht berücksichtigt.
Flugzeit: III-X. Die ♀♀ beginnen im Frühling nach der Überwinterung mit dem Brutgeschäft. Geschlechtsreife ♀♀ und ♂♂ schlüpfen bereits im Sommer oder Spätsommer desselben Jahres aus den Nestern und verpaaren sich. Während die ♂♂ noch vor Einbruch des Winters sterben, überwintern die begatteten ♀♀ an einem geschützten Ort im Erdboden oder unter Moospolstern. In der Regel nur eine Generation im Jahr, bei Arten mit kurzer Kolonieentwicklungszeit wie *B. hortorum, B. jonellus* und vielleicht auch *B. pratorum* kann jedoch bei günstigen Witterungsverhältnissen ein Teil der Jungköniginnen noch im gleichen Sommer eine neue Kolonie gründen. Mehrere Arten steigen in den Bergen bis weit über die Waldgrenze.
Nester in vorgefundenen größeren Hohlräumen, je nach Art entweder oberirdisch in hohlen Bäumen oder Vogelnistkästen, an der Erdoberfläche in der Kraut- und Moosschicht oder unterirdisch in verlassenen Mäusenestern. Einige Arten überdachen den gewählten Hohlraum mit herbeigetragenem Gras, Laub u. ä. Hummel-Nester, die häufig etwa Handtellergröße erreichen, unterscheiden sich durch die unregelmäßige Anordnung von Brutzellen, Kokons und Vorratsbehältern grundsätzlich von denen aller anderen Bienen. Die Brutzellen, in denen sich als Ausnahme unter den Bienen stets mehrere Larven entwickeln, bestehen aus dem Wachs spezieller Hautdrüsen, das in Form kleiner Schüppchen zwischen den Rücken- und Bauchsegmenten des Hinterleibes ausgeschieden wird.
Die Hummeln sind mit Ausnahme des boreoalpinen *B. inexspectatus,* welcher sich wahrscheinlich als Sozialparasit in den Nestern

B. pascuorum, Nest mit braunen Larvenkammern aus Wachs (oben und unten), gelblichen Puppenkokons aus Seide (Mitte) und wächsernen Nektartöpfen (rechts), Grono (Gr), VII.72

anderer Hummel-Arten entwickelt, alle primitiv eusozial und bilden einjährige Staaten. Allerdings kann bei gewissen Arten die Nestgründerin in Gebieten mit sehr kurzen Sommern die Erzeugung von Arbeiterinnen ausfallen lassen und sogleich zur Produktion von Geschlechtstieren übergehen. Der Lebenszyklus eines Hummel-Staates beginnt im Frühjahr, wenn ein begattetes ♀ nach der Überwinterung ein neues Nest gründet. Die spätere Königin des Hummel-Staates trägt vorerst Pollen und Nektar ein und formt mit dem gesammelten nektarfeuchten Pollen einen Nahrungsklumpen, auf den sie 5–15 Eier ablegt. Nach der Eiablage überdeckt sie die erste Brutkammer mit Wachs und bebrütet die Eier, indem sie in einer sattelförmigen Grube auf der Brutkammer sitzt und durch Vibration der indirekten Flügelmuskulatur Wärme erzeugt. Die Königin ernährt sich während dieser Zeit von Nektar, den sie bei der Nestgründung eingetragen und in einem fingerhutförmigen Nektartopf aus Wachs eingelagert hat. Nach etwa 3–5 Tagen schlüpfen die Larven in der ersten Brutzelle und ernähren sich gemeinsam vom Pollenvorrat. Sobald der Futtervorrat jeweils verbraucht ist, beißt die Königin das Wachs auf, versorgt die Larven durch die entstandene Öffnung mit nektarfeuchtem Pollen und verschließt die Brutkammer wieder. Mit dem Heranwachsen der Larven muß die Brutkammer mit frisch erzeugtem Wachs fortlaufend erweitert werden. Es entsteht ein blasiges Gebilde mit mehreren Erhebungen. Fressen die Larven vorerst noch gemeinsam in einer einzigen Brutzelle, spinnen sie sich rund eine Woche nach dem Schlüpfen, kurz vor der Verpuppung, einzeln in einen Kokon ein und unterteilen so die Brutkammer. Zu diesem Zeitpunkt entfernt die Königin die bräunliche Wachsschicht rund um die gelblichen Kokons und baut daraus eine oder mehrere neue Brutzellen, die sie wiederum mit einer Anzahl Eiern belegt. Die neuen Brutkammern werden auf den Kokonhaufen der ausgewachsenen Larven errichtet. Nach einem 7–10 Tage dauernden Puppenstadium schlüpfen die ersten Arbeiterinnen aus. Sie übernehmen nun zahlreiche Arbeiten im Nest und unterstützen ihre Mutter beim Aufbau des Staates: sie sammeln Pollen und Nektar, bauen Brutzellen und Nektartöpfe, verteidigen das Nest und versorgen die Brut. Einzig die Eiablage bleibt weiterhin ausschließlich Sache der Königin, die bereits wenige Tage nach dem Schlüpfen der Arbeiterinnen das Nest nicht mehr verläßt. Eine Königin kann pro Tag maximal 15–20 Eier legen. Ein Pheromon aus den Mandibulardrüsen der Königin unterdrückt bei einigen Arten nachgewiesenermaßen die Entwicklung von Eiern bei den Arbeiterinnen. Im Lauf des Sommers werden fortlaufend neue Arbeiterinnenbruten erzeugt, die Zahl der Nestinsassen nimmt nun immer weiter zu. Erst auf dem Höhepunkt der Kolonieentwicklung, der je nach

B. pascuorum, geöffnete Eikammer mit Königin und Arbeiterinnen, Grono (Gr), VII.72

Art mit einer Volksgröße von 30–600 Arbeiterinnen erreicht ist, beginnt mit der Erzeugung von Geschlechtstieren die letzte Phase im Lebenszyklus des Hummel-Staates. Aus unbefruchteten Eiern entwickeln sich ♂♂ *(Drohnen)*, aus befruchteten Eiern Jungköniginnen. Da die Königin zum Zeitpunkt der Produktion von Geschlechtstieren die Dominanz über ihre Töchter langsam zu verlieren beginnt, entwickelt sich mindestens ein Teil der ♂♂ oft aus Eiern von Arbeiterinnen. ♂♂ und Jungköniginnen verlassen darauf die Nester, und es kommt zur Verpaarung. Die begatteten Jungköniginnen überwintern, während die alte Königin, die Arbeiterinnen und die ♂♂ noch vor Einbruch des Winters sterben. Die Königinnen erreichen ein Alter von 12–15 Monaten, die bei vielen Arten deutlich kleineren Arbeiterinnen leben 6–12 Wochen lang.
Bei der Versorgung der Brut durch Arbeiterinnen und Königin lassen sich bei den Hummeln zwei Gruppen unterscheiden. Die *pocket makers* bauen seitlich an eine Zelle mit heranwachsenden Larven separate Taschen aus Wachs, die gegen die Brutkammer hin offen sind und mit Pollen gefüllt werden. Die Larven fressen fortlaufend aus diesen Taschen. Die *pollen storers* dagegen füllen den gesammelten Pollen vorerst in die verlassenen und gereinigten Puppenkokons, von wo aus er, gemischt mit Nektar aus den Nektartöpfen, durch ein Loch in der Wachsdecke der Brutkammer von den Arbeiterinnen und der Königin direkt an die Larven verfüttert wird.
Pollentransporteinrichtung: Körbchen auf der Außenseite der Hinterschiene. Feuchtsammler. Bis auf *B. gerstaeckeri* (s. unten) sind alle Arten polylektisch. Im Gegensatz zu den meisten anderen Bienen, welche in der Regel Pollen und Nektar gleichzeitig sammeln, kommt es bei den Hummeln häufig zu einer Arbeitsteilung in pollensammelnde bzw. nektarsammelnde Arbeiterinnen. Die Individuen einer Hummel-Art verhalten sich auf ihren Sammelflügen häufig ausgeprägt blütenstet, besuchen aber immer wieder kurzfristig die Blüten anderer Pflanzen. Dank dieser Kontrollflüge haben sie jederzeit die Möglichkeit, ihre bisherige Hauptnahrungsquelle aufzugeben, sollte eine andere Pflanzenart in der Zwischenzeit ein lohnenderes Nahrungsangebot aufweisen. Langrüsselige Arten, deren Mundteile eine Länge von über 20 mm erreichen können, sind regelmäßige Besucher von Blüten, deren Nektar tief in langen Kronröhren verborgen ist. Zahlreiche, vor allem alpine Pflanzen wie Eisenhut *(Aconitum)*, Bartschie *(Bartsia)*, Rittersporn *(Delphinium)* oder Läusekraut *(Pedicularis)* sind für ihre Bestäubung zwingend auf langrüsselige Hummeln angewiesen. Kurzrüsselige Arten mit Rüssellängen um 10 mm betreiben an langröhrigen Blüten dagegen häufig Nektarraub. Sie beißen die Blütenröhren am Grund auf und

o.: *B. pascuorum*, geöffnete Larvenkammer, Grono (Gr), VII.72;
u.: *B. pascuorum*, verpuppungsreife Larve in geöffnetem Kokon, Grono (Gr), VII.72

nehmen den Nektar direkt durch diese Öffnungen auf. Hummeln fliegen im Gegensatz zu den meisten anderen Bienen auch bei kühlem und feuchtem Wetter sowie am frühen Morgen bzw. späten Abend. Diese Eigenschaft, die ihnen gegenüber anderen Bienen große Konkurrenzvorteile bringt und ihnen erlaubt, auch klimatisch ungünstigere Lebensräume wie Moore oder alpine Matten zu besiedeln, verdanken sie ihrer Größe und ihrer dichten isolierenden Behaarung sowie der Möglichkeit, ihre Körpertemperatur aktiv zu regulieren. Vor dem Ausflug erhöhen sie durch Zittern mit der entkoppelten Flugmuskulatur die Brusttemperatur auf eine Starttemperatur von 30 bis 40°C. Bei niedrigen Außentemperaturen wird die während des Fluges im Brustabschnitt erzeugte Wärme gespeichert, bei hohen Temperaturen aber laufend an den Hinterleib abgegeben. Durch diese Fähigkeit, den Wärmeaustausch zwischen Brust und Hinterleib sowohl einzuschränken als auch zu steigern, wird einerseits ein Flug auch bei großer Kälte (bereits ab 3°C) ermöglicht, andererseits ein Überhitzen des Körpers bei hoher Umgebungstemperatur (bis 33°C) verhindert.

Die ♂♂ befliegen individuelle Bahnen, welche über Tage und Wochen konstant eingehalten und immer in der gleichen Richtung durchflogen werden. Je nach Art befinden sich die Flugbahnen in der Wipfelregion von Bäumen, auf Höhe von Sträuchern und Büschen oder nahe der Erdoberfläche. Auf ihren Rundflügen legen die ♂♂ wiederholt an Astspitzen, auf Blättern, Grasrispen, Steinen oder in Wurzelnischen kurze Flugpausen ein. Diese Anflugspunkte werden regelmäßig mit einem artspezifischen Sekret aus den Labialdrüsen duftmarkiert. Zur Paarung kommt es, wenn Jungköniginnen gezielt die Dufmarken artgleicher ♂♂ aufsuchen. Die ♂♂ von *B. confusus* und *B. mendax* besitzen eine abweichende Paarungsstrategie (s. unten). Die ♂♂ kehren nach dem Schlüpfen meist nicht mehr in das Geburtsnest zurück. Sie verbringen die Nächte im Freien und schlafen häufig auf Blüten.

Wichtige Feinde der Hummeln sind Kuckucksbienen der Gattung *Psithyrus,* die sich als Sozialparasiten in ihren Nestern entwickeln, die Larven der Ameisenwespen (Mutillidae), welche Larven und Puppen befallen, und die Raupen der Wachsmotte *Aphomia sociella* (Pyralidae), die ganze Nester zerstören können, indem sie Brutzellen, Futtervorräte und Larven fressen. Dickkopfliegen (Conopidae) legen mit ihrer speziell gestalteten Hinterleibsspitze ein Ei durch die Segmentzwischenhäute in den Hinterleib einer fliegenden oder blütenbesuchenden Hummel. Der Befall mit der innenparasitischen Fliegenlarve führt innerhalb einiger Tage zum Tod.

o.: *B. lapidarius*, ♀, Körbchen auf Hinterschiene (REM, 31x);
u.: *B. wurflenii*, ♀ raubt Nektar auf *Aconitum vulparia*, Feldis (Gr), VIII.96

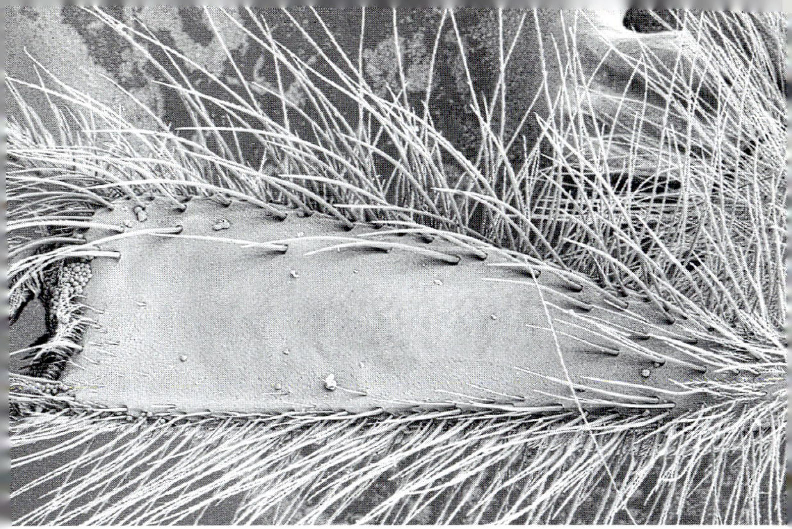

Bombus argillaceus (Scopoli 1763)

Kennzeichen: 12–28 mm. Königin dank rein schwarz behaartem Hinterleib und breiten dunkelgelben Querbinden auf der Brustoberseite unverwechselbar. Arbeiterin und ♂ ähnelt durch gelb behaartes Tergit 1 und weiß behaartes Hinterleibsende *B. hortorum* und *B. ruderatus.* Bei letzteren sind die hellen Brustbinden jedoch deutlich schmäler ausgebildet.
Vorkommen: Selten. ***A:*** Burgenland, Steiermark, Kärnten, Niederösterreich, Salzburg, Tirol; ***CH:*** Wallis, Tessin. Bevorzugt im Gegensatz zu vielen anderen Hummel-Arten ausgesprochen heiße und trockene Gebiete.
Biologische Angaben: Nester unterirdisch in Mäusegängen. Volksgröße: 100–500 Individuen. Pocket maker. Kuckucksbiene: *Psithyrus maxillosus.*
Gefährdung: ***CH:*** 3.

B. argillaceus, ♀ auf *Onobrychis viciifolia*, Hohtenn (Vs), V.96

Bombus confusus Schenck 1861

Kennzeichen: 12–20 mm. ♀ im Feld nicht von anderen schwarz behaarten Hummeln mit roter Hinterleibsspitze zu unterscheiden. ♂ dagegen durch große Komplexaugen, auffallendes Paarungsverhalten sowie Vorkommen in tiefen bis mittleren Lagen leicht anzusprechen.
Vorkommen: Sehr selten. Die nördliche Verbreitungsgrenze verläuft vom nördlichen Ostdeutschland in südwestlicher Richtung durch das mittlere Westdeutschland. In trockenwarmen Gebieten tiefer bis mittlerer Lagen.
Biologische Angaben: Nester an der Erdoberfläche oder unterirdisch in Mäusegängen. Pollen storer. ♂♂ besetzen kleine, duftmarkierte Territorien von einigen Quadratmetern Größe und kontrollieren mit ihren riesigen Komplexaugen von einem erhöhten Punkt aus (Stein, Staude u. ä.) mit vorgestreckten Fühlern und angezogenen Vorderbeinen den Luftraum. In kurzen Abständen stürzen sie sich – in Erwartung von Jungköniginnen – in pfeilschnellem Flug auf vorbeifliegende Insekten.
Gefährdung: ***D:*** Bw 2, Ba 1, R 0, T 1, S 1, Br 1; ***CH:*** 1.

Bombus gerstaeckeri Morawitz 1882

Kennzeichen: 16–26 mm. Beide Geschlechter bereits im Feld dank typischem Blütenbesuch und charakteristischem Färbungsmuster des Körpers leicht kenntlich: Brust und Tergit 1 braungelb, Tergite 2–3 schwarz, Tergite 4–6 weiß behaart.
Vorkommen: Verbreitet. Im Gebiet im gesamten Alpenbogen zwischen 1000 m ü. M. und der Waldgrenze an Stellen mit größeren Beständen des Eisenhuts.
Biologische Angaben: Nester vorwiegend unterirdisch in Mäusegängen, gelegentlich aber auch oberiridisch in Felsspalten oder Holzbeigen. Volksgröße: 40–100 Individuen. Pocket maker. Oligolektisch, auf Eisenhut *(Aconitum)* spezialisiert. Mit einer Rüssellänge von bis zu 23 mm ist *B. gerstaeckeri* die langrüsseligste Hummel-Art Mitteleuropas.
Gefährdung: ***D:*** Bw -, Ba 4, R -, T -, S -, Br -; ***CH:*** n.

o.: *B. confusus*, ♂ in Lauerstellung, Sevgein (Gr), VIII.96;
u.: *B. gerstaeckeri*, ♀ auf *Aconitum vulparia*, Feldis (Gr), VIII.96

Bombus humilis Illiger 1806

Kennzeichen: 9–18 mm. Ausgesprochen veränderliche Art, bei der in ein und demselben Nest völlig unterschiedlich gefärbte Tiere vorkommen können. Individuen mit schwarz oder dunkelbraun behaarter Brust und vorwiegend hell behaartem Hinterleib im Feld gut zu bestimmen, Individuen mit braunrot behaarter Brust dagegen im Gelände oft nicht von *B. pascuorum* zu unterscheiden.
Vorkommen: Verbreitet. Im Gebiet keine Verbreitungsgrenze.
Biologische Angaben: Nester vorwiegend an der Erdoberfläche unter Grasbüscheln oder Moospolstern. Volksgröße: 50–120 Individuen. Pocket maker. Kuckucksbiene: *Psithyrus campestris.*
Gefährdung: ***D:*** Bw 3, Ba 4, R 3, T 2, S 3, Br mehrere Nachweise seit 1993; ***CH:*** 3.

o.: *B. humilis,* ♀ an Nest, Russin (Ge), V.89;
u.: *B. humilis,* ♂ auf *Echium vulgare,* Solothurn (So), VI.92

Bombus hypnorum Linné 1758

Kennzeichen: 8–20 mm. Beide Geschlechter dank charakteristischem Färbungsmuster des Körpers unverwechselbar: Brustoberseite dunkel rotbraun, Brustseiten und Tergite 1–4 schwarz, Tergite 5–6 weiß behaart. Selten kommen auch rein schwarz behaarte Individuen mit weißer Hinterleibsspitze vor.
Vorkommen: Häufig. Im Gebiet keine Verbreitungsgrenze.
Biologische Angaben: Nester oberhalb der Erdoberfläche in Baumhöhlen, Vogelnistkästen, Felsspalten u. ä.. Volksgröße: 80–400 Individuen. Pollen storer. Gilt als leicht reizbare Art, welche ihre Nester im Gegensatz zu vielen anderen Hummel-Arten heftig verteidigt. Kuckucksbiene: *Psithyrus norvegicus.*
Gefährdung: ***D:*** Bw n, Ba n, R n, T 3, S 4, Br n; ***CH:*** n.

Bombus mendax Gerstaecker 1869

Kennzeichen: 12–20 mm. ♀ variabel gefärbt, deshalb im Feld nicht mit Sicherheit von ähnlichen Arten zu unterscheiden. ♂ dagegen durch große Komplexaugen, auffallendes Paarungsverhalten sowie Vorkommen in mittleren bis hohen Lagen leicht kenntlich.
Vorkommen: Verbreitet. Im Gebiet im gesamten Alpenbogen sowie stellenweise im Jura in Lagen zwischen 1200 und 2800 m ü. M..
Biologische Angaben: Nester unterirdisch in Mäusegängen. Im Gegensatz zu den anderen mitteleuropäischen Hummel-Arten liegen Brutzellen und Nahrungsvorräte bei *B. mendax* in streng getrennten Nestbereichen. Volksgröße: 80–150 Individuen. Pollen storer. Paarungsstrategie der ♂♂ gleich wie bei *B. confusus.* Die ♂♂ verlassen regelmäßig ihre kleinen Territorien, um im Geburtsnest Nahrung aufzunehmen.
Gefährdung: ***D:*** Bw -, Ba 3, R -, T -, S -, Br -; ***CH:*** n.

Bombus pascuorum (Scopoli 1763)

Kennzeichen: 9–18 mm. Beide Geschlechter variabel gefärbt. Bei der typischen Form nördlich der Alpen sind Brustoberseite, Tergit 1 sowie Hinterleibsende rötlichbraun bis orange, die Tergite 2–4

o.l.: *B. hypnorum,* ♀ auf *Ajuga reptans,* Solothurn (So), IV.96;
o.r.: *B. mendax,* ♂ in Lauerstellung, Große Scheidegg (Be), VIII.96;
u.: *B. pascuorum,* ♀ auf *Lamium purpureum,* Agasul (Zh), V.91

dagegen in unterschiedlichem Ausmaß schwarz behaart. Individuen mit reduzierter schwarzer Behaarung am Hinterleib im Feld kaum von ähnlich gefärbten *Bombus humilis*-Individuen zu unterscheiden. Südlich der Alpen dank einheitlich braunrot behaartem Körper leicht kenntlich.
Vorkommen: Häufig. Im Gebiet keine Verbreitungsgrenze.
Biologische Angaben: Nester unterirdisch in Mäusegängen, an der Erdoberfläche im Schutz einer dichten Krautschicht oder in Hohlräumen über dem Boden. Volksgröße: 60–150 Individuen. Pocket maker. Kuckucksbiene: *Psithyrus campestris.*
Gefährdung: ***D:*** Bw n, Ba n, R n, T n, S n, Br n; ***CH:*** n.

Bombus sylvarum Linné 1761

Kennzeichen: 10–18 mm. Dank schwarzer Querbinde auf der Brustoberseite und orangerot behaartem Hinterleibsende mit feinen weißlichen Binden bereits im Feld zuverlässig anzusprechen.
Vorkommen: Verbreitet. Im Gebiet keine Verbreitungsgrenze.
Biologische Angaben: Nester unterirdisch in Mäusegängen, an der Erdoberfläche unter Grasbüscheln oder in Hohlräumen über dem Boden. Volksgröße: 80–150 Individuen. Pocket maker. Kuckucksbiene: *Psithyrus rupestris.*
Gefährdung: ***D:*** Bw n, Ba n, R n, T 3, S 4, Br n; ***CH:*** 3.

Bombus terrestris (Linné 1758)

Kennzeichen: 11–23 mm. Im Feld nicht von verwandten *Bombus*-Arten zu unterscheiden.
Vorkommen: Häufig. Im Gebiet keine Verbreitungsgrenze.
Biologische Angaben: Nester vorwiegend unterirdisch in Mäusegängen. Volksgröße: 100–600 Individuen. Pollen storer. Mit einer Rüssellänge von 8–10 mm gehört *B. terrestris* zu den kurzrüsseligsten Hummel-Arten Mitteleuropas. Kuckucksbiene: *Psithyrus vestalis.*
Gefährdung: ***D:*** Bw n, Ba n, R n, T n, S n, Br n; ***CH:*** n.

o.: *B. sylvarum*, ♀ auf *Ajuga reptans*, Neuhausen im Hegau (Bw), IV.96;
u.: *B. terrestris*, ♂ auf *Carlina vulgaris*, Agasul (Zh), IX.91

Camptopoeum – Buntbienen

Zwei Arten im Gebiet (***D:*** 1; ***A:*** 2).
6–10 mm. Erinnern im Habitus stark an *Panurgus,* sind aber durch die durchgehenden gelben Binden auf dem Hinterleib und die gelben Flecken auf Gesicht und Brust sofort zu erkennen. Die beiden mitteleuropäischen Arten können im Feld voneinander unterschieden werden. Bestimmungsliteratur: Schmiedeknecht (1930).
Flugzeit: VII-VIII. Eine Generation im Jahr.
Selbstgegrabene Nester im Boden an ebenen bis stark geneigten, lückig bewachsenen Stellen. Die horizontal orientierten Brutzellen liegen einzeln am Ende von mehr oder weniger rechtwinklig mit dem Hauptgang verbundenen Seitengängen, die nach dem Verschluß der Brutzelle mit Erde gefüllt werden. Die Larven spinnen keinen Kokon. Nester teilweise in Kolonien. Wahrscheinlich solitäre Nistweise.
Pollentransporteinrichtung: Bürste aus lockerstehenden Haaren an Hinterschiene und -ferse. Feuchtsammler. Der nektarfeuchte Pollen wird in einem großen Klumpen auf der Außenseite der Hinterschiene transportiert. Die beiden mitteleuropäischen Arten sind wahrscheinlich auf Flockenblumen und Disteln (Cardueae) spezialisiert.
Die Kuckucksbiene *Pasites minutus* entwickelt sich brutparasitisch in den Nestern von *Camptopoeum.*

Camptopoeum friesei Mocsáry 1894

Kennzeichen: 9–10 mm. Kopf und Thorax beim ♀ kurz und dicht, beim ♂ lang behaart.
Die zweite mitteleuropäische Art, *C. frontale,* die in Sachsen-Anhalt und in Niederösterreich nachgewiesen wurde, ist nur sehr spärlich behaart und mit einer Körperlänge von 6–7 mm deutlich kleiner.
Vorkommen: Sehr selten. ***A:*** Burgenland.
Biologische Angaben: Wahrscheinlich oligolektische, auf Korbblütler (Asteraceae) spezialisierte Art, die innerhalb der Korbblütler nur Flockenblumen und Disteln (Cardueae) besucht.

C. friesei, ♀ auf *Centaurea paniculata,* Illmitz (Bu), VII.86

Ceratina – Keulhornbienen

Vier Arten im Gebiet (***D:*** 3; ***A:*** 4; ***CH:*** 3).
6–10 mm. Leicht zu erkennen am meist metallisch grün oder blau gefärbten, nahezu unbehaarten und stark glänzenden Körper, den keulenförmigen Fühlern sowie dem gegen hinten regelmäßig breiter werdenden Hinterleib, dessen Segmente an der Basis deutlich eingeschnürt sind. Kopfschild, Schulterbeulen und Beine häufig hell gefleckt. Als einzige der mitteleuropäischen Arten ist *C. cucurbitina* rein schwarz gefärbt. In Deutschland und der Schweiz sind die drei vorkommenden Arten anhand Färbung und Größe bereits im Feld zuverlässig zu bestimmen. Im östlichen Österreich kommt mit *C. acuta* eine ähnliche Art hinzu, so daß hier einzig *C. cucurbitina* bereits im Gelände zweifelsfrei erkannt werden kann. Bestimmungsliteratur: Schmiedeknecht (1930); Daly (1983), wo jedoch *C. acuta* nicht berücksichtigt ist; Scheuchl (1995).
Flugzeit: IV-IX. Aufgrund ihres speziellen Lebenszyklus, den sie mit der verwandten Gattung *Xylocopa* gemeinsam haben, können die einzelnen Arten während eines Großteils des Sommerhalbjahres als Imagines angetroffen werden. ♂♂ und ♀♀ schlüpfen bereits im Lauf des Sommers aus den Brutzellen, überwintern einzeln oder in Gruppen von bis zu 30 Individuen in ausgenagten Gängen von Markstengeln und verpaaren sich nach dem Verlassen der Winterverstecke im späteren Frühling. Die Nistaktivitäten erstrecken sich vom späten Frühling bis in den Sommer. Eine Generation im Jahr. Selbstgenagte Nester im Mark von dürren Pflanzenstengeln, z. B. von Brombeeren, Rosen, Königskerzen, Holunder oder Disteln. Brachflächen mit zahlreichen Gebüschgruppen und Hecken sind entsprechend bevorzugte Lebensräume der Keulhornbienen. Die Pflanzenstengel sind nur besiedelbar, wenn das Mark an einer Bruchstelle frei zugänglich ist. Aufrechte oder schwach geneigte Stengel werden deutlich bevorzugt. Die Brutzellen, die durch Zwischenwände aus abgenagten Markpartikeln voneinander abgegrenzt sind, liegen linienförmig hintereinander im Nestgang. Einige Arten sondern aus Drüsen an der Basis der Bauchsegmente Wachs aus, mit dem möglicherweise die Brutzellen ausgekleidet werden. Der brotlaibförmige Larvenproviant liegt der Länge nach der Zellwand an. Das Ei wird auf den eingangsferneren, hinteren Teil des Larvenproviantes gelegt, indem die ♀♀ ihren Hinterleib zwischen Zellwandung und Nahrungsvorrat hindurchzwängen. Die Larven spinnen keinen Kokon. Die Entwicklung vom Ei bis zur Imago dauert ein bis zwei Monate. Die Nestbesitzerin hält sich nach der Fertigstellung der letzten Brutzelle oft bis zum Schlüpfen ihrer Nachkommen im Eingangsbereich des Nestganges auf. Bei Gefahr verschließt sie

C. cyanea, Winterschlafgesellschaft, Agasul (Zh), IV.94

das Nest mit dem Hinterleib, erzeugt durch Vibration der indirekten Flugmuskulatur hohe Töne und sondert teilweise ein Sekret aus den Mandibulardrüsen ab, das Ameisen abschreckt. Als Ausnahme unter den mitteleuropäischen Bienen kommen die langlebigen ♀♀ meist für kurze Zeit in Kontakt mit ihren frisch geschlüpften Söhnen und Töchtern, bevor sie vor Wintereinbruch sterben. Ob in diesem Stadium ein Austausch von Nahrung oder andere soziale Interaktionen stattfinden, ist noch unbekannt. Während bei gewissen außereuropäischen Arten die ♀♀ die Entwicklung der Larven kontrollieren, indem sie wiederholt die Zellwände aufbrechen, die Brutzellen säubern und sie danach wieder verschließen, ist bei den mitteleuropäischen Arten ein derartiges subsoziales Verhalten bisher nicht nachgewiesen worden. Ebensowenig sind bei den mitteleuropäischen Arten Nester gefunden worden, in denen zwei ♀♀ zusammenarbeiten, wie dies bei einer japanischen Art regelmäßig vorkommt. Zumindest die gut untersuchten *C. chalybea, C. cucurbitina* und *C. cyanea* leben rein solitär.
Pollentransporteinrichtung: spärlich entwickelte Haarbürste an Hinterschiene und -ferse. Der Großteil des Pollens wird jedoch im Kropf in das Nest getragen. Ein Borstenkamm auf dem Stipes der Unterkiefer, durch den die mit Pollen beladenen Vorderbeine hindurchgezogen werden, nimmt den Pollen von den Beinen ab, bevor er verschluckt wird. Alle Arten sind polylektisch. Der Pollen wird wie bei *Hylaeus* häufig direkt mit Oberkiefern und Vorderbeinen von den Staubbeuteln abgeerntet. Dank des langen Rüssels können auch langröhrige Blüten auf Nektar ausgebeutet werden.

Ceratina chalybea Chevrier 1872 (= *C. callosa* auct.)

Kennzeichen: 7–10 mm. Metallisch blaugrüne Art, die sich durch ihre bedeutendere Größe bereits im Feld klar von *C. cyanea* abgrenzen läßt.
Vorkommen: Selten. ***D:*** Baden-Württemberg, Bayern, Rheinland-Pfalz; ***A:*** Burgenland, Steiermark, Kärnten, Niederösterreich; ***CH:*** Westschweiz, Wallis, Tessin.
Biologische Angaben: In den Nestern sind zwischen den Brutzellen Leerzellen ausgebildet, die nicht verproviantiert sind und möglicherweise Brutparasiten von der Parasitierung von weiter hinten liegenden Zellen abhalten sollen. Besucht für die Pollen- und Nektaraufnahme gerne Flockenblumen und Disteln (Cardueae).
Gefährdung: ***D:*** Bw 2, Ba 1, R 3, T -, S -, Br -; ***CH:*** 3.

o.: *C. cyanea*, Brutzellen im Mark eines dürren Pflanzenstengels, Agasul (Zh), VII.91;
u.: *C. chalybea*, ♀ auf *Centaurea scabiosa*, St. Pierre (Ao), VII.96

Ceratina cucurbitina (Rossi 1792)

Kennzeichen: 6–9 mm. Dank glänzend schwarzem, nicht metallisch schimmerndem Körper unverwechselbar.
Vorkommen: Verbreitet. ***D:*** Baden-Württemberg, Bayern, Rheinland-Pfalz, Nordrhein-Westfalen, Brandenburg; ***A:*** Burgenland, Niederösterreich; ***CH:*** Westschweiz, Wallis, Tessin.
Biologische Angaben: Verläßt die Winterverstecke im Frühling später als *C. chalybea* und *C. cyanea.* Im Gegensatz zu *C. chalybea* sind in der Regel keine Leerzellen zwischen den Brutzellen vorhanden.
Gefährdung: ***D:*** Bw 3, Ba 1, R n, T -, S -, Br 0; ***CH:*** n.

Ceratina cyanea (Kirby 1802)

Kennzeichen: 6–7 mm. Im Feld durch geringere Größe von der ebenfalls metallisch blaugrün gefärbten *C. chalybea* zu unterscheiden.
Vorkommen: Verbreitet, stellenweise häufig. Im Gebiet keine Verbreitungsgrenze, im nördlichen Deutschland jedoch nur vereinzelt.
Biologische Angaben: Keine Leerzellen zwischen den Brutzellen.
Gefährdung: ***D:*** Bw n, Ba n, R n, T n, S n, Br n; ***CH:*** n.

o.: *C. cucurbitina,* ♀ auf *Convolvulus arvensis,* St. Pierre (Ao), VII.96;
u.: *C. cyanea,* ♂ versucht sich mit ♀ im Nesteingang zu verpaaren, Solothurn (So), V.94

Chelostoma – Scherenbienen

Acht Arten im Gebiet (***D:*** 4; ***A:*** 7; ***CH:*** 7), die in älteren Arbeiten unter der Gattung *Heriades* aufgeführt sind und heute gelegentlich zur Gattung *Osmia* gezählt werden.
4–14 mm. Schwarz gefärbte, im ♀ Geschlecht nur schwach, im ♂ Geschlecht oft stärker behaarte Bienen mit teilweise schmalen weißen Haarfransen am Ende der Hinterleibstergite. Gut kenntlich am ausgesprochen langen und schmalen Körper, wie er innerhalb der Megachilinae in ähnlicher Form sonst nur noch bei wenigen *Osmia*-Arten vorkommt. Die ♀♀ mehrerer Arten mit mächtig entwickelten, scherenartigen Oberkiefern. ♂♂ mit Zähnen, Dornen oder vorstehenden Ecken am Hinterleibsende und/oder auf der Bauchseite. In Kombination mit dem charakteristischen Blütenbesuch kann die Hälfte der mitteleuropäischen Scherenbienen bereits im Feld bis auf die Art bestimmt werden. Bestimmungsliteratur: Benoist (1929); Schmiedeknecht (1930); Scheuchl (1996). Allerdings fehlt im ersten Schlüssel *C. distinctum,* im zweiten *C. emarginatum* und im dritten *C. ventrale.*
Flugzeit: IV-IX. Eine Generation im Jahr.
Nester in Käferfraßgängen in Totholz oder in hohlen Pflanzenstengeln (z. B. in den Halmen schilfgedeckter Dächer), auch in Nisthilfen. Die linienförmig hintereinander liegenden Brutzellen sind durch Trennwände aus lehmiger Erde begrenzt. Zwischen den Brutzellen können Leerzellen ausgebildet sein, die nicht verproviantiert sind und möglicherweise Brutschmarotzer von der Parasitierung von weiter hinten liegenden Zellen abhalten. Die Larven spinnen einen Kokon. Das Nest wird an der Mündung mit einem dicken Verschlußpfropfen aus Erde verschlossen, der außen durch den Einbau von Steinchen verstärkt wird. Die ♀♀ durchfeuchten dabei das Baumaterial mit Nektar. Vorjährige Nester werden nach ihrer Reinigung regelmäßig wiederbenutzt. Solitäre Nistweise.
Pollentransporteinrichtung: Haarbürste auf der Unterseite des Hinterleibes. Alle bisher näher untersuchten Arten sind oligolektisch. Vier Arten sammeln den Pollen einzig auf Glockenblume *(Campanula),* zwei Arten sind auf Hahnenfuß *(Ranunculus)* und eine Art auf Kardengewächse (Dipsacaceae) spezialisiert.
Die ♂♂ patrouillieren auf der Suche nach paarungswilligen ♀♀ die Pollenpflanzen ab oder schwärmen, vor allem zu Beginn der Flugzeit, an den Nistplätzen. Sie schlafen einzeln oder in kleinen Gruppen in Hohlräumen oder in Blüten, gelegentlich beißen sie sich an Pflanzenteilen fest.
Brutparasiten sind Kuckucksbienen der Gattung *Stelis* sowie die Keulenwespe *Sapyga clavicornis.*

C. florisomne, ♀ an Nest, Agasul (Zh), V.91

Chelostoma campanularum (Kirby 1802) (= *C. florisomne* auct.)

Kennzeichen: 4–6 mm. Im Feld nicht von der ähnlich weit verbreiteten, auf die gleichen Pflanzen spezialisierten und ebenfalls winzigen *C. distinctum (= Osmia cantabrica)* zu unterscheiden. Allenfalls bietet die unterschiedliche Flugzeit einen schwachen Hinweis auf die Artzugehörigkeit (s. unten).
Vorkommen: Häufig. Im Gebiet keine Verbreitungsgrenze.
Biologische Angaben: Flugzeit: VI-IX. Fliegt erst ab Ende Juni und erscheint damit bei gleicher geografischer Lage rund drei Wochen später als *C. distinctum.* Oligolektisch, auf Glockenblume *(Campanula)* spezialisiert. Kuckucksbiene: *Stelis minima.*
Gefährdung: ***D:*** Bw n, Ba n, R n, T n, S n, Br n; ***CH:*** n.

Chelostoma florisomne (Linné 1758) (= *C. maxillosum*)

Kennzeichen: 7–11 mm. ♀ unterscheidet sich von den anderen mitteleuropäischen *Chelostoma*-Arten durch die folgende Merkmalskombination: Tergitendränder mit schmalen weißen Haarfransen; lange, scherenartige Oberkiefer; Kopfschild am Vorderrand mit senkrecht abstehender Lamelle; spezialisierter Blütenbesuch. ♂ mit scharf gesägten Fühlern und halbkreisförmig ausgeschnittenem Endtergit, das in zwei abgestutzte Zapfen ausläuft.
Vorkommen: Häufig. Im Gebiet keine Verbreitungsgrenze.
Biologische Angaben: Flugzeit: IV-VI. Oligolektisch, auf Hahnenfuß *(Ranunculus)* spezialisiert. Sammelt Pollen durch rasches Auftupfen der Bauchbürste auf die Staubbeutel der *Ranunculus*-Blüten.
Gefährdung: ***D:*** Bw n, Ba 4, R n, T 3, S 3, Br n; ***CH:*** n.

o.: *C. campanularum,* ♀ auf *Campanula* spec., Agasul (Zh), VIII.91;
u.l.: *C. florisomne,* ♀ auf *Ranunculus acris,* Agasul (Zh), V.91;
u.r.: *C. florisomne,* ♂ auf *Ranunculus acris,* Agasul (Zh), V.91

Chelostoma grande (Nylander 1852)

Kennzeichen: 12–14 mm. Durch bedeutende Größe und spezialisierten Blütenbesuch mit keiner anderen *Chelostoma*-Art zu verwechseln.
Vorkommen: Sehr selten. Im Gebiet lokal im Alpenbogen zwischen 1000 und 2000 m ü. M.. ***A:*** Steiermark, Vorarlberg; ***CH:*** St. Gallen, Nid- und Obwalden, Wallis.
Biologische Angaben: Flugzeit: VI-VIII. Oligolektisch, auf Kardengewächse (Dipsacaceae) spezialisiert. Sammelt Pollen durch rasches Auftupfen der Bauchbürste auf die Staubbeutel der Blütenköpfe von Witwenblume *(Knautia)* und Skabiose *(Scabiosa).*
Gefährdung: ***CH:*** n.

Chelostoma rapunculi (Lepeletier 1841)
(= *C. fuliginosum, C. nigricornis*)

Kennzeichen: 8–10 mm. ♀ durch schmal weiß befranste Tergitendränder, kurze Oberkiefer, fehlende Kopfschildlamelle sowie spezialisierten Blütenbesuch eindeutig charakterisiert. Das arttypisch geformte Endtergit des ♂ ist mitten grubig vertieft und endet in drei breiten, gerade abgestutzten Lappen.
Vorkommen: Häufig. Im Gebiet keine Verbreitungsgrenze.
Biologische Angaben: Flugzeit: VI-VIII. Oligolektisch, auf Glockenblume *(Campanula)* spezialisiert. Kuckucksbiene: *Stelis minuta.*
Gefährdung: ***D:*** Bw n, Ba n, R n, T n, S n, Br n; ***CH:*** n.

o.: *C. grande*, ♀ auf *Knautia dipsacifolia*, Jeizinen (Vs), VI.89;
u.: *C. rapunculi*, ♀ auf *Campanula* spec., Agasul (Zh), VII.91

Coelioxys – Kegelbienen

16 Arten im Gebiet (***D:*** 12; ***A:*** 15; ***CH:*** 11).
7–16 mm. Schwarz gefärbte Bienen mit scharf abgesetzten, schneeweißen Haarflecken oder Binden auf dem Hinterleib, die bei einigen Arten aus Schuppenhaaren bestehen. ♀♀ durch kegelförmigen, am Ende meist lang ausgezogenen und zugespitzten Hinterleib, ♂♂ durch mehrdornige Hinterleibsspitze charakterisiert. Die einzelnen Arten sind im Feld kaum voneinander zu unterscheiden. Bestimmungsliteratur: Schmiedeknecht (1930); Warncke (1992); Scheuchl (1996), wo allerdings die in der Schweiz nachgewiesene *C. emarginata* nicht berücksichtigt ist.
Flugzeit: V-IX. In der Regel nur eine Generation im Jahr, vereinzelte Arten aber wahrscheinlich zumindest partiell mit zwei Generationen.
Brutparasiten bei Arten der Gattung *Megachile,* mit der die Kegelbienen nahe verwandt sind. Ausnahmen sind *C. rufescens,* die sich nur in den Nestern von *Anthophora*-Arten entwickelt, *C. quadridentata,* welche mit *Anthidium byssinum, Megachile* und *Anthophora* ein breiteres Wirtsspektrum aufweist sowie *C. polycentris,* die aus Nestern einer *Tetralonia*-Art gezogen wurde. Bei der Eiablage durchbohren die ♀♀ mit ihrem zugespitzten Hinterleibsende Pollen-Nektar-Vorrat und Blatthülle nahe der Basis einer noch nicht fertig verproviantierten Wirtszelle. Das Ei ragt danach mit seinem hinteren Teil größtenteils aus der Brutzelle hervor bzw. liegt zwischen den Blattschichten der Zellwand verborgen und steht nur mit seiner Spitze mit dem Larvenproviant in Kontakt. Einige Arten sollen ihr Ei neben dem Wirtsei auf den Nahrungsvorrat legen bzw. am Zelldeckel befestigen. Oft legen mehrere ♀♀ ein Ei in die gleiche Brutzelle. Da sich nur eine Kegelbiene pro Zelle entwickeln kann, kommt es in diesem Fall zu tödlich endenden Kämpfen zwischen den Parasitenlarven. Die Larven spinnen einen Kokon. Beide Geschlechter beißen sich zum Schlafen mit den Oberkiefern an Pflanzenteilen fest.

Coelioxys afra Lepeletier 1841

Kennzeichen: 7–9 mm. ♀ durch geringe Größe und kurze, abgerundete Hinterleibsspitze in Deutschland, der Schweiz und der Westhälfte Österreichs bereits im Feld sicher zu bestimmen. Im östlichen Österreich kommt mit *C. haemorrhoa* eine sehr ähnliche Art hinzu. ♂ im Gelände kaum von ähnlichen Arten abzugrenzen.

C. afra, ♀ und ♂ schlafend, Susten (Vs), VII.96

Vorkommen: Selten. Die nördliche Verbreitungsgrenze verläuft von der Ostseeküste in südwestlicher Richtung durch das mittlere Westdeutschland.
Biologische Angaben: Flugzeit: VI-VIII. Brutparasit bei den nah verwandten Arten *Megachile leachella* und *M. pilidens.*
Gefährdung: ***D:*** Bw 1, Ba 1, R 3, T 2, S 1, Br 1; ***CH:*** 3.

Coelioxys aurolimbata Förster 1853

Kennzeichen: 11–16 mm. Im Feld nicht sicher von anderen *Coelioxys*-Arten zu unterscheiden.
Vorkommen: Verbreitet. Im Gebiet keine Verbreitungsgrenze.
Biologische Angaben: Flugzeit: VI-VIII. Brutparasit bei *Megachile ericetorum.*
Gefährdung: ***D:*** Bw 3, Ba 1, R 3, T 2, S 2, Br n; ***CH:*** n.

Coelioxys conoidea (Illiger 1806)

Kennzeichen: 12–16 mm. Durch Größe und scharf begrenzte, dreieckige Haarflecken auf Tergite 1–5 bereits im Feld recht gut anzusprechen.
Vorkommen: Selten. Im Gebiet keine Verbreitungsgrenze.
Biologische Angaben: Flugzeit: VII-VIII. Brutparasit bei den nah verwandten Arten *Megachile lagopoda* und *M. maritima.*
Gefährdung: ***D:*** Bw 1, Ba 3, R 2, T 2, S 2, Br n; ***CH:*** 3.

Coelioxys rufescens Lepeletier 1825

Kennzeichen: 11–15 mm. Im Feld nicht sicher von anderen *Coelioxys*-Arten zu unterscheiden.
Vorkommen: Selten. Im Gebiet keine Verbreitungsgrenze.
Biologische Angaben: Flugzeit: VI-IX. Brutparasit bei verschiedenen *Anthophora*-Arten, u. a. *A. furcata* und *A. plagiata.*
Gefährdung: ***D:*** Bw 1, Ba 2, R n, T 1, S 2, Br 1; ***CH:*** 3.

o.: *C. aurolimbata*, ♀ auf *Senecio jacobaea*, Solothurn (So), VI.89;
m: *C. conoidea*, ♂ auf *Centaurea* spec., Susten (Vs), VII.89;
u.: *C. rufescens*, ♀ an Nest von *Anthophora furcata*, Agasul (Zh), VII.94

Colletes – Seidenbienen

20 Arten im Gebiet (***D:*** 14; ***A:*** 14; ***CH:*** 14).
7–14 mm. Charakteristisches Merkmal ist die kurze, zweilappige Zunge, wie sie sonst nur noch bei *Hylaeus* vorkommt. Die meisten Arten mit breiten, hell gefärbten Haarbinden am Ende der Hinterleibstergite. ♀♀ mit auffallend zugespitztem Hinterleibsende. Gut ein Drittel der mitteleuropäischen Arten kann im ♀ Geschlecht unter Berücksichtigung des oft spezifischen Blütenbesuches bereits im Feld sicher bestimmt werden. ♂♂ rein nach äußeren Merkmalen im Gelände unbestimmbar, die auf der Suche nach ♀♀ abpatrouillierten Blüten können jedoch wichtige Hinweise auf die Artzugehörigkeit geben. Bestimmungsliteratur: Schmiedeknecht (1930); Noskiewicz (1936). In beiden Schlüsseln fehlt die kürzlich von Schmidt & Westrich (1993) neu entdeckte *C. hederae.*
Flugzeit: III-XI, wobei *C. cunicularius* als einzige Art bereits im Frühling fliegt. Eine Generation im Jahr. *C. impunctatus* steigt in den Alpen stellenweise bis auf 3000 m ü. M..
Selbstgegrabene Nester im Boden an ebenen bis stark geneigten, vegetationslosen bis lückig bewachsenen Stellen. Einige Arten nisten bevorzugt in lockerem Sand. Die je nach Art und Neststandort horizontal bis beinahe vertikal orientierten Brutzellen liegen einzeln am Ende von rechtwinklig vom senkrechten Hauptgang abzweigenden Seitengängen, die nach Verschluß der Brutzelle mit Erde gefüllt werden. Bei anderen Arten sind sie zu mehreren direkt hintereinander in einem zum Teil gegabelten Nestgang angeordnet. Im letzteren Fall werden die mütterlichen Nestgänge von den Nachkommen gelegentlich wiederbenutzt. Brutzellen mit einer cellophanartigen, „seidigen" Auskleidung, die leicht vom umgebenden Bodensubstrat gelöst werden kann. Sie besteht aus einem Gemisch von Sekreten der Dufourdrüse und der Labialdrüse, welche mittels der speziell gestalteten Zunge auf die Brutzellwände aufgetragen werden. Die Labialdrüsensekrete enthalten wahrscheinlich Enzyme, welche die Dufourdrüsensekrete zu einem zarten Häutchen erstarren lassen. Inhaltsstoffe der Mandibulardrüsen werden zum Schutz vor Pilz- und Bakterienbefall auf frisch ausgekleidete Brutzellwände gesprüht. Pollen-Nektar-Vorrat sehr feucht bis halbflüssig, im Gegensatz zu den meisten anderen bodennistenden Bienen nicht zu einer Kugel geformt, sondern in der hinteren Hälfte der Brutzelle aufgehäuft. Eiablage nicht auf den Nahrungsvorrat, sondern an die Wand in dessen unmittelbarer Nähe. Die Larven spinnen keinen Kokon. Einige Arten bauen kleine, mit wenig Pollen und Nektar verproviantierte, aber nicht mit einem Ei belegte „Täuschzellen", die möglicherweise Brutparasiten zur Eiablage verleiten sollen. Nester oft in größeren Kolonien. Solitäre Nistweise.

o.: *C. cunicularius*, Zunge (REM, 82x);
u.: *C. cunicularius*, Brutzelle, Benken (Zh), IV.96

Pollentransporteinrichtung: Haarbürste an Hinterschiene sowie Körbchen auf der Unterseite des Hinterschenkels und an den Seiten des Mittelsegmentes. Die untersuchten Arten sind, wahrscheinlich mit Ausnahme von *C. impunctatus,* alle oligolektisch. Je eine Art ist auf Ochsenzunge *(Anchusa),* Mannstreu *(Eryngium),* Efeu *(Hedera),* Schwarzkümmel *(Nigella),* Zahntrost *(Odontites),* Resede *(Reseda),* Weide *(Salix),* Erikagewächse (Ericaceae) bzw. Schmetterlingsblütler (Fabaceae) spezialisiert. Vier Arten besuchen für die Pollenernte nur Korbblütler (Asteraceae). *C. nasutus* besitzt einen spezialisierten Pollensammelapparat (s. unten).
Die ♂♂ patrouillieren Nestkolonien und Blüten auf der Suche nach paarungswilligen ♀♀ ab. Sie schlafen, oft in kleinen Gruppen, in selber gegrabenen Erdlöchern. Brutparasiten sind Kuckucksbienen der Gattung *Epeolus* sowie *Sphecodes albilabris.*

Colletes cunicularius (Linné 1761)

Kennzeichen: 12–14 mm. Im Gegensatz zu allen anderen mitteleuropäischen *Colletes*-Arten ohne deutliche helle Hinterleibsbinden. Die Art sieht *Apis mellifera* und gewissen *Andrena*-Arten sehr ähnlich, unterscheidet sich aber im Zweifelsfall sogleich durch die bereits von bloßem Auge sichtbare charakteristische Zungenform.
Vorkommen: Verbreitet. Im Gebiet keine Verbreitungsgrenze, aber auf Sandboden beschränkt. Die Bodenansprüche sowie der spezialisierte Blütenbesuch verraten *C. cunicularius* als eine typische Pionierart von Flußauen und Dünengebieten, die heute als Ersatzbiotope auch Sand- und Kiesgruben besiedelt.
Biologische Angaben: Flugzeit: III-V. Nistet auf mehr oder weniger ebenen und meist vegetationslosen bis spärlich bewachsenen Flächen, oft in großen Kolonien. Oligolektisch, auf Weide *(Salix)* spezialisiert. Kuckucksbiene: *Sphecodes albilabris.*
Gefährdung: ***D:*** Bw 3, Ba 3, R n, T 3, S 3, Br n; ***CH:*** 2.

Colletes daviesanus Smith 1846

Kennzeichen: 7–9 mm. Im Feld nicht von anderen auf Korbblütler spezialisierten *Colletes*-Arten zu unterscheiden.
Vorkommen: Häufig. Im Gebiet keine Verbreitungsgrenze.
Biologische Angaben: Flugzeit: VI-VIII. Für die Nestanlage werden hauptsächlich Steilwände und lehmverfugte Gemäuer besiedelt. Oligolektische, auf Korbblütler (Asteraceae) spezialisierte Art, die innerhalb der Korbblütler nur Arten der Unterfamilie Asteroideae besucht. Kuckucksbiene: *Epeolus variegatus.*
Gefährdung: ***D:*** Bw n, Ba n, R n, T n, S n, Br n; ***CH:*** n.

o.: *C. cunicularius,* ♀ an Nest, Teufen (Zh), IV.94; **u.l.:** *C. daviesanus,* ♀ an Nest, Rüdlingen (Sh), VII.96; **u.r.:** *C. daviesanus,* Nistlöcher in sandiger Steilwand, Bas-Vully (Fr), IV.96

Colletes nasutus Smith 1853

Kennzeichen: 12–14 mm. Dank spezialisiertem Blütenbesuch und bedeutender Größe unverwechselbar.
Vorkommen: Sehr selten. ***D:*** Bayern, Sachsen, Brandenburg; ***A:*** Burgenland, Niederösterreich.
Biologische Angaben: Flugzeit: VI-VIII. Oligolektisch, auf Ochsenzunge *(Anchusa)* spezialisiert. Der Pollen wird mittels hakig gebogener Borsten an den Tarsen der verlängerten Vorderbeine aus den engröhrigen *Anchusa*-Blüten herausgekratzt. In Anpassung an die Nektarbergung am Grund der langen *Anchusa*-Blütenröhren besitzt *C. nasutus* einen verlängerten Kopf und einen verlängerten Rüssel. Kuckucksbiene: *Epeolus schummeli.*
Gefährdung: ***D:*** Bw -, Ba 0, R -, T -, S -, Br mehrere Nachweise seit 1992.

Colletes nigricans Gistel 1857 (= *C. canescens*)

Kennzeichen: 8–11 mm. Im Feld äußerlich nicht von ähnlichen *Colletes*-Arten zu unterscheiden. Dank des spezialisierten Blütenbesuches ist das ♀ aber doch meist zuverlässig anzusprechen.
Vorkommen: Selten. ***CH:*** Wallis.
Biologische Angaben: Flugzeit: V-VIII. Oligolektisch, auf Resede *(Reseda)* spezialisiert.
Gefährdung: ***CH:*** 3.

Colletes sierrensis Frey-Gessner 1903

Kennzeichen: 7–9 mm. Im Feld äußerlich nicht von ähnlichen *Colletes*-Arten zu unterscheiden. Da der nah verwandte *C. marginatus* neben Schmetterlingsblütlern (Fabaceae) auch Zahntrost besucht, ist die Bestimmung allein aufgrund des Blütenbesuches problematisch.
Vorkommen: Sehr selten. ***CH:*** Wallis.
Biologische Angaben: Flugzeit: VIII-IX. Oligolektisch, auf Zahntrost *(Odontites)* spezialisiert. Hauptpollenquelle im Wallis ist der in lichten Föhrenwäldern der Talebene wachsende Klebrige Zahntrost *(Odontites viscosa).*
Gefährdung: ***CH:*** 4.

o.l.: *C. nasutus*, ♀ an *Anchusa officinalis*, Gabow (Br), VII.93;
o.r.: *C. nasutus*, ♀, Vorderbeintarsus mit hakig gekrümmten Pollensammelborsten (REM, 57x);
u.l.: *C. nigricans*, ♀ auf *Reseda lutea*, Hohtenn (Vs), VI.96;
u.r.: *C. sierrensis*, ♀ auf *Odontites viscosa*, Siders (Vs), IX.95

Colletes similis Schenck 1853

Kennzeichen: 8–10 mm. Im Feld nicht von anderen auf Korbblütler spezialisierten *Colletes*-Arten zu unterscheiden.
Vorkommen: Verbreitet. Im Gebiet keine Verbreitungsgrenze.
Biologische Angaben: Flugzeit: VI-IX. Oligolektische, auf Korbblütler (Asteraceae) spezialisierte Art, die innerhalb der Korbblütler nur Arten der Unterfamilie Asteroideae besucht. Kuckucksbiene: *Epeolus variegatus.*
Gefährdung: ***D:*** Bw 3, Ba 4, R n, T 2, S 4, Br n; ***CH:*** 3.

Colletes succinctus Linné 1758

Kennzeichen: 10–12 mm. Im Feld äußerlich nicht von ähnlichen *Colletes*-Arten zu unterscheiden. Dank des spezialisierten Blütenbesuches kann die Art im Feld aber dennoch sicher bestimmt werden.
Vorkommen: Selten, in Sandgebieten mit großen Heidekraut-Beständen verbreitet. ***D:*** In allen Landesteilen; ***A:*** Burgenland, Kärnten, Niederösterreich; ***CH:*** Tessin.
Biologische Angaben: Flugzeit: VIII-IX. Oligolektisch, auf Erikagewächse (Ericaceae) spezialisiert. Wichtigste Pollenquelle in Mitteleuropa ist das Heidekraut *(Calluna vulgaris).* Kuckucksbiene: *Epeolus cruciger.*
Gefährdung: ***D:*** Bw 2, Ba 3, R 3, T 2, S 2, Br n; ***CH:*** 2.

o.: *C. similis*, ♀ auf *Erigeron annuus*, Schaffhausen (Sh), VI.88;
u.l.: *C. similis*, ♂ auf *Tanacetum vulgare*, Schaffhausen (Sh), VIII.96;
u.r.: *C. succinctus*, ♀ auf *Calluna vulgaris*, Biasca (Ti), VIII.95

Dasypoda – Hosenbienen

Vier Arten im Gebiet (***D:*** 3; ***A:*** 4; ***CH:*** 2).
12–17 mm. ♀♀ durch die enorm stark entwickelte Haarbürste an Hinterschiene und -ferse sowie die auffallend lange Behaarung der beiden letzten Tergite *(Endfranse)* unverwechselbar. Die stark behaarten ♂♂ im Feld anhand äußerer Merkmale kaum von *Melitta-* und *Andrena*-Arten zu trennen; die Berücksichtigung der auf der Suche nach ♀♀ abpatrouillierten Blüten erlaubt jedoch in vielen Fällen eine Zuordnung. Da die Färbung der Behaarung bei den ♀♀ der mitteleuropäischen Hosenbienen stark variiert, ist die Artbestimmung im Feld mit Ausnahme von *D. hirtipes* schwierig. Die ♂♂ sind im Feld nicht bis auf Artniveau bestimmbar. Bestimmungsliteratur: Warncke (1973); Scheuchl (1996).
Flugzeit: VII-IX. Eine Generation im Jahr.
Selbstgegrabene Nester im Boden an ebenen bis leicht geneigten, vegetationslosen bis lückig bewachsenen und häufig sandigen Stellen. Die horizontal orientierten Brutzellen liegen in einer Tiefe von bis zu 1 m einzeln oder zu zwei bis drei dicht hintereinander am Ende von 2–5 cm langen, waagrecht mit dem senkrechten Hauptgang verbundenen Seitengängen, die nach Verschluß der Brutzelle(n) mit Erde zugeschüttet werden. Auch der Hauptgang wird nach Fertigstellung des Nestes mit Sand verschlossen. Im Gegensatz zu den meisten übrigen Bodennistern kleiden die ♀♀ die Brutzellen nicht mit Drüsensekreten aus. Möglicherweise produzieren die Larven jedoch kurz vor Eintritt in das Ruhelarvenstadium eine Substanz, mit der die Zellwände imprägniert werden. Die charakteristische Form der Pollen-Nektar-Kugel, die mit lediglich drei kleinen Vorsprüngen mit dem Boden der Zellwand in Kontakt steht, vermindert vermutlich die Gefahr der Verpilzung der Nahrungsvorräte. Die Larven spinnen keinen Kokon. Nester meist in Kolonien. Solitäre Nistweise.
Pollentransporteinrichtung: Haarbürste an Hinterschiene und -ferse sowie Körbchen auf der Unterseite des Hinterschenkels. Alle vier mitteleuropäischen Arten sind oligolektisch: *D. hirtipes* sammelt den Pollen ausschließlich auf Korbblütlern (Asteraceae), die drei anderen Arten sind auf Kardengewächse (Dipsacaceae) spezialisiert. Die ♂♂ patrouillieren auf der Suche nach ♀♀ sowohl die Nistplätze als auch die Pollen- und Nektarquellen der ♀♀ ab. Sie schlafen gerne auf Blüten.

o.: *D. argentata*, ♀ an Nest, Susten (Vs), VII.76;
u.: *D. argentata*, ♂ schlafend, Susten (Vs), VII.75

Dasypoda argentata Panzer 1809

Kennzeichen: 13–16 mm. ♀ durch die rotgelb gefärbte Endfranse von *D. hirtipes,* durch die durchgehende Binde auf Tergit 4 von *D. suripes* (Norddeutschland und östliches Österreich) und durch die hell behaarte Brustunterseite von *D. braccata* (östliches Österreich) zu unterscheiden.
Vorkommen: Sehr selten. ***D:*** Baden-Württemberg, Bayern, Niedersachsen und in mehreren ostdeutschen Bundesländern; ***A:*** Burgenland, Niederösterreich; ***CH:*** Wallis, Tessin.
Biologische Angaben: Auf Kardengewächse (Dipsacaceae) spezialisiert. Hauptpollenquelle in Mitteleuropa ist Skabiose *(Scabiosa).*
Gefährdung: ***D:*** Bw 0, Ba 0, R -, T 1, S 1, Br 0; ***CH:*** 2.

Dasypoda hirtipes (Fabricius 1793) (= *D. plumipes*)

Kennzeichen: 12–15 mm. ♀ dank schwarzbraun behaarter Endfranse, schmalen weißen Haarbinden an den Endrändern der Hinterleibstergite sowie abweichendem Blütenbesuch bereits im Feld von den anderen mitteleuropäischen *Dasypoda*-Arten abzugrenzen.
Vorkommen: Selten, in Sandgebieten verbreitet. Im Gebiet keine Verbreitungsgrenze, aber aufgrund der ausgeprägten Bevorzugung von sandigen Böden nur lokal auftretend.
Biologische Angaben: Pro Tag wird eine Brutzelle fertig gestellt, für deren Versorgung rund vier Stunden und 6–10 Sammelflüge nötig sind. Brutzellen, die wegen eines Schlechtwettereinbruches nicht an einem einzigen Tag fertig verproviantiert werden können, werden aufgegeben. Bevorzugte Pollenquellen dieser auf Korbblütler (Asteraceae) spezialisierten Art sind Vertreter der Zungenblütler (Lactuceae). Flockenblumen und Disteln (Cardueae) werden seltener, Arten der Unterfamilie Asteroideae gar nicht genutzt.
Gefährdung: ***D:*** Bw 3, Ba 3, R n, T 2, S 4, Br n; ***CH:*** 3

o.l.: *D. hirtipes,* ♀ grabend, Susten (Vs), VII.75;
o.r.: *D. hirtipes,* Nesteingang, Schlattingen (Tg), VIII.71;
u.: *D. hirtipes,* ♀ auf *Cichorium intybus,* Unterstammheim (Zh), VII.75

Dioxys – Zweizahnbienen

Drei Arten im Gebiet (***D:*** 1; ***A:*** 3; ***CH:*** 2).
7–11 mm. Durch das mitten in einen Dorn ausgezogene Hinterschildchen und das im ♀ Geschlecht breit abgestutzte und stark abgeplattete bzw. bei *D. pannonica Coelioxys*-artig spitz ausgezogene Hinterleibsende gut charakterisiert. Die drei mitteleuropäischen Arten sind im Feld gut kenntlich. Bestimmungsliteratur: Schmiedeknecht (1930); Scheuchl (1996).
Flugzeit: V-VIII. Eine Generation im Jahr.
Brutparasiten bei *Megachile-* und *Osmia*-Arten, die aus Mörtel gefertigte Freinester bauen. Die Larven spinnen einen Kokon, der wie bei *Anthidium* und *Stelis* an der Spitze mit einem zapfenartigen Fortsatz versehen ist.

Dioxys cincta (Jurine 1807)

Kennzeichen: 7–11 mm. Beide Geschlechter mit rot gefärbter Hinterleibsbasis.
Die im Gebiet nur im östlichen Österreich vorkommende *D. pannonica* unterscheidet sich im ♀ Geschlecht durch die unterschiedliche Form der Endsegmente (s. oben), im ♂ Geschlecht durch den vollständig rot gefärbten Hinterleib.
Vorkommen: Sehr selten. ***A:*** Burgenland, Nieder- und Oberösterreich; ***CH:*** Mittelland, Graubünden, Wallis, Tessin.
Biologische Angaben: Brutparasit bei *Megachile parietina, M. pyrenaica* und wahrscheinlich *Osmia anthocopoides.*
Gefährdung: ***CH:*** 2.

Dioxys tridentata (Nylander 1848)

Kennzeichen: 7–10 mm. Im Unterschied zu *D. cincta* ohne rot gefärbte Körperteile.
Vorkommen: Selten. ***D:*** Baden-Württemberg, Bayern, Rheinland-Pfalz und in mehreren ostdeutschen Bundesländern; ***A:*** Burgenland, Nieder- und Oberösterreich; ***CH:*** Graubünden, Wallis.
Biologische Angaben: Brutparasit bei *Osmia anthocopoides, O. ravouxi* und *Megachile parietina,* möglicherweise auch bei blattschneidenden *Megachile*-Arten.
Gefährdung: ***D:*** Bw 1, Ba 1, R 2, T -, S 0, Br 0; ***CH:*** n.

o.: *D. cincta,* ♀ an Nest von *Megachile parietina,* Gimillan (Ao), VII.90;
u.: *D. tridentata,* ♀, Trois Villes (Ao), VII.96

Dufourea – Glanzbienen

Sechs Arten im Gebiet (***D:*** 6; ***A:*** 6; ***CH:*** 6), von denen früher 3 Arten in die Gattung *Halictoides* gestellt wurden.
4–10 mm. Glänzend schwarz gefärbte, schlank gebaute und unauffällig struppig behaarte Bienen ohne auffällige Feldkennzeichen. Die ♀♀ sind im Gelände von den im Habitus sehr ähnlichen *Lasioglossum*-Arten durch das Fehlen einer Hinterleibsfurche zu trennen, ohne Erfahrung aber kaum von etwa gleich großen *Andrena*- bzw. den *Panurginus*-Arten zu unterscheiden. Die ♂♂ erinnern durch ihren langgestreckten Körper und die langen Fühler stark an *Lasioglossum*-♂♂. Mit Ausnahme von *D. dentiventris* und *D. inermis,* die nur bei stärkerer Vergrößerung unterschieden werden können, sind die mitteleuropäischen Arten unter Berücksichtigung von Blütenbesuch und Höhenlage bereits im Gelände zu erkennen. Bestimmungsliteratur: Schmiedeknecht (1930); Ebmer (1984).
Flugzeit: VII-IX. Eine Generation im Jahr. *D. alpina* und *D. paradoxa* steigen in den Bergen bis weit über die Waldgrenze.
Selbstgegrabene Nester im Boden an ebenen bis schwach geneigten, lückig bewachsenen, bei *D. halictula* und *D. minuta* oft sandigen Stellen. Die Nestarchitektur der mitteleuropäischen Arten ist noch unbekannt; aufgrund von Untersuchungen an außereuropäischen Arten dürfte sie aber wohl mit der anderer Rophitini übereinstimmen. Die Larven spinnen einen Kokon. Nester einzeln oder in kleinen bis großen Kolonien. Solitäre Nistweise.
Pollentransporteinrichtung: Haarbürste an Hinterschiene und Körbchen auf der Unterseite des Hinterschenkels. Ein kleiner Teil des Pollens wird zusätzlich an den Seiten des Mittelsegmentes transportiert. Die beiden alpinen Arten *D. alpina* und *D. paradoxa* sind polylektisch, die übrigen streng oligolektisch. Letztere sammeln Pollen auf Jasione *(Jasione),* Glockenblumengewächsen (Campanulaceae) bzw. Korbblütlern (Asteraceae).
Die ♂♂ der spezialisierten Arten umschwärmen auf der Suche nach ♀♀ die Blüten der entsprechenden Pollenpflanzen. Sie suchen zum Schlafen häufig Blüten auf.
Die Kuckucksbiene *Biastes truncatus* lebt als Brutparasit bei *Dufourea.*

Dufourea alpina Morawitz 1895

Kennzeichen: 6–7 mm. Kopf und Brust metallisch blaugrün gefärbt, was aber im Feld ohne optische Hilfsmittel nur schwach erkennbar ist. Die seltene *D. paradoxa,* welche als einzige weitere mitteleuropäische *Dufourea*-Art oberhalb der Waldgrenze lebt, hat ebenfalls einen metallisch blaugrün gefärbten Vorderkörper, ist mit einer Körperlänge von 8–10 mm jedoch deutlich größer als *D. alpina.*

o.: *D. alpina,* ♀ auf *Phyteuma betonicifolium,* Val Piora (Ti), VII.96;
u.: *D. alpina,* Lebensraum, Val Piora (Ti), VII.96

Vorkommen: Verbreitet. Im Gebiet im gesamten Alpenbogen oberhalb der Waldgrenze auf blütenreichen Matten.
Biologische Angaben: Polylektisch. Besucht gerne Glockenblume *(Campanula),* Teufelskralle *(Phyteuma)* oder Korbblütler (Asteraceae), unter den letzteren besonders gelbblühende Zungenblütler (Lactuceae).
Gefährdung: ***D:*** Bw -, Ba 1, R -, T -, S -, Br -; ***CH:*** n.

Dufourea dentiventris (Nylander 1848)

Kennzeichen: 7–8 mm. Körper ohne Metallfärbung. Im Feld nicht von der deutlich selteneren *D. inermis* zu unterscheiden, welche dieselbe Blütenspezialisierung zeigt.
Vorkommen: Verbreitet, jedoch meist einzeln. Im Gebiet keine Verbreitungsgrenze, jedoch bevorzugt in mittleren und höheren Lagen; steigt nicht über die Waldgrenze.
Biologische Angaben: Oligolektisch, auf Glockenblumengewächse (Campanulaceae) spezialisiert. Besucht neben Glockenblume *(Campanula)* auch Teufelskralle *(Phyteuma)* und wohl Jasione *(Jasione).*
Gefährdung: ***D:*** Bw 3, Ba 3, R n, T 2, S 2, Br 3; ***CH:*** n.

Dufourea halictula Nylander 1852 (= *D. minuta* auct.)

Kennzeichen: 4–5 mm. Durch die winzige Größe in Kombination mit dem spezialisierten Blütenbesuch bereits im Feld von den anderen *Dufourea*-Arten zu unterscheiden.
Vorkommen: Selten. Im Gebiet keine Verbreitungsgrenze, aber durch spezifische Pollenquelle sowie deutliche Bevorzugung von Sandböden in ganz Mitteleuropa nur sehr lokal verbreitet. ***D:*** Bayern, Niedersachsen und in mehreren ostdeutschen Bundesländern; ***A:*** Steiermark, Nieder- und Oberösterreich; ***CH:*** Wallis.
Biologische Angaben: Oligolektisch, auf Jasione *(Jasione)* spezialisiert.
Gefährdung: ***D:*** Bw -, Ba 1, R -, T 0, S -, Br Nachweis 1993; ***CH:*** 4.

Dufourea minuta Lepeletier 1841 (= *D. vulgaris*)

Kennzeichen: 6 mm. Körper ohne Metallfärbung. Spezialisierter Blütenbesuch.
Vorkommen: Selten. Im Gebiet keine Verbreitungsgrenze, aber aufgrund der Vorliebe für sandige Böden nur lokal auftretend.
Biologische Angaben: Oligolektische, auf Korbblütler (Asteraceae) spezialisierte Art, welche innerhalb der Korbblütler wahrscheinlich nur Vertreter der Zungenblütler (Lactuceae) besucht.
Gefährdung: ***D:*** Bw 4, Ba 1, R 2, T 0, S 2, Br -; ***CH:*** 3.

o.: *D. dentiventris,* ♀ auf *Phyteuma* spec., Gimillan (Ao), VII.96;
u.l.: *D. halictula,* ♀ auf *Jasione montana,* Mörel (Vs), VII.96;
u.r.: *D. minuta,* ♀ auf *Picris hieracioides,* Susten (Vs), IX.95

Epeoloides – Schmuckbienen

Eine Art im Gebiet (***D:*** 1; ***A:*** 1; ***CH:*** 1), die bereits im Feld sicher erkannt werden kann.

Epeoloides coecutiens (Fabricius 1775)

Kennzeichen: 9–10 mm. ♀ ähnelt durch gedrungene Gestalt und dem schwarz-rot gefärbten, mit weißen Haarflecken gezierten Körper anderen brutparasitischen Vertretern der Apinae, unterscheidet sich aber von diesen durch ein anderes Färbungsmuster, durch das Vorkommen in speziellen Habitaten sowie – abgesehen von *Ammobatoides abdominalis* – durch bedeutendere Größe. ♂ dank braunorange gefärbtem, seitlich meist schwarz geflecktem Hinterleib, braunroter Behaarung von Kopf und Brust sowie hell blaugrünen Augen unverwechselbar.
Vorkommen: Verbreitet. Im Gebiet keine Verbreitungsgrenze. Die Art fliegt in Feuchtgebieten oder an lichten Waldstellen, wo ihr Wirt vorkommt.
Biologische Angaben: Flugzeit: VII-VIII. Eine Generation im Jahr. Brutparasit bei *Macropis.* Zur Nektaraufnahme werden die unterschiedlichsten Blüten aufgesucht, z. B. Blutweiderich *(Lythrum salicariae),* Zaunwinde *(Calystegia sepium)* oder Korbblütler (Asteraceae). Die ♂♂ sollen auf der Suche nach paarungswilligen ♀♀ an den Wirtsnestern patrouillieren. Beide Geschlechter beißen sich zum Schlafen mit ihren Oberkiefern an Halmen fest.
Gefährdung: ***D:*** Bw n, Ba 3, R n, T -, S 2, Br n; ***CH:*** n.

o.: *E. coecutiens,* ♀ lauert in Nähe des Wirtsnestes, Winterthur (Zh), VII.95;
u.l.: *E. coecutiens,* ♀ an Nest von *Macropis fulvipes,* Winterthur (Zh), VII.95;
u.r.: *E. coecutiens,* ♂ schlafend, Agasul (Zh), VII.96

Epeolus und *Triepeolus* – Filzbienen

Die beiden Gattungen sind nah miteinander verwandt.
Epeolus: Sechs Arten im Gebiet (***D:*** 4; ***A:*** 5; ***CH:*** 3). *Triepeolus:* 1 Art im Gebiet (***A:*** 1; ***CH:*** 1).
5–12 mm. Beide Gattungen durch die gedrungene Körpergestalt, die mit der schwarzen Grundfärbung auffallend kontrastierenden weißlichen Filzflecken auf Brust und Hinterleibsseiten, welche auf den Tergiten 3–4 beiderseits der Mitte meist in je zwei Flecken aufgelöst sind, die meist roten Beine sowie das im ♀ Geschlecht oft rot gefärbte Schildchen eindeutig charakterisiert. *T. tristis* besitzt keine rot gefärbten Körperteile und hat seitlich auf den Tergiten 3–4 nur je einen weißen Filzflecken. *T. tristis* ist dadurch als einzige der mitteleuropäischen Filzbienen-Arten bereits im Feld zuverlässig zu erkennen. Bestimmungsliteratur: Scheuchl (1995).
Flugzeit: VI-IX. Eine Generation im Jahr. *E. alpinus* steigt in den Alpen bis weit über die Waldgrenze.
Die Filzbienen sind Kuckucksbienen. Die *Epeolus*-Arten parasitieren bei *Colletes, T. tristis* entwickelt sich in den Nestern von *Tetralonia.* Mit den blattartigen Seitenanhängen des Sternits 6, die mit Sägezähnen bzw. bei *T. tristis* mit krallenartigen Fortsätzen versehen sind, bohren die ♀♀ ein Loch durch die cellophanartige Auskleidung der *Colletes*-Brutzellen bzw. durch die erdigen *Tetralonia*-Zellwände. Danach legen sie das schwach gekrümmte Ei soweit in das gebohrte Loch, daß die stark abgeplattete Eispitze mit der Zellwand in eine Ebene zu liegen kommt, das Ei sich also gut geschützt größtenteils außerhalb der Brutzelle befindet. Die Larven spinnen keinen Kokon. Beide Geschlechter beißen sich zum Schlafen mit ihren Oberkiefern an Pflanzenteilen fest.

Epeolus variegatus (Linné 1758)

Kennzeichen: 7–9 mm. Im Feld nicht von anderen *Epeolus*-Arten zu unterscheiden.
Vorkommen: Verbreitet. Im Gebiet keine Verbreitungsgrenze.
Biologische Angaben: Brutparasit bei *Colletes daviesanus, C. fodiens, C. similis* und weiteren *Colletes*-Arten. Zur Nektaraufnahme werden gerne Korbblütler aufgesucht wie z. B. Rainfarn *(Tanacetum vulgare).*
Gefährdung: ***D:*** Bw 3, Ba n, R n, T 3, S 3, Br n; ***CH:*** 3.

o.: *E. variegatus*, ♀ schlafend, Schaffhausen (Sh), VII.96;
u.: *E. alpinus*, ♀, Sternit 6 von oben mit blattartigen, gezähnten Anhängen (REM, 100x)

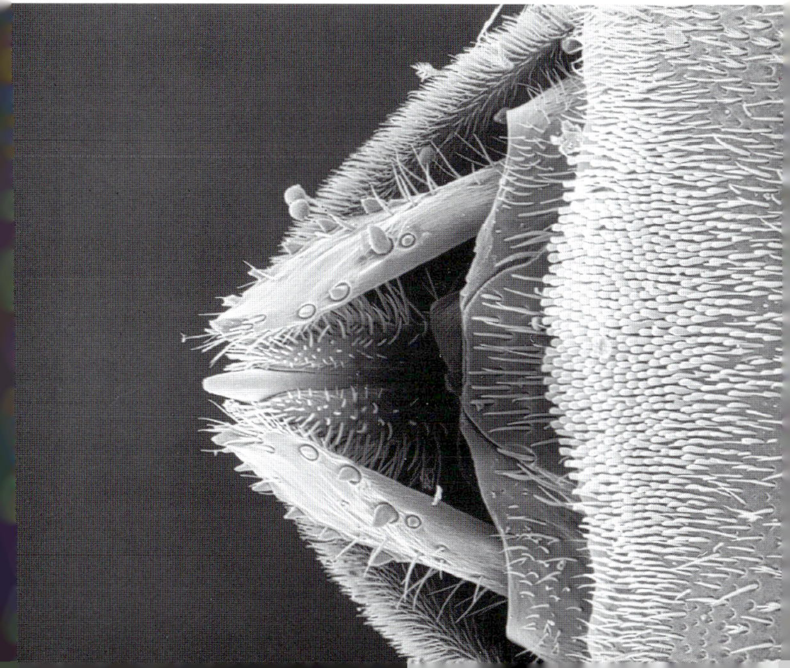

Eucera und *Tetralonia* – Langhornbienen

Die beiden nah verwandten Gattungen unterscheiden sich nur durch die unterschiedliche Anzahl Cubitalzellen im Vorderflügel.
Eucera: 9 Arten im Gebiet (***D:*** 4; ***A:*** 8; ***CH:*** 3). *Tetralonia:* 11 Arten im Gebiet (***D:*** 4; ***A:*** 10; ***CH:*** 6).
8–20 mm. Beide Gattungen im ♀ Geschlecht mit breit ovalem, abgeflachtem Hinterleib, der gewöhnlich an Basis und/oder Endrand der Segmente helle Haarbinden oder Seitenflecke aufweist. Zwei mitteleuropäische *Eucera*-Arten mit dicht filzig braun behaartem Hinterleib. Fühler kurz. ♂♂ durch die langen Fühler, die nahezu Körperlänge erreichen können, und den meist gelb gefleckten Kopfschild unverwechselbar. Im ♀ Geschlecht kann etwa ein Drittel der Arten bereits im Gelände mit Sicherheit angesprochen werden; oft ist dabei der häufig spezifische Blütenbesuch hilfreich. Die ♂♂ der einzelnen Arten sind dagegen im Feld kaum voneinander zu unterscheiden. Bestimmungsliteratur: Schmiedeknecht (1930); Scheuchl (1995). In beiden Schlüsseln fehlt die im östlichen Österreich nachgewiesene *E. punctulata,* im letzteren Schlüssel die aus der Schweiz bekannte *T. scabiosae.*
Flugzeit: IV-IX, wobei die *Eucera*-Arten in Mitteleuropa vorwiegend im Frühling, die *Tetralonia*-Arten dagegen hauptsächlich im Sommer fliegen. Eine Generation im Jahr.
Selbstgegrabene Nester im Boden an ebenen bis stark geneigten, lückig bis dicht kurzrasig bewachsenen Stellen. Die vertikal orientierten Brutzellen liegen bei den wenigen bisher näher untersuchten Arten einzeln am Ende von kurzen Seitengängen, die abwechselnd links und rechts vom Hauptgang abzweigen. Oder sie sind zu ein bis drei in Abständen von einigen Zentimetern unterhalb längerer Seitengänge angeordnet, die zu mehreren vom Hauptgang abzweigen. Die Seitengänge werden nach Verschluß der Brutzelle(n) mit Erde gefüllt. Im Gegensatz zu den meisten anderen bodennistenden Bienen wird der Larvenproviant nicht zu einer Kugel geformt, sondern in der unteren Hälfte der Brutzelle aufgehäuft. Die Larven spinnen einen Kokon. Nester bisweilen in großen Kolonien. Solitäre Nistweise, *E. longicornis* jedoch gelegentlich kommunal mit zwei ♀♀ pro Nest.
Pollentransporteinrichtung: Haarbürste an Hinterschiene und -ferse. Mehrere Arten sind Feuchtsammler. Alle bisher näher untersuchten Arten sind oligolektisch, wobei die Blütenpräferenzen mehrerer im östlichen Mitteleuropa vorkommender Langhornbienen noch unbekannt sind. Drei mitteleuropäische Arten sind auf Schmetterlingsblütler (Fabaceae) spezialisiert, je eine Art sammelt den Pollen

E. nigrescens, ♂, Flaach (Zh), V.69

nur auf Weiderich *(Lythrum),* engröhrigen Borretschgewächsen (Boraginaceae) bzw. Malvengewächsen (Malvaceae) und zwei Arten besuchen ausschließlich Korbblütler (Asteraceae), wobei die eine Art auf Vertreter der Cardueae, die andere auf Arten der Asteroideae spezialisiert ist. *E. parvicornis* kratzt mit kräftigen, hakig gebogenen Borsten auf dem Rüssel den Pollen aus den engröhrigen Blüten von Ochsenzunge *(Anchusa)* und Mönchskraut *(Nonea)* heraus.
Die ♂♂ patrouillieren Nistplätze und Futterpflanzen der ♀♀ auf zum Teil festgelegten, duftmarkierten Flugbahnen ab. Während der Nacht oder bei ungünstiger Witterung am Tag ruhen sie, zum Teil gesellig, auf Blüten, oder sie klammern bzw. beißen sich an Pflanzenteilen fest.
Die Wespenbiene *Nomada sexfasciata* ist Brutparasit verschiedener *Eucera*-Arten, die Filzbiene *Triepeolus tristis* schmarotzt bei *Tetralonia*-Arten und die Kegelbiene *Coelioxys polycentris* wurde aus den Nestern von *T. nana* gezogen.

Eucera nigrescens Pérez 1879 (= *E. tuberculata*)

Kennzeichen: 13–16 mm. Im Feld nicht sicher von anderen Schmetterlingsblütler besuchenden *Eucera*-Arten zu unterscheiden. Allenfalls bietet die frühe Flugzeit einen schwachen Hinweis auf die Artzugehörigkeit (s. unten).
Vorkommen: Häufig. Im Gebiet keine Verbreitungsgrenze, im nördlichen Deutschland jedoch nur vereinzelt.
Biologische Angaben: Flugzeit: IV-VI. In tieferen Lagen erscheint die Art bereits Mitte April und fliegt damit zwei bis drei Wochen früher als die ebenfalls weit verbreitete, jedoch seltenere *E. longicornis.* Oligolektisch, auf Schmetterlingsblütler (Fabaceae) spezialisiert. Bevorzugte Pollenpflanzen sind Wicke *(Vicia),* Platterbse *(Lathyrus)* und Wundklee *(Anthyllis).* In weiten Teilen Mitteleuropas ist die Zaunwicke *(Vicia sepium)* die wichtigste Pollenquelle. Kuckucksbiene: *Nomada sexfasciata.*
Gefährdung: ***D:*** Bw n, Ba 2, R n, T 3, S 3, Br 0; ***CH:*** n.

o.: *E. nigrescens,* ♀ auf *Vicia sepium,* Balm (So), V.96;
u.: *T. dentata,* ♀ auf *Centaurea paniculata,* Susten (Vs), VI.96

Tetralonia dentata (Germar 1839)

Kennzeichen: 12–15 mm. ♀ durch die folgende Merkmalskombination von den anderen mitteleuropäischen Langhornbienen zu unterscheiden: Brustoberseite fuchsrot behaart; Basis der Hinterleibstergite 2–3 mit schmalen weißen Binden; Tergit 4 vollständig weiß befilzt; Kopfschild gelb gefleckt; spezialisierter Blütenbesuch.
Vorkommen: Sehr selten. ***D:*** Thüringen, Sachsen-Anhalt, Brandenburg; ***A:*** Burgenland, Niederösterreich; ***CH:*** Wallis, Tessin.
Biologische Angaben: Flugzeit: VII-VIII. Oligolektisch, auf Flockenblumen und Disteln (Cardueae) spezialisiert. Kuckucksbiene: wahrscheinlich *Triepeolus tristis.*
Gefährdung: ***D:*** Bw -, Ba -, R -, T 0, S 0, Br 1; ***CH:*** 3.

Tetralonia salicariae (Lepeletier 1841)

Kennzeichen: 9–10 mm. ♀ durch spezialisierten Blütenbesuch, geringe Größe sowie breite, crèmefarbene Filzbinden an der Basis der Hinterleibstergite unverkennbar.
Vorkommen: Selten. ***D:*** Baden-Württemberg, Bayern, Rheinland-Pfalz, Brandenburg; ***A:*** Burgenland, Kärnten, Niederösterreich; ***CH:*** Wallis, Tessin. Entlang von Flüssen und Gräben, auf Feuchtwiesen oder in Kiesgruben, wo die Pollenpflanze in größeren Beständen auftritt.
Biologische Angaben: Flugzeit: VII-IX. Oligolektisch, auf Weiderich *(Lythrum)* spezialisiert. Kuckucksbiene: wahrscheinlich *Triepeolus tristis.*
Gefährdung: ***D:*** Bw 2, Ba 0, R 3, T -, S -, Br 1; ***CH:*** 3.

o.l.: *T. salicariae,* ♀ auf *Lythrum salicaria,* Lalden (Vs), VII.96;
o.r.: *T. salicariae,* ♂ auf *Lythrum salicaria,* Lalden (Vs), VII.96;
u.: *T. salicariae,* Nahrungshabitat, Lalden (Vs), VII.96

Halictus und *Lasioglossum* – Furchenbienen

Die beiden nah verwandten Gattungen unterscheiden sich nur durch Ausbildung und Lage der hellen Hinterleibsbinden sowie durch eine unterschiedlich starke Entwicklung gewisser Flügeladern.

Halictus: 26 Arten im Gebiet (***D:*** 17; ***A:*** 26; ***CH:*** 17). *Lasioglossum:* 84 Arten im Gebiet (***D:*** 71; ***A:*** 73; ***CH:*** 72).

4–15 mm. Von schwarzbrauner oder metallischer, selten schwarzroter Körpergrundfarbe. Während die *Halictus*-Arten an den Endrändern der Hinterleibstergite stets deutliche helle Haarbinden oder Seitenflecken aufweisen, sind diese bei *Lasioglossum* an der Basis der Tergite ausgebildet oder fehlen ganz. Zwei mitteleuropäische *Halictus*-Arten mit dicht filzig behaartem Hinterleib. Die Vertreter beider Gattungen im weiblichen Geschlecht durch eine schmale Längsrinne („Furche") auf dem letzten Hinterleibstergit unverkennbar. Im männlichen Geschlecht durch langgestreckten und schmalen Körper, lange Fühler sowie meist hell gefleckten Kopfschild ausgezeichnet. Mit Ausnahme einiger weniger großer Arten können Furchenbienen im Feld nicht bis auf die Art bestimmt werden. Bestimmungsliteratur: Schmiedeknecht (1930), wo jedoch die östlichen Arten Mitteleuropas fehlen; Ebmer (1969–1974, 1987).

Flugzeit: III-X. Aufgrund ihres speziellen Lebenszyklus können die einzelnen Arten während eines Großteiles des Sommerhalbjahres als Imagines angetroffen werden. Die ♀♀ beginnen im Frühling nach der Überwinterung mit dem Brutgeschäft. Geschlechtsreife ♀♀ und ♂♂ schlüpfen bereits im Sommer oder Spätsommer des gleichen Jahres aus den Nestern und verpaaren sich. Während die ♂♂ noch vor Einbruch des Winters sterben, überwintern die begatteten ♀♀ an einem geschützten Ort wie zum Beispiel in Erdspalten, in selber gegrabenen Löchern oder im Geburtsnest. *L. pallens* besitzt als einzige mitteleuropäische Furchenbienen-Art einen abweichenden Lebenszyklus (s. unten). In der Regel nur eine Generation im Jahr, vereinzelte Arten mit zwei Generationen.

Selbstgegrabene, 5–60 cm tiefe Nester im Boden an ebenen bis stark geneigten, vegetationslosen bis lückig bewachsenen Stellen. Einige Arten nisten bevorzugt in lockerem Sand. Die mehr oder weniger horizontal orientierten Brutzellen liegen je nach Art entweder einzeln am Ende von Seitengängen, die rechtwinklig von einem

o.: *H. simplex*, ♀, Längsfurche auf letztem Hinterleibstergit (REM, 50x);
u.l.: *H. maculatus*, Hinterleibsbinden an Tergitende, Weiach (Zh), VI.96;
u.r.: *L. xanthopus*, Hinterleibsbinden an Tergitbasis, Erschmatt (Vs), VII.96

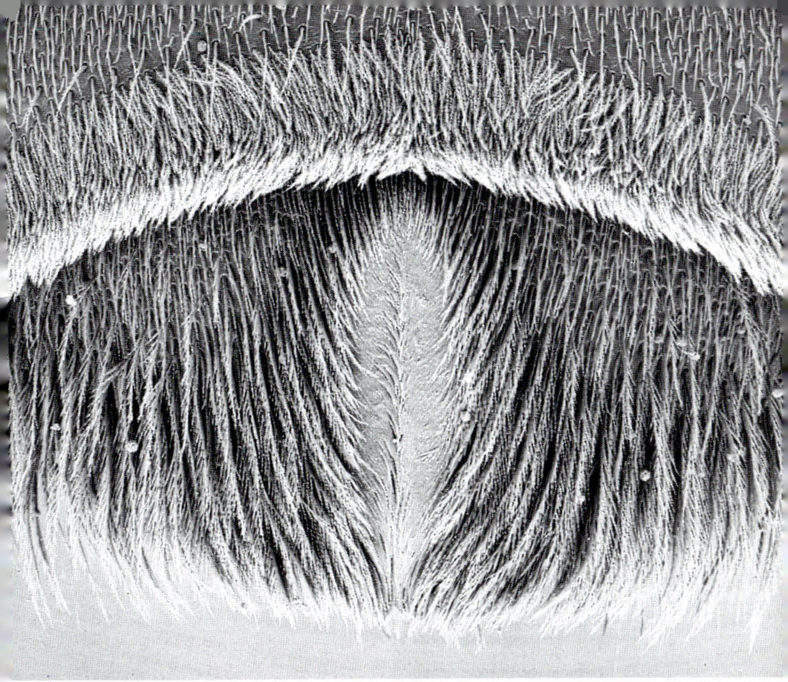

senkrechten Hauptgang abzweigen, münden direkt in den gelegentlich verzweigten Hauptgang oder sind zu mehreren dicht gedrängt in einer Wabe angeordnet, welche oft von einem Hohlraum umgeben und nur mit dünnen erdigen Stützpfeilern mit dem angrenzenden Bodensubstrat verbunden ist. Der Hohlraum rund um die Wabe schützt die Brutzellen wahrscheinlich vor eindringender Feuchtigkeit. Die starke Verengung des Nesteinganges sowie der sich bis weit unter das Niveau der untersten Brutzelle fortsetzende Hauptgang sind charakteristische Merkmale von Furchenbienen-Nestern. Bei mehreren Arten setzt sich der Nesteingang als gerade Röhre über der Erdoberfläche fort. Die Larven spinnen keinen Kokon. Nester oft in Kolonien. Innerhalb beider Gattungen gibt es sowohl solitäre als auch soziale Arten, wobei die Sozialstruktur zahlreicher mitteleuropäischer Arten noch völlig unbekannt ist. Während eine kommunale Nistweise bisher nur bei *H. sexcinctus* und *L. villosulum* nachgewiesen wurde und eine semisoziale Lebensweise bei mitteleuropäischen Furchenbienen nur als Übergangsstadium auftritt, ist die Mehrheit der sozialen *Halictus*- und *Lasioglossum*-Arten Mitteleuropas primitiv eusozial. Ihre Staaten sind einjährig und bestehen auch auf dem Höhepunkt der Kolonieentwicklung aus in der Regel höchstens wenigen Dutzend Arbeiterinnen. Die morphologischen Kastenunterschiede zwischen Königin und Arbeiterinnen sind gering. Bei den primitiv eusozialen Arten verproviantiert und bestiftet das überwinterte und begattete ♀ *(Königin)* im Frühling mehrere Brutzellen, verschließt danach das Nest von innen und wartet das Schlüpfen der ersten Nachkommen ab, bei denen es sich ausschließlich oder größtenteils um ♀♀ handelt. Während die unbegatteten Töchter *(Arbeiterinnen)* nach ihrem Schlüpfen gemeinsam neue Zellen für die zweite Brut ausschachten, Pollen und Nektar sammeln und bei einigen Arten den Nesteingang bewachen, belegt die Königin, die das Nest fortan nicht mehr verlässt, die vorbereiteten Brutzellen mit Eiern. Danach wird das Nest erneut verschlossen, bis im Sommer desselben Jahres geschlechtsreife ♀♀ und ♂♂ schlüpfen und sich verpaaren. Je nach Art und geographischer Lage können vor der Erzeugung der Geschlechtstiere im Spätsommer noch eine oder zwei weitere Arbeiterinnenbruten produziert werden. Andererseits können normalerweise primitiv eusoziale Arten in Gebieten mit kurzen Sommern zu einer solitären Nistweise übergehen. Bei sozialen Arten, bei denen die begatteten ♀♀ im Geburtsnest überwintern, kommt es häufig zu

o: *H. sexcinctus*, Brutzellen einzeln am Ende von kurzen Seitengängen in wahrscheinlich kommunalem Nest, St. Rome de Tarn (Av), VI.96; **u.l.:** *L. malachurum*, Brutzellen in Wabe in ca. 7 cm Tiefe, Konstanz (Bw), VI.96; **u.r.:** *L. malachurum*, Zellwabe, Konstanz (Bw), VI.96

einer Nestgründung durch mehrere ♀♀ *(Polygynie),* wobei sich auch hier stets eine Arbeitsteilung zwischen einer dominanten Königin und einem oder mehreren *Hilfs*-♀♀ entwickelt. Eine derartige semisoziale Struktur tritt bei den mitteleuropäischen Arten jedoch stets nur als Übergangsstadium auf; spätestens wenn die ersten Arbeiterinnen schlüpfen, tritt die Gemeinschaft in das primitiv eusoziale Stadium über. Die Ovarienentwicklung bei Arbeiterinnen und Hilfs-♀♀ wird bei den Furchenbienen möglicherweise nicht wie bei den Hummeln und der Honigbiene durch Pheromone, sondern durch aggressives Verhalten der Königin unterdrückt. Die Brutzellen werden bei einigen sozialen Furchenbienen-Arten wiederholt geöffnet oder bleiben bis zur Verpuppung der Larven ständig offen und werden regelmäßig von Kot und Unrat gesäubert. Bei den primitiv eusozialen Arten lebt eine Königin gut ein Jahr, eine Arbeiterin einige Wochen. Einzigartig ist die Sozialstruktur der Furchenbiene *L. marginatum,* welche als weltweit einzige bekannte Furchenbiene mehrjährige Staaten ausbildet (s. unten).
Pollentransporteinrichtung: Haarbürste an Hinterschiene und -ferse sowie Körbchen auf der Unterseite des Hinterschenkels. Ein Teil des Pollens wird zusätzlich an den Seiten des Mittelsegmentes sowie auf der oft stark behaarten Unterseite des Hinterleibes transportiert. Die mitteleuropäischen Arten sind, soweit bekannt, alle polylektisch. *L. clypeare, L. convexiusculum* und *L. costulatum* zeigen allerdings eine ausgeprägte Vorliebe für bestimmte Pflanzen (s. unten).
Die ♂♂ schwärmen auf der Suche nach paarungswilligen ♀♀ an Nistplätzen und um Pflanzen. Sie schlafen einzeln oder in kleinen Gruppen in Erdspalten, in verlassenen Nestgängen oder frei auf Pflanzenteilen.
Brutparasiten sind Kuckucksbienen der Gattung *Sphecodes* sowie gewisse *Nomada*-Arten.

o.: *Halictus sexcinctus*, Nestkolonie, Herdern (Tg), VIII.69;
u.: *L. malachurum*, Puppe, Konstanz (Bw), VI.96

Halictus pollinosus Sichel 1860

Kennzeichen: 8 – 9 mm. Durch die filzig graugelbe Behaarung des Hinterleibes, welche beim ♀ den gesamten Hinterleib einnimmt, beim ♂ dagegen nur auf den apikalen und basalen Tergiträndern ausgebildet ist, einzig mit *H. tectus* zu verwechseln. Letztere Art ist mit einer Körperlänge von 7 mm jedoch deutlich kleiner und kommt im Gebiet nur im östlichen Österreich und im Wallis vor.
Vorkommen: Selten, kann an günstigen Stellen jedoch höhere Populationsdichten erreichen. ***D:*** Rheinland-Pfalz; ***A:*** Burgenland, Niederösterreich. Die Art befindet sich momentan stark in Ausbreitung und hat vermutlich erst vor wenigen Jahren von Westen her Rheinland-Pfalz erreicht.
Biologische Angaben: Besucht für die Pollen- und Nektaraufnahme sehr gerne Korbblütler (Asteraceae).
Gefährdung: ***D:*** Bw -, Ba -, R 3, T -, S -, Br -.

Halictus quadricinctus (Fabricius 1776)

Kennzeichen: 13–16 mm. ♀ durch Größe sowie die in der Mitte deutlich verschmälerten bis unterbrochenen Hinterleibsbinden unverwechselbar. ♂ dank dem nach hinten auffällig breiter werdenden Hinterleib einzig mit der nur im östlichen Österreich vorkommenden Art *H. brunnescens* zu verwechseln.
Vorkommen: Selten. Im Gebiet keine Verbreitungsgrenze.
Biologische Angaben: Nistet bevorzugt in Steilwänden und Abbruchkanten, oft in kleinen bis größeren Kolonien. Die Brutzellen sind zu 5–20 dicht nebeneinander in einer Wabe angeordnet, welche von einem Hohlraum umgeben und am Ende eines Hauptganges angelegt ist. Solitär. ♀♀ sind langlebig, bewachen das Nest bis zum Schlüpfen ihrer Nachkommen und leben danach einige Wochen mit ihnen zusammen. Obwohl polylektisch, besucht die Art bevorzugt Korbblütler (Asteraceae). Kuckucksbiene: wahrscheinlich *Sphecodes gibbus.*
Gefährdung: ***D:*** Bw 2, Ba 0, R 2, T 1, S 2, Br 2; ***CH:*** 3.

o.: *H. pollinosus*, ♀ auf *Centaurea scabiosa*, Quart (Ao), VII.96;
u.: *H. quadricinctus*, ♀ auf *Centaurea scabiosa*, Erschmatt (Vs), VI.96

Halictus rubicundus (Christ 1791)

Kennzeichen: 8–11 mm. ♀ durch rotbraun behaarte Brust, linienschmale weiße Hinterleibsbinden sowie rotgelb gefärbte Hinterschienen und -tarsen bereits im Feld leicht kenntlich. ♂ im Gelände kaum von ähnlichen Arten zu unterscheiden.
Vorkommen: Verbreitet. Im Gebiet keine Verbreitungsgrenze. Kommt vom Tiefland bis in die alpine Stufe vor.
Biologische Angaben: Nistet sowohl in Steilwänden als auch an ebenen, vegetationsarmen Stellen, oft in kleineren Kolonien. Die Brutzellen münden direkt in den Hauptgang. Primitiv eusozial mit einer Arbeiterinnenbrut. Nester in der Regel mit Wächterin. In hohen Lagen mit kurzen Sommern geht die Art zu einer solitären Nistweise über. Kuckucksbiene: *Sphecodes gibbus.*
Gefährdung: ***D:*** Bw n, Ba n, R n, T n, S n, Br n; ***CH:*** n.

Halictus scabiosae (Rossi 1790)

Kennzeichen: 12–15 mm. ♀ und ♂ unterscheiden sich im frischen Zustand von *H. sexcinctus* und ähnlich großen Arten durch ockergelbe Hinterleibsbinden und eine auffällige Filzbehaarung an der Basis der Tergite. Im abgeflogenen Zustand dagegen im Feld nicht sicher zu bestimmen.
Vorkommen: Selten. ***D:*** Baden-Württemberg, Bayern, Rheinland-Pfalz; ***A:*** Burgenland, Steiermark; ***CH:*** In allen Landesteilen, nördlich der Alpen jedoch nur vereinzelt.
Biologische Angaben: Nistet bevorzugt an ebenen bis schwach geneigten, vegetationsarmen Stellen, teilweise in größeren Kolonien. Die Brutzellen münden direkt in den Hauptgang. Primitiv eusozial mit polygyner Nestgründung und, je nach geographischer Lage, zwei oder mehr Arbeiterinnenbruten. Die Königin vertreibt die Hilfs-♀♀ vor dem Schlüpfen der Arbeiterinnen. Nester in der Regel mit Wächterin. Besucht mit Vorliebe Korbblütler (Asteraceae).
Gefährdung: ***D:*** Bw 2, Ba 0, R n, T -, S -, Br -; ***CH:*** 3.

o.: *H. rubicundus*, ♀ an Nest, Agasul (Zh), V.91;
u.: *H. scabiosae*, ♀ an Nest, Zeneggen (Vs), V.96

Halictus sexcinctus (Fabricius 1775)

Kennzeichen: 13–16 mm. Im Gebiet mit Ausnahme des östlichen Österreichs, wo weitere ähnlich große Arten mit durchgehend gleich breiten Tergitendbinden vorkommen, nur mit *H. scabiosae* zu verwechseln. Von letzterer Art im frischen Zustand durch weißlich-gelb gefärbte Hinterleibsbinden sowie nur schwach ausgeprägte Filzbehaarung an der Basis der Tergite zu unterscheiden.
Vorkommen: Verbreitet. Im Gebiet keine Verbreitungsgrenze, bevorzugt aber sandigen Boden.
Biologische Angaben: Nistet sowohl in Steilwänden als auch an ebenen, vegetationsarmen Stellen, oft in Kolonien. Die Brutzellen liegen einzeln am Ende von 1–2 cm langen Seitengängen. Solitär, gelegentlich kommunal. ♀♀ sind langlebig und erleben das Schlüpfen ihrer Nachkommen. Sammelt Pollen und Nektar häufig auf Korbblütlern (Asteraceae). Kuckucksbiene: wahrscheinlich *Sphecodes gibbus,* eventuell auch *S. albilabris.*
Gefährdung: ***D:*** Bw 3, Ba 3, R 3, T 1, S 1, Br n; ***CH:*** 3.

Halictus subauratus (Rossi 1792)

Kennzeichen: 7–8 mm. Im Feld nicht mit Sicherheit von anderen metallisch glänzenden *Halictus*-Arten zu unterscheiden. Bei einer mittelgroßen, ausgeprägt goldig schimmernden *Halictus*-Art mit grünen Augen dürfte es sich jedoch meist um *H. subauratus* handeln.
Vorkommen: Verbreitet. Die nördliche Verbreitungsgrenze verläuft von der Ostseeküste in südwestlicher Richtung durch das mittlere Westdeutschland.
Biologische Angaben: Nistet meist in kleineren Kolonien vorwiegend an ebenen und vegetationsarmen, oft sandigen Stellen. Die direkt mit dem Hauptgang in Verbindung stehenden Brutzellen werden wabenartig gruppiert und in feuchtem Boden durch einen Hohlraum vom angrenzenden Substrat getrennt. Primitiv eusozial mit einer Arbeiterinnenbrut. Kuckucksbiene: *Sphecodes cristatus.*
Gefährdung: ***D:*** Bw n, Ba 3, R n, T 1, S -, Br n; ***CH:*** 3.

o.: *H. sexcinctus,* ♀ grabend, Zeneggen (Vs), VII.92;
u.l.: *H. sexcinctus,* ♂ auf *Cirsium vulgare,* Flaach (Zh), VIII.95;
u.r.: *H. subauratus,* ♀ auf *Centaurea paniculata,* Susten (Vs), VII.96

Lasioglossum calceatum (Scopoli 1763)

Kennzeichen: 8–10 mm. Im Feld nicht von ähnlichen *Lasioglossum*-Arten zu unterscheiden.
Vorkommen: Häufig. Im Gebiet keine Verbreitungsgrenze.
Biologische Angaben: Nistet vorwiegend auf ebenen, vegetationsarmen Flächen. Die Brutzellen sind in Waben angeordnet, die von einem Hohlraum umgeben und über einen waagrechten Gang mit dem senkrechten Hauptgang verbunden sind. Primitiv eusozial mit polygyner Nestgründung und einer Arbeiterinnenbrut, deren ♂♂-Anteil 0–18 % beträgt. Pro Nest werden 20–50 Geschlechtstiere erzeugt. Königin deutlich größer als die Arbeiterinnen. Bereits verschlossene Brutzellen werden von Königin und Arbeiterinnen zwecks Kontrolle wiederholt geöffnet. Nester in der Regel mit Wächterin. In hohen Lagen mit kurzen Sommern geht die Art zu einer solitären Nistweise über. Die ♂♂ paaren sich mit den ♀♀ innerhalb der Nester. Kuckucksbiene: *Sphecodes monilicornis.*
Gefährdung: ***D:*** Bw n, Ba n, R n, T n, S n, Br n; ***CH:*** n.

Lasioglossum clypeare (Schenck 1853)

Kennzeichen: 6–7 mm. ♀ im Feld nicht von der nah verwandten Art *L. buccale* zu unterscheiden, die im ♀ Geschlecht ebenfalls einen außergewöhnlich schmalen und stark verlängerten Kopf aufweist. ♂ im Gelände ebenfalls nicht anzusprechen.
Vorkommen: Sehr selten. ***D:*** Baden-Württemberg, Bayern, Rheinland-Pfalz, Hessen, Thüringen, Sachsen-Anhalt; ***A:*** Burgenland, Steiermark, Niederösterreich; ***CH:*** Westschweiz, Wallis.
Biologische Angaben: Besucht für die Nektar- und Pollenaufnahme vorwiegend Lippenblütler (Lamiaceae), z. B. Ziest *(Stachys)* oder Schwarznessel *(Ballota).* Wahrscheinlich stellt die spezielle Kopfform eine Anpassung an die tiefe Nektarbergung am Grund der Lamiaceae-Blüten dar. Zur Pollenaufnahme klettern die ♀♀ die Oberlippe hoch und entnehmen die Pollenkörner mit den Vorderbeinen direkt aus den Staubbeuteln, während sie in Rückenlage unter der Oberlippe hängen.
Gefährdung: ***D:*** Bw Nachweis 1994, Ba 1, R 1, T 1, S 2, Br -; ***CH:*** 4.

o.: *L. calceatum*, ♀ auf *Tussilago farfara*, Attisholz (So), IV.84;
u.l.: *L. calceatum*, ♂ auf *Senecio erucifolius*, Merishausen (Sh), X.96;
u.r.: *L. clypeare*, ♀ auf *Stachys recta*, Hohtenn (Vs), VI.96

Lasioglossum convexiusculum (Schenck 1853)

Kennzeichen: 6–7 mm. Im Feld nicht von ähnlichen *Lasioglossum*-Arten zu unterscheiden. Allenfalls bietet das spezielle Pollensammelverhalten einen schwachen Hinweis auf die Artzugehörigkeit (s. unten).
Vorkommen: Selten. Die nördliche Verbreitungsgrenze verläuft vom nördlichen Ostdeutschland in südwestlicher Richtung durch das mittlere Westdeutschland.
Biologische Angaben: Besucht sehr häufig Wiesensalbei *(Salvia pratensis).* Pollensammelnde ♀♀ zwängen sich zwischen Ober- und Unterlippe von sich eben öffnenden *Salvia*-Blütenknospen, kämmen die Pollenkörner mit den Vorderbeinen direkt aus den Staubbeuteln und gewinnen so innerhalb kurzer Zeit große Pollenmengen.
Gefährdung: ***D:*** Bw 1, Ba 2, R 0, T 1, S 3, Br 3; ***CH:*** 3.

Lasioglossum costulatum (Kriechbaumer 1873)

Kennzeichen: 10 mm. ♀ durch einheitlich blauschwarz gefärbten, spärlich hell behaarten Körper, kleine weiße Seitenflecken an der Basis der Tergite 2–3, weiße Basalbinde auf Tergit 4 sowie charakteristischen Blütenbesuch bereits im Feld zu bestimmen. ♂ dagegen im Gelände nicht sicher anzusprechen.
Vorkommen: Selten. Die nördliche Verbreitungsgrenze verläuft vom nördlichen Ostdeutschland in südwestlicher Richtung durch das mittlere Westdeutschland.
Biologische Angaben: Solitär. Besucht für die Pollen- und Nektaraufnahme hauptsächlich Glockenblume *(Campanula).*
Gefährdung: ***D:*** Bw 2, Ba 1, R 3, T 1, S 1, Br 2; ***CH:*** 3.

Lasioglossum leucozonium (Schrank 1781)

Kennzeichen: 8–10 mm. Im Feld nicht von ähnlichen *Lasioglossum*-Arten zu unterscheiden.
Vorkommen: Häufig. Im Gebiet keine Verbreitungsgrenze.
Lebensweise: Nistet an meist ebenen, vegetationsarmen Stellen, gelegentlich in kleineren Kolonien. Die Brutzellen liegen einzeln am Ende von 2–4 cm langen Seitengängen. Solitär. Kuckucksbiene: *Sphecodes ephippius.*
Gefährdung: ***D:*** Bw n, Ba n, R n, T n, S n, Br n; ***CH:*** n.

o.l.: *L. convexiusculum*, ♀ sammelt Pollen auf *Salvia pratensis*, Hohtenn (Vs), VI.96;
o.r.: *L. leucozonium*, ♀ auf *Lysimachia punctata*, Agasul (Zh), VII.91;
u.: *L. costulatum*, ♀ auf *Campanula rapunculus*, Viala du Tarn (Av), VI.96

Lasioglossum malachurum (Kirby 1802)

Kennzeichen: 7–10 mm. Im Feld nicht von ähnlichen *Lasioglossum*-Arten zu unterscheiden.
Vorkommen: Häufig. Im Gebiet keine Verbreitungsgrenze.
Biologische Angaben: Nistet an ebenen, vegetationsarmen Stellen, oft in größeren Kolonien. Bevorzugt verfestigte, lehmige Böden. Die mit dem Hauptgang in Verbindung stehenden Brutzellen der ersten Arbeiterinnenbrut sind zu einer Wabe gruppiert, die – vermutlich abhängig von den Feuchtigkeitsverhältnissen im Boden – von einem Hohlraum umgeben sein kann. Zellen der späteren Bruten münden einzeln in den teilweise gegabelten Hauptgang. Primitiv eusozial. Im Norden mit einer, in Zentraleuropa mit zwei und im Süden mit drei bis vier Arbeiterinnenbruten. ♂♂-Anteil in der ersten Arbeiterinnenbrut 0%, in den nachfolgenden Arbeiterinnenbruten sehr gering. Pro Nest werden in Abhängigkeit von der Zahl Arbeiterinnenbruten 20–250 Geschlechtstiere erzeugt. Beträchtlicher Größenunterschied zwischen Königin und Arbeiterinnen. Die Brutzellen bleiben bis zur Verpuppung offen und werden von Unrat gereinigt. Nester mit Wächterin. Die ♂♂ patrouillieren auf der Suche nach paarungswilligen ♀♀ dicht über den Nistplätzen. Sie können unbegattete ♀♀, begattete ♀♀ und Arbeiterinnen aufgrund ihrer unterschiedlichen Duftbouquets voneinander unterscheiden. Nur erstere sind für sie attraktiv. ♂♂ erkennen ♀♀, mit denen sie kopuliert haben, noch mehrere Stunden später an ihrem Geruch und vermeiden eine erneute Paarung. Indem sich die ♂♂ bevorzugt mit ♀♀ einer fremden Nestkolonie paaren, vermeiden sie möglicherweise Inzucht. Kuckucksbiene: *Sphecodes monilicornis.*
Gefährdung: ***D:*** Bw n, Ba n, R n, T n, S n, Br Nachweis 1994; ***CH:*** n.

o.: *L. malachurum*, ♀ an Nest, Osterfingen (Sh), VII.96;
u.l.: *L. malachurum*, Wächterin, Osterfingen (Sh), VII.96;
u.r.: *L. malachurum*, ca. 3 cm lange Zellwabe in 6 cm Tiefe, Konstanz (Bw), VI.96

Lasioglossum marginatum (Brullé 1832)

Kennzeichen: 8–9 mm. Im Feld nicht von ähnlichen *Lasioglossum*-Arten zu unterscheiden.
Vorkommen: Sehr selten, an geeigneten Stellen jedoch oft in riesigen Kolonien. ***D:*** Baden-Württemberg; ***A:*** Burgenland, Nieder- und Oberösterreich; ***CH:*** Nordschweiz, Graubünden, Wallis.
Biologische Angaben: Nistet bevorzugt an ebenen und lückig bewachsenen Stellen, meist in Kolonien. Der Nesteingang setzt sich als mehrere Zentimeter lange, senkrechte Röhre über der Erdoberfläche fort. Die Brutzellen münden direkt in den teilweise vielfach gegabelten Hauptgang. Primitiv eusoziale Art mit fünf Arbeiterinnenbruten, zwischen denen im Unterschied zu anderen sozialen Furchenbienen bedeutend längere, fast ein Jahr dauernde Ruhephasen eingeschaltet sind, so daß Staaten mit einem sechsjährigen Zyklus entstehen. Ein überwintertes und begattetes ♀, die spätere Königin, gründet im Frühling ein Nest, versorgt 2–6 Brutzellen und verschließt das Nest bereits im Mai. Die Arbeiterinnen dieser ersten Brut schlüpfen noch im Sommer, bleiben aber zusammen mit der Königin im verschlossenen Nest. Erst im folgenden Frühjahr wird das Nest geöffnet. Die nun fast ein Jahr alten Arbeiterinnen verproviantieren 6–18 Brutzellen, bevor das Nest noch im gleichen Frühling erneut für fast ein Jahr geschlossen wird und die Arbeiterinnen der ersten Brut sterben. Dies wiederholt sich, bis im sechsten Jahr 500–1500 Geschlechtstiere erzeugt werden. Noch im Herbst des sechsten Jahres wird das Nest geöffnet. Die ♂♂ verlassen es, dringen in andere offene und damit gleichaltrige Nester ein und begatten dort die ♀♀. Letztere verpaaren sich mit mehreren ♂♂ und erhalten so genügend Spermien, um die Eier, die sie während ihres sechs Jahre dauernden Lebens produzieren, befruchten zu können. Die hoch ausgebildete Sozialstruktur von *L. marginatum* zeigt sich darin, daß in den ersten fünf Bruten keine ♂♂ produziert werden, die Zellen dauernd geöffnet bleiben und die Eiablage erst stattfindet, wenn alle Zellen mit Pollen und Nektar versorgt sind. Überraschenderweise gibt es jedoch keine Größenunterschiede zwischen Königin und Arbeiterinnen, und die Nesteingänge werden nicht durch Wächterbienen bewacht. Kuckucksbiene: möglicherweise *Sphecodes ruficrus.*
Gefährdung: ***D:*** Bw 1, Ba -, R -, T -, S -, Br -; ***CH:*** 3.

L. marginatum, ♀ an Nest, Flaach (Zh), V.89

Lasioglossum pallens (Brullé 1832)

Kennzeichen: 7–8 mm. Während das ♀ im Feld unbestimmbar ist, kann das ♂ dank seiner Flugzeit im Frühling zuverlässig angesprochen werden.
Vorkommen: Selten. Die nördliche Verbreitungsgrenze verläuft vom nördlichen Ostdeutschland in südwestlicher Richtung durch das mittlere Westdeutschland.
Biologische Angaben: Als Ausnahme unter den mitteleuropäischen *Halictus-* und *Lasioglossum*-Arten überwintern ♀♀ und ♂♂ als Imagines in den Brutzellen und schlüpfen erst im Frühling aus den Nestern aus, um sich kurz danach zu verpaaren. Solitär. Kuckucksbiene: *Sphecodes majalis,* bei dem ebenfalls beide Geschlechter im Frühling fliegen.
Gefährdung: ***D:*** Bw 4, Ba 1, R 3, T 4, S 2, Br Nachweise 1994; ***CH:*** 3.

Lasioglossum xanthopus (Kirby 1802)

Kennzeichen: 11–12 mm. Beide Geschlechter dank Größe, rotbraun behaarter Brust, auffallend breiten weißen Basalbinden auf den Tergiten 2–4 sowie rotgelb gefärbten Hinterschienen und -tarsen bereits im Feld zuverlässig zu bestimmen.
Vorkommen: Verbreitet. Im Gebiet keine Verbreitungsgrenze.
Biologische Angaben: Solitär. Obwohl polylektisch, kann die Art regelmäßig auf Wiesensalbei *(Salvia pratensis)* angetroffen werden. Kuckucksbiene: *Sphecodes spinulosus.*
Gefährdung: ***D:*** Bw 3, Ba 3, R 3, T 3, S n, Br mehrere Nachweise seit 1992; ***CH:*** 3.

o.: *L. pallens,* ♂ auf *Potentilla* spec., Onnens (Vd), IV.91;
u.: *L. xanthopus,* ♀ auf *Salvia pratensis,* Hemmental (Sh), V.89

Heriades – Löcherbienen

Drei Arten im Gebiet (***D:*** 2; ***A:*** 3; ***CH:*** 2), die gelegentlich zur Gattung *Osmia* gezählt werden.

6–8 mm. Unauffällige, schwarz gefärbte und schwach behaarte Bienen mit schmalen weißen Haarfransen am Ende der Hinterleibstergite. Sie erinnern stark an *Osmia*-Arten. ♀♀ durch keine besonderen äußeren Merkmale ausgezeichnet. Ihre Gattungszugehörigkeit ist aber durch Kombination von geringer Größe, spezialisiertem Blütenbesuch, typischem Pollensammelverhalten, sommerlicher Flugzeit sowie der Nestanlage in Totholzlöchern (Käferfraßgängen) leicht einzugrenzen. ♂♂ mit charakteristisch eingekrümmtem Hinterleibsende. Die drei mitteleuropäischen Arten sind ohne optische Hilfsmittel nicht voneinander zu unterscheiden. Bestimmungsliteratur: Benoist (1929); Schmiedeknecht (1930); Scheuchl (1996). In den letzteren beiden Schlüsseln fehlt *H. rubicola.*

Flugzeit: VI-IX. Eine Generation im Jahr.

Nester vorwiegend in Käferfraßgängen in Totholz, gelegentlich auch in hohlen Pflanzenstengeln. Nisthilfen werden gerne angenommen; die Löcherbienen bevorzugen dabei Gänge mit einem Durchmesser von 3–4 mm. Die linienförmig hintereinander liegenden Brutzellen sind durch Zwischenwände aus Harz voneinander getrennt. Das Harz stammt hauptsächlich von Nadelbäumen und wird an Wunden oder auf Knospenschuppen gesammelt. Aus Harz besteht auch der dicke Verschlußpfropfen an der Nestmündung, in dessen äußeren Bereich häufig Steinchen, Pflanzenteilchen oder Holzfasern eingearbeitet sind. Die Wände der Brutzellen werden stellenweise (v. a. dort, wo Spalten oder Riße vorhanden sind) ebenfalls mit Harz ausgekleidet. In den Nestern kann zwischen der äußersten Brutzelle und dem Verschlußpfropfen eine Leerzelle ausgebildet sein, die nicht verproviantiert ist und möglicherweise Brutparasiten von der Parasitierung der weiter hinten liegenden Zellen abhalten soll. Die Larven spinnen einen Kokon. Vorjährige Nester werden häufig von Kot, Pollen und Kokonresten gereinigt und wieder benutzt. Solitäre Nistweise.

Pollentransporteinrichtung: Haarbürste auf der Unterseite des Hinterleibes. Oligolektische, streng auf Korbblütler (Asteraceae) spezialisierte Arten. Innerhalb der Korbblütler werden sowohl Flockenblumen und Disteln (Cardueae) als auch Arten der Unterfamilie Asteroideae genutzt, Zungenblütler (Lactuceae) dagegen nur ausnahmsweise besucht. Der Pollen wird mit rasch auf- und abwippen-

o.: *H. truncorum*, ♀ sammelt Harz, Agasul (Zh), VI.92;
u.: *H. truncorum*, Brutzellen in hohlem Pflanzenstengel, Agasul (Zh), XII.91

dem Hinterleib von den pollenbesetzten Blütenteilen direkt in die Bauchbürste aufgenommen.
Die ♂♂ patrouillieren auf der Suche nach paarungswilligen ♀♀ Korbblütler und Nistplätze ab. Sie schlafen in Käferfraßgängen und anderen Hohlräumen.
Die Kuckucksbiene *Stelis breviuscula* und die Keulenwespe *Sapygina decemguttata* leben als Brutparasiten bei *Heriades.*

Heriades truncorum (Linné 1758)

Kennzeichen: 6–8 mm. Im Feld nicht von den beiden sehr ähnlichen Arten *H. crenulatus* und *H. rubicola* zu unterscheiden.
Im Vergleich zu *H. tumulorum* ist *H. crenulatus* deutlich wärmeliebender und besitzt ein entsprechend eingeschränkteres Verbreitungsgebiet. Während letztere Art in Deutschland bisher aus Baden-Württemberg, Rheinland-Pfalz und Brandenburg bekannt ist und in der Schweiz nur im Wallis und Tessin regelmäßig vorkommt, ist sie in Österreich weiter verbreitet. *H. rubicola* ist im Gebiet nur aus dem östlichen Österreich bekannt.
Vorkommen: Häufig. Im Gebiet keine Verbreitungsgrenze.
Biologische Angaben: Für den Bau des Verschlußpfropfens an der Nestmündung sind 30–45 Harzklümpchen, für die Verproviantierung einer Brutzelle durchschnittlich 34 Sammelflüge notwendig.
Gefährdung: ***D:*** Bw n, Ba n, R n, T n, S n, Br n; ***CH:*** n.

o.l.: *H. truncorum*, ♀ verschließt Nest, Agasul (Zh), VII.87;
o.r.: *H. truncorum*, ♂ auf *Inula montana*, Trois Villes (Ao), VII.96;
u.: *H. truncorum*, ♀ auf *Centaurea paniculata*, Susten (Vs), VII.96

Hylaeus – Maskenbienen

44 Arten im Gebiet (***D:*** 36; ***A:*** 39; ***CH:*** 35), die bei älteren Autoren unter der Gattung *Prosopis* aufgeführt sind.

4–9 mm. Durch die gelbe oder weiße Gesichtsmaske und die kurze zweilappige Zunge, welche die Maskenbienen mit *Colletes* gemeinsam haben, eindeutig charakterisiert. Bei den ♀♀ ist die Maske zu seitlichen Punkten oder schmalen Streifen am Innenrand der Komplexaugen reduziert oder fehlt bei vereinzelten Arten ganz. Bei den ♂♂ erstreckt sich die helle Kopffärbung in der Regel über die ganze untere Gesichtshälfte und nimmt zum Teil zusätzlich auch den Fühlerschaft ein, der bei einigen Arten auffallend stark verbreitert ist. Abgesehen von der Gesichtsfärbung und kleinen hellen Flecken an Brust und Beinen sind die nahezu unbehaarten Maskenbienen bis auf drei Arten mit roter Hinterleibsbasis einheitlich schwarz gefärbt. Sie sind in der Regel im Feld nicht bis auf Artniveau ansprechbar. Eine Ausnahme bilden einige wenige Arten, die anhand einer charakteristischen Ausbildung der Gesichtszeichnung, dank speziellen morphologischen Strukturen oder aufgrund ihres typischen Blütenbesuchs erkannt werden können. Bestimmungsliteratur: Dathe (1980). In diesem Schlüssel fehlt die kürzlich von Dathe, Heide & Witt (1996) neu entdeckte Art *H. lepidulus.*

Flugzeit: V-IX. Meist nur eine Generation im Jahr, mehrere Arten jedoch zumindest partiell mit zwei Generationen. *H. nivalis* steigt in den Bergen bis weit über die Waldgrenze.

Nester meist in vorgefundenen Hohlräumen wie Käferfraßgängen, Pflanzengallen, verlassenen Nestern von boden-, steilwand- oder freinistenden Stechimmen, Gesteins- und Erdspalten oder zwischen Steinen. Auch in Nisthilfen. Mehrere Arten sind in der Lage, ihre Nestgänge im Mark dürrer Pflanzenstengel selber auszunagen; oft ist der Gang dabei auffällig geschlängelt. Die meisten Arten sind in der Wahl ihres Nistplatzes recht flexibel. Ausnahmen bilden *H. pectoralis,* die ausschließlich in alten Schilfgallen von *Lipara*-Fliegen nistet, *H. moricei* und *H. pfankuchi,* welche ihre Brutzellen mit großer Wahrscheinlichkeit nur in Schilfhalmen anlegen, sowie *H. nigritus* und *H. variegatus* (s. unten). Während in linearen Hohlräumen die Brutzellen eine gleichmäßige zylindrische Form aufweisen und häufig dicht hintereinander liegen, sind sie in nicht-linearen Hohlräumen oft unregelmäßig geformt und zum Teil verstreut angeordnet. Diese Flexibilität in der Ausnutzung unterschiedlich geformter, nicht-linearer Hohlräume ist bei den Maskenbienen dank der Plastizität in der Form ihrer Brutzellen möglich, die einem cellophan-

H. pectoralis, Brutzellen in Schilfgalle, Villeneuve (Vs), VI.89

artigen, durchsichtigen Tütchen gleichen und aus Sekreten der Labialdrüse und, wahrscheinlich in geringerem Maß, auch der Dufourdrüse bestehen. Wie bei *Colletes* wird für die Verarbeitung der Drüsensekrete auch hier die speziell geformte Zunge verwendet. Bei einigen Arten ist während der ganzen Bau- und Verproviantierungsphase nahe der Nestmündung ein provisorisches Schutzhäutchen angelegt. Dieses besteht aus Sekretbändern, die radial vom Rand der Nestöffnung zum Zentrum führen. Da sie zentral nicht verbunden sind, ermöglichen sie der Nestbesitzerin den Zugang wie durch ein „Katzentürchen". Pollen-Nektar-Vorrat sehr feucht bis halbflüssig. Die Larven spinnen keinen Kokon. Nester in linearen Hohlräumen werden nach der Fertigstellung der letzten Brutzelle mit einer Wand aus Drüsensekreten verschlossen. Alle Arten nisten solitär. ♀♀ und ♂♂ sondern bei Gefahr aus ihren großen Mandibulardrüsen einen auch für die menschliche Nase gut wahrnehmbaren, zitronenartig duftenden Stoff aus, dessen genaue Funktion noch unklar ist.
Keine Pollentransporteinrichtung. Der Pollen wird mit einem speziellen Borstenkamm auf der Galea der Unterkiefer von den Vorderbeinen abgenommen, verschluckt und im Kropf in das Nest zurücktransportiert, wo er zusammen mit dem Nektar ausgewürgt wird. Drei der bisher näher untersuchten mitteleuropäischen Arten sind oligolektisch, sie sammeln den Pollen ausschließlich auf Lauch *(Allium),* Resede *(Reseda)* bzw. Korbblütlern (Asteraceae). Die meisten übrigen Arten dürften polylektisch sein. Allerdings ist die Bestimmung der Blütenpräferenzen bei Maskenbienen erschwert, da der gesammelte Pollen wegen seines Transportes im Körperinnern für die mikroskopische Untersuchung nur schwer zugänglich ist. Das ♀ von *H. cornutus* hat einen eingesattelten, oben und unten durch zahnartige Vorsprünge begrenzten Kopfschild. Möglicherweise steht diese seltsame Struktur mit dem Pollensammeln bzw. Pollentransport in Zusammenhang.
Die ♂♂ schwärmen an Nistplätzen und Blüten. Sie schlafen einzeln oder gruppenweise in verschiedenen Hohlräumen oder gelegentlich offen auf Pflanzenstengeln.
Typische Brutparasiten der Maskenbienen sind Schmalbauchwespen (Gasteruptionidae).

o.: *H. communis*, Brutzellen in Beobachtungsnest, Dornach (So), VI.92;
u.l.: *H. punctulatissimus*, provisorischer Nestverschluß, Zürich (Zh), VII.96;
u.r.: *H. punctulatissimus*, ♀ verläßt Nest, Zürich (Zh), VII.96

Hylaeus nigritus (Fabricius 1798)

Kennzeichen: 7–9 mm. Im Feld nicht sicher von polylektischen *Hylaeus*-Arten zu unterscheiden, die ebenfalls Korbblütler besuchen. Allenfalls bieten neben dem spezialisierten Blütenbesuch die Größe und der glänzend elfenbeinweiß gefärbte Kopfschild des ♂ Hinweise auf die Artzugehörigkeit.
Vorkommen: Häufig. Im Gebiet keine Verbreitungsgrenze.
Biologische Angaben: Flugzeit: VI-VIII. Brutzellen liegen in einer Ebene dicht nebeneinander in Gesteinsritzen, Erdspalten oder zwischen aufgeschichteten Steinen. Oligolektische, auf Korbblütler (Asteraceae) spezialisierte Art, welche innerhalb der Korbblütler vorwiegend Arten der Unterfamilie Asteroideae, seltener Flockenblumen und Disteln (Cardueae) besucht.
Gefährdung: ***D:*** Bw n, Ba n, R n, T n, S 3, Br 3; ***CH:*** n.

Hylaeus punctulatissimus Smith 1842

Kennzeichen: 6–9 mm. Im Feld nicht sicher von polylektischen *Hylaeus*-Arten zu unterscheiden, die ebenfalls Lauch besuchen.
Vorkommen: Verbreitet. Im Gebiet keine Verbreitungsgrenze. Lebt, bedingt durch die Blütenspezialisierung, sowohl an Trockenhängen, wo der Kugellauch *(Allium sphaerocephalon)* wächst, als auch in Gemüsegärten.
Biologische Angaben: Flugzeit: VI-VIII. Oligolektisch, auf im Sommer blühende Lauch-Arten *(Allium)* spezialisiert.
Gefährdung: ***D:*** Bw 3, Ba 1, R n, T n, S 2, Br 2; ***CH:*** 3.

o.: *H. nigritus*, ♀ sammelt Pollen auf *Centaurea scabiosa*, Agasul (Zh), VIII.94;
m.l.: *H. punctulatissimus*, ♀ auf *Allium sphaerocephalon*, Susten (Vs), VII.96;
m.r.: *H. punctulatissimus*, ♂ schlafend, Susten (Vs), VII.96;
u.: *H. punctulatissimus*, Brutzellen, Zürich (Zh), VII.96

Hylaeus signatus (Panzer 1798)

Kennzeichen: 7–9 mm. Im Feld nicht sicher von polylektischen *Hylaeus*-Arten zu unterscheiden, die ebenfalls Resede besuchen. Abgesehen vom spezialisierten Blütenbesuch lassen es die Größe sowie die bei beiden Geschlechtern milchig getrübten Flügel jedoch zu, die Art schon im Gelände provisorisch anzusprechen.
Vorkommen: Häufig. Im Gebiet keine Verbreitungsgrenze.
Biologische Angaben: Flugzeit: V-VIII. Oligolektisch, auf Resede *(Reseda)* spezialisiert.
Gefährdung: ***D:*** Bw n, Ba 3, R n, T n, S n, Br n; ***CH:*** n.

Hylaeus variegatus (Fabricius 1798)

Kennzeichen: 6–8 mm. ♀ in Mitteleuropa dank der rot gefärbten Hinterleibsbasis nur mit den beiden sehr seltenen *H. bifasciatus* und *H. meridionalis* zu verwechseln. Erstere Art ist im Gebiet einzig durch alte Nachweise aus der Westschweiz belegt, von letzterer Art liegen sichere Nachweise nur aus dem östlichen Österreich vor. ♂ mit schwarz gefärbtem Hinterleib, im Gelände nicht zuverlässig ansprechbar.
Vorkommen: Verbreitet. Im Gebiet keine Verbreitungsgrenze.
Biologische Angaben: Flugzeit: VI-IX. In wärmebegünstigten Gebieten teilweise mit zwei Generationen. Brutzellen werden ausschließlich in verlassenen Nestgängen von bodennistenden Stechimmen angelegt.
Gefährdung: ***D:*** Bw 3, Ba 3, R n, T 2, S -, Br 1; ***CH:*** 3.

o.: *H. signatus*, ♀ auf *Reseda lutea*, Glattfelden (Zh), VII.96;
u.: *H. variegatus*, ♀ auf *Cirsium arvense*, Quart (Ao), VII.96

Lithurgus – Steinbienen

Eine Art im Gebiet (***D:*** 1; ***CH:*** 1), welche durch die in der Artbeschreibung angeführten Merkmale bereits im Feld sicher angesprochen werden kann.

Lithurgus chrysurus Fonscolombe 1834

Kennzeichen: 10–14 mm. Erinnert in Habitus und Blütenbesuchsverhalten stark an *Megachile.* ♀ durch schwarz-glänzenden Hinterleib, der – abgesehen von schmalen weißen Seitenfransen – nahezu kahl ist, leuchtend orangerot behaartes Endtergit, auffallenden Stirnhöcker sowie spezialisierten Blütenbesuch unverwechselbar. ♂ mit stärker behaartem, durchgehend hell befranstem Hinterleib und charakteristisch dornartig ausgezogenem Endtergit, das deutlich über den Rand des Hinterleibes vorragt.
Vorkommen: Sehr selten. ***D:*** Rheinland-Pfalz; ***CH:*** Tessin.
Biologische Angaben: Flugzeit: VII-VIII. Eine Generation im Jahr.
Nagt mit den kräftigen Oberkiefern die Nester in Totholz (abgestorbene Bäume, Zaunpfähle u. ä.) selber aus. Die Brutzellen liegen einzeln oder zu mehreren dicht hintereinander in Seitengängen, die am Ende eines wenige Zentimeter langen Hauptganges fingerförmig meist in Richtung der Holzfasern nach oben oder unten abzweigen. Die Seitengänge werden zwischen der vordersten Brutzelle und ihrer Einmündung in den Hauptgang mit Holzspänen verschlossen; der Hauptgang bleibt dagegen stets offen. Eiablage nicht, wie sonst bei den meisten Bienen üblich, erst nach, sondern bereits zu Beginn der Verproviantierungsarbeiten. Nachdem rund ein Fünftel des Larvenvorrates eingetragen ist, stampft das ♀ den Pollen am Grund der Brutzelle fest, legt ein Ei auf den noch unvollständigen Larvenproviant und füllt danach, unter Aussparung einer kleinen Höhlung rund um das Ei, die gesamte Brutzelle vollständig mit Pollen auf. Im Fall von mehrzelligen Seitengängen sind die Brutzellen nicht oder höchstens durch eine schwache Wand aus Holzspänen voneinander abgegrenzt. Vorjährige Nester werden nach ihrer Reinigung oft wiederbenutzt. Die Larven spinnen einen Kokon. Solitär, häufig nisten aber mehrere ♀♀ in unmittelbarer Nachbarschaft.

o.: *L. cornutus*, ♀, Stirnhöcker (REM, 22x);
u.l.: *L. chrysurus*, Nistbaum, San Giovanni (Pu), VII.94;
u.r.: *L. chrysurus*, ♀ an Nest, San Giovanni (Pu), VII.94

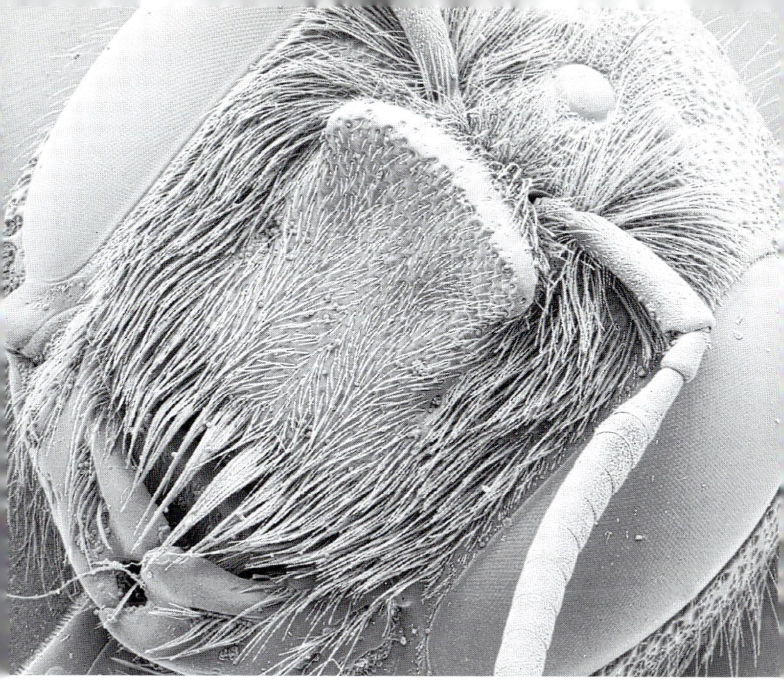

Pollentransporteinrichtung: Haarbürste auf der Unterseite des Hinterleibes. Oligolektische, auf Korbblütler (Asteraceae) spezialisierte Art, die innerhalb der Korbblütler nur Flockenblumen und Disteln (Cardueae) besucht. Die Funktion des Stirnhöckers ist unbekannt; möglicherweise dient er dem Feststampfen des Pollens an den Zellwänden.
Die ♂♂ patrouillieren Nistplätze und Blütenstände von Korbblütlern auf der Suche nach ♀♀ ab.
Kuckucksbiene: *Stelis simillima,* die im Gebiet allerdings noch nicht aufgefunden wurde.
Gefährdung: ***D:*** Bw -, Ba -, R 2, T -, S -, Br -; ***CH:*** 2.

o.: *L. chrysurus,* ♀ auf *Centaurea scabiosa,* Trois Villes (Ao), VII.96;
u.: *L. chrysurus,* ♂ auf *Centaurea scabiosa,* Quart (Ao), VII.96

Macropis – Schenkelbienen

Zwei Arten im Gebiet (***D:*** 2; ***A:*** 2; ***CH:*** 2).
8–10 mm. Schwarz gefärbte, schwach behaarte Bienen, die durch ihre strenge Bindung an die Wuchsorte von Gilbweiderich *(Lysimachia)* auffallen. Der auffällig glänzende, nahezu kahle Hinterleib trägt schmale weiße Haarbinden an den Tergitendrändern. Die ♂♂ sind zusätzlich durch gelb gefärbtes Gesicht sowie keulenartig verdickte Hinterschenkel und -schienen ausgezeichnet. ♀♀ strecken beim Blütenbesuch häufig ihre Hinterbeine auf charakteristische Art steil in die Höhe. Während die ♂♂ der beiden mitteleuropäischen Arten im Feld nicht auseinandergehalten werden können, unterscheiden sich die ♀♀ durch eine unterschiedliche Färbung der Beinbürste, was jedoch bereits bei schwacher Füllung mit Pollen und Blütenöl nicht mehr erkennbar ist. Bestimmungsliteratur: Schmiedeknecht (1930); Warncke (1973); Scheuchl (1996).
Flugzeit: VI-IX. Eine Generation im Jahr.
Selbstgegrabene Nester im Boden an teilweise schattigen und eher feuchten, ebenen bis stark geneigten und gelegentlich dicht bewachsenen Stellen. Die horizontal orientierten Brutzellen liegen nur wenige Zentimeter unter der Erdoberfläche. Sie sind einzeln oder häufiger zu zweit (selten zu drei bis vier) dicht hintereinander am Ende von bis zu vier kurzen Seitengängen angeordnet, die von einem schräg in das Erdreich führenden Hauptgang waagrecht abzweigen. Die Seitengänge werden nach Verschluß der Brutzelle(n) mit Erde gefüllt. Die imprägnierende Auskleidung der Brutzellen besteht wahrscheinlich nicht wie bei den meisten anderen Bodennistern aus Sekreten der Dufourdrüse, die bei *Macropis* nur schwach entwickelt ist, sondern aus dem Blütenöl von *Lysimachia.* Die Larven spinnen einen Kokon. Nester einzeln oder in kleinen Kolonien. Solitäre Nistweise.
Pollentransporteinrichtung: Haarbürste an Hinterschiene und -ferse. Streng oligolektische, auf ölsezernierende *Lysimachia*-Arten spezialisierte Bienen. Der Pollen wird durch Aufdrücken des Hinterleibes auf den Staubbeutelkranz vorerst in eine besondere Behaarung der Körperuntereite gekämmt, bevor er im Flug an die Beinbürste übergeben wird. Die drei Gilbweiderich-Arten *L. nummularia, L. punctata* und *L. vulgaris* sondern aus dichtstehenden Drüsenhaaren, die auf der verwachsenen Staubfadenröhre ihrer Blüten lokalisiert sind, ein fettes Öl ab. Dieses Öl tupfen die ♀♀ mit speziellen Saugpolstern an der Innenseite von Vorder- und Mittelbeintarsen auf und

o.: *Macropis*, Lebensraum, Hinwil (Zh), VIII.90;
u.: *M. fulvipes*, ♀ an Nest, Winterthur (Zh), VII.95

überführen es in die Beinbürste der Hinterbeine, wo es mit Pollen vermischt und in Form eines mächtigen Klumpens, der die Hinterbeine ringförmig umgibt, in das Nest transportiert wird. Die Saugpolster bestehen aus dichtstehenden und geweihartig verzweigten Härchen, die eine beträchtliche Kapillarwirkung entfalten. Eine ähnliche Filzbehaarung, die von langen und steifen „Armierungsborsten" überragt wird, sorgt in der Beinbürste für den Rückhalt der gesammelten Blütenprodukte. Die Larvennahrung besteht aus einem Gemisch aus Pollen und Blütenöl, das geringe Beimengungen von Nektar enthalten kann. Nektar wird jedoch vorwiegend für die Eigenversorgung aufgenommen. Da die *Lysimachia*-Blüten keinen Nektar produzieren, müssen die Schenkelbienen ihren Nektarbedarf auf anderen Pflanzen decken.

Die ♂♂ patrouillieren vorwiegend *Lysimachia*-Blüten auf der Suche nach ♀♀ ab, teilweise kontrollieren sie jedoch auch die Nistplätze sowie die Nektarquellen der ♀♀. Sie schlafen häufig gruppenweise auf *Lysimachia*-Blütenständen oder auf anderen Pflanzen. Das charakteristische Emporstrecken der Hinterbeine durch blütenbesuchende ♀♀ wird als Signal gedeutet, das patrouillierenden ♂♂ die Paarungsunwilligkeit der ♀♀ anzeigt. Möglicherweise verhindert es jedoch einfach das Abstreifen der Pollen-Öl-Fracht an den Kronblättern.

Die Kuckucksbiene *Epeoloides coecutiens* lebt als Brutparasit bei *Macropis.*

o.: *M. europaea*, ♀ tupft Blütenöl mit Vorder- und Mittelbeinen auf, Thayngen (Sh), VII.89;
u.: *M. fulvipes*, ♀, Mittelbeintarsus mit spezialisierten Haaren für Aufnahme von Blütenöl (REM, 151x)

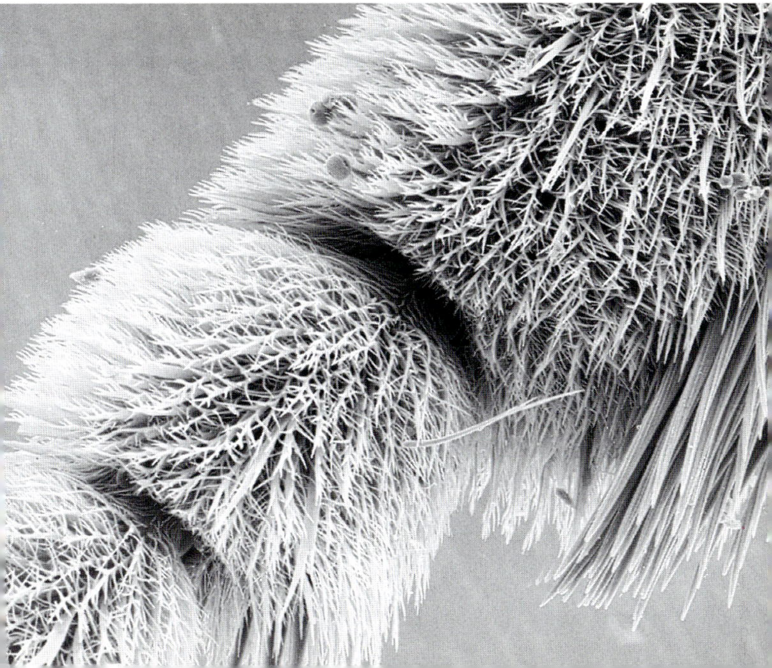

Macropis europaea Warncke 1973 (= *M. labiata*)

Kennzeichen: 8–9 mm. Im Gegensatz zu *M. fulvipes* kontrastiert beim ♀ die schneeweiß gefärbte Behaarung der Hinterschienen auffällig mit den tiefschwarz behaarten Fersen.
Vorkommen: Verbreitet. Im Gebiet keine Verbreitungsgrenze. An Ufern, Gräben und in Feuchtwiesen, wo *Lysimachia vulgaris* wächst, seltener in Gärten an *L. punctata.*
Biologische Angaben: Für die Nektaraufnahme werden die unterschiedlichsten Blüten besucht: Blutweiderich *(Lythrum salicaria),* Storchschnabel *(Geranium),* Braunwurz *(Scrophularia),* verschiedene Korbblütler (Asteraceae), Doldenblütler (Apiaceae) u. a..
Gefährdung: ***D:*** Bw n, Ba n, R n, T 3, S 3, Br n; ***CH:*** n.

Macropis fulvipes (Fabricius 1804)

Kennzeichen: 9–10 mm. Im Unterschied zu *M. europaea* heben sich die gelbbraun behaarten Hinterschienen des ♀ nur wenig von den mit hellen und dunklen Haaren bestandenen Fersen ab.
Vorkommen: Verbreitet, wenn auch meist deutlich seltener als *M. europaea.* Im Gebiet keine Verbreitungsgrenze. Im Vergleich zu *M. europaea* eher an Waldgebiete gebunden, oft fliegen aber beide Arten zusammen an den gleichen *Lysimachia vulgaris*-Beständen. Besucht auch *L. nummularia* und tritt häufiger als *M. europaea* in Gärten mit Beständen von *L. punctata* auf.
Biologische Angaben: Fliegt in tieferen Lagen bereits ab Ende Juni und erscheint damit bei gleicher geographischer Lage rund zwei Wochen früher als *M. europaea.*
Gefährdung: ***D:*** Bw n, Ba 4, R n, T 1, S 1, Br 1; ***CH:*** n.

o.l.: *M. europaea*, ♀ sammelt Pollen und Öl auf *Lysimachia vulgaris*, Agasul (Zh), VII.91;
o.r.: *M. europaea*, ♀ saugt Nektar auf *Solidago graminifolia*, Flaach (Zh), VII.96;
u.l.: *M. fulvipes*, ♀ saugt Nektar auf *Thymus* spec., Agasul (Zh), VI.93;
u.r.: *M. europaea*, ♂ schlafend, Agasul (Zh), VII.96

Megachile – Mörtel- und Blattschneiderbienen

Verschiedene Autoren betrachten die drei mitteleuropäischen Arten, die keine Blattstücke, sondern mineralischen Mörtel als Nestbaumaterial verwenden, als Vertreterinnen einer eigenen Gattung, *Chalicodoma.*
24 Arten im Gebiet (***D:*** 20; ***A:*** 23; ***CH:*** 23).
7–17 mm. Dunkel gefärbte Bienen mit entweder stärker behaartem Hinterleib ohne erkennbare Haarbinden am Ende der Tergite oder schwach behaartem Hinterleib mit deutlichen hellen Tergitbinden. Der abgeflachte Hinterleib sowie die Form des ersten Tergites, dessen horizontale Fläche seitlich deutlich stärker vorgezogen ist als in der Mitte, bedingt den typischen *Megachile*-Habitus, den die Mörtel- und Blattschneiderbienen mit *Lithurgus* gemeinsam haben. Gemeinsam ist beiden Gattungen auch die Haltung des Hinterleibes, der beim Blütenbesuch meist auf eine charakteristische Weise schräg in die Höhe gestreckt wird. Die Endsegmente der ♂♂ sind leicht einwärts gekrümmt und meist gezähnelt oder gekerbt. Die ♂♂ mehrerer Arten zusätzlich mit stark verbreiterten, hell gefärbten und lang gefransten Vorderbeintarsen. Während die drei Mörtelbienen-Arten im Feld gut erkannt werden können, ist höchstens ein Drittel der mitteleuropäischen Blattschneiderbienen draußen sicher bis auf die Art anzusprechen. Bestimmungsliteratur: Schmiedeknecht (1930); Dorn & Weber (1988); Scheuchl (1996).
Flugzeit: V-IX. Eine Generation im Jahr, vereinzelte Arten mit partieller zweiter Generation. *M. analis* steigt in den Bergen bis weit über die Waldgrenze.
Die *Mörtelbienen* verwenden für den Bau der Brutzellen, die sie entweder frei an einer Unterlage *(M. parietina, M. pyrenaica)* oder in vorhandenen Hohlräumen *(M. ericetorum)* anlegen, mit Speichel aus den Labialdrüsen versetzte Erde und Steinchen. Vorjährige Mörtelbienen-Nester werden regelmäßig von Kot, Pollen und Kokonresten gesäubert und wiederbenutzt. Die *Blattschneiderbienen* bauen ihre Brutzellen aus Blattstücken, die sie mit Hilfe ihrer gezähnten Oberkiefer auf Laubblättern von Bäumen, Sträuchern und Kräutern ausschneiden, wobei ein und dieselbe Art ganz unterschiedliche Pflanzenarten nutzen kann. Gelegentlich werden auch Blütenblätter verwendet. Für den Bau der seitlichen Zellwände werden länglich-ovale, für die Herstellung des Zellbodens, des Zelldeckels und des oft mehrschichtigen Verschlußpfropfens kreisrunde Blattstücke ausgeschnitten. Die Blattstücke, die in mehreren Schichten übereinanderliegen, werden durch den Saft, der beim Zerkauen der Blattränder unter Zugabe von Spei-

o.l.: Mörtelbiene *M. pyrenaica,* ♀, Oberkiefer (REM, 26x); **o.r.:** Blattschneiderbiene *M. centuncularis,* ♀, Oberkiefer (REM, 33x); **u.l.:** Nest der Mörtelbiene *M. parietina* an Findling, Teufen (Zh), V.73; **u.r.:** Nest der Blattschneiderbiene *M. pyrenaea* unter umgedrehtem Stein, Erschmatt (Vs), VII.91

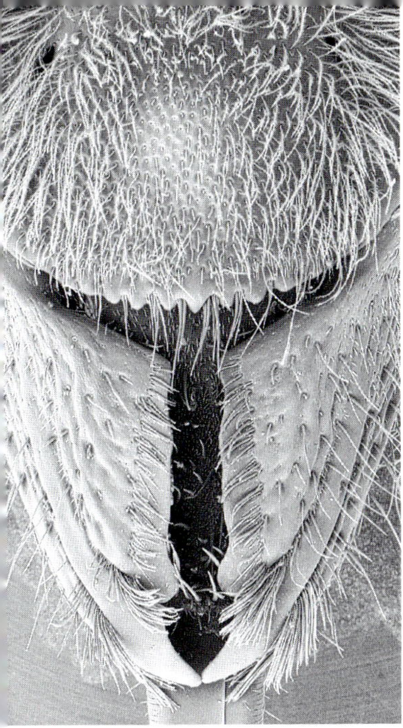
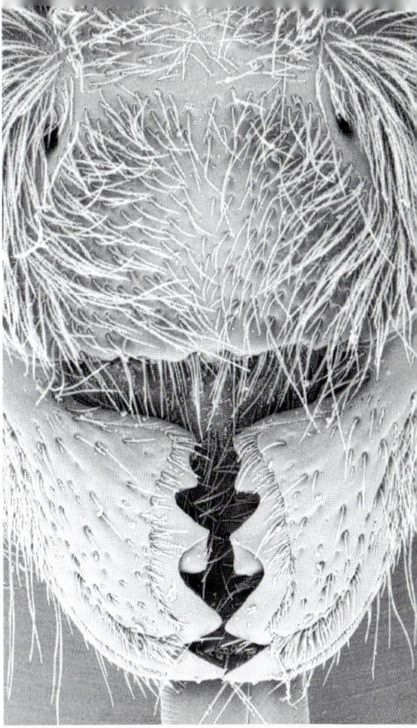

chel entsteht, an die Nestwandung bzw. die anderen Blattstücke gekittet. *M. apicalis* benutzt für das Festkleben der Blattstücke nachgewiesenermaßen Nektar. Einige Arten verschließen ihr Nest zusätzlich zu einer Lage lose hintereinander geschichteter, rundlicher Blattstücke mit einer Wand aus Pflanzenmörtel. In der Wahl des Nistplatzes scheinen die meisten Arten recht flexibel zu sein. Ihre fingerhutförmigen Brutzellen, die meist linienförmig direkt hintereinander liegen, werden in Hohlräumen (Käferfraßgängen, hohlen Pflanzenstengeln, verlassenen Nestern anderer Stechimmen, Erd-, Fels- und Mauerspalten, Nisthilfen, unter Steinen), in selbstgegrabenen Gängen im Boden oder in selber ausgenagten Gängen in Totholz bzw. Stengelmark angelegt. Der Pollen-Nektar-Vorrat ist oft sehr feucht bis halbflüssig. Die Larven spinnen einen Kokon. Meist solitäre Nistweise, vereinzelte Arten sind zum Teil kommunal, die Mörtelbienen gelegentlich ansatzweise quasisozial.
Pollentransporteinrichtung: Haarbürste auf der Unterseite des Hinterleibes. Die meisten bisher näher untersuchten mitteleuropäischen *Megachile*-Arten sind polylektisch. Ausnahmen bilden *M. ericetorum* und *M. nigriventris,* die beide auf Schmetterlingsblütler (Fabaceae) spezialisiert sind, *M. lapponica,* die Pollen wahrscheinlich einzig auf Weidenröschen *(Epilobium)* sammelt sowie *M. pilicrus,* die vermutlich nur Korbblütler (Asteraceae) besucht. *M. rotundata* wird hauptsächlich in Nordamerika, aber auch in einigen europäischen Ländern, als guter Bestäuber der Luzerne *(Medicago sativa)* zur Steigerung der Saatguterträge gewerbsmäßig gezüchtet.
Die ♂♂ patrouillieren die Pollen- und Nektarquellen der ♀♀ und/oder die Nistplätze auf zum Teil festgelegten und duftmarkierten Flugbahnen ab. Die bei den ♂♂ gewisser Arten mächtig verbreiterten und befransten, weißgelb gefärbten Vorderbeintarsen werden bei der Paarung derart über Vorderkopf und Augen des ♀ gelegt, daß die mit Drüsen ausgestattete Beininnenseite mit dessen Fühlern, dem Sitz der Geruchsorgane, in Kontakt kommt. Die Funktion der bei der Paarung abgesonderten ♂ Duftstoffe ist noch rätselhaft. Die ♂♂ schlafen einzeln oder in kleinen Gruppen in unterschiedlichen Hohlräumen.
In den Nestern der Mörtelbienen entwickeln sich Kuckucksbienen der Gattungen *Dioxys* und *Stelis,* in den Nestern von Blattschneiderbienen *Coelioxys*-Arten. Weitere wichtige Brutparasiten sind Buntkäfer der Gattung *Trichodes* (Cleridae), Wollschweber (Bombyliidae), die Erzwespen *Melittobia acasta* (Eulophidae), *Pteromalus* spp. (Pteromalidae), *Monodontomerus* spp. (Torymidae) und *Leucospis* spp. (Leucospididae). Zwei Vertreter der beiden letzten Gattungen parasitieren die Brutzellen der Mörtelbienen, indem sie mit ihrem Legebohrer die steinharte Nestwand durchbohren.

o.: *M. ligniseca*, ♀ schneidet Blattstücke auf *Prunus persica*, Solothurn (So), IX.78; **u.:** Durch Blattschneiderbienen verursachte Ausschnitte in Blättern von *Symphoricarpos albus*, Solothurn (So), X.95

Megachile alpicola Alfken 1924

Kennzeichen: 7–10 mm. Im Feld nicht zuverlässig von ähnlichen *Megachile*-Arten zu unterscheiden, die im ♀ Geschlecht ebenfalls eine orangerot gefärbte Bauchbürste besitzen.
Vorkommen: Verbreitet. Im Gebiet keine Verbreitungsgrenze.
Biologische Angaben: Flugzeit: VI-IX. Mit partieller zweiter Generation. Legt die Brutzellen vorwiegend in Käferfraßgängen in Totholz an, besiedelt auch Nisthilfen. Nestverschluß innen aus mehreren Lagen runder Blattstücke, außen aus einer Wand aus Pflanzenmörtel. Kuckucksbiene: *Coelioxys inermis.*
Gefährdung: ***D:*** Bw 4, Ba 2, R n, T 1, S 1, Br mehrere Nachweise seit 1990; ***CH:*** n.

Megachile analis Nylander 1852

Kennzeichen: 10–12 mm. ♀ dank weißfilzig behaartem Endtergit und Fehlen von deutlichen Tergitbinden unverwechselbar. ♂ im Feld nicht sicher bestimmbar.
Vorkommen: Selten. Boreoalpin verbreitete Art, die im mitteleuropäischen Raum im nordwestdeutschen Flachland und in den Alpen, stellenweise auch in den Mittelgebirgen vorkommt. Steigt in den Bergen bis weit über die Waldgrenze.
Biologische Angaben: Flugzeit: VII-VIII. Legt die Brutzellen in selbstgegrabenen Gängen im Boden an. Obwohl polylektisch, besucht die Art in den Alpen bevorzugt Glockenblume *(Campanula)* und Teufelskralle *(Phyteuma).*
Gefährdung: ***D:*** Bw -, Ba 0, R -, T 0, S -, Br -; ***CH:*** n.

o.l.: *M. alpicola,* ♀ trägt Blattstück in Nest ein, Agasul (Zh), VIII.94;
o.r.: *M. alpicola,* Brutzellen im Mark eines dürren Pflanzenstengels, Dättnau (Zh), VII.75;
u.: *M. analis,* ♀ mit Blattstück, Mazembroz (Vs), VIII.77

Megachile ericetorum Lepeletier 1841
(= *Chalicodoma ericetorum*)

Kennzeichen: 10–14 mm. In beiden Geschlechtern dank Größe und nicht unterbrochenen, hellen Haarbinden auf den Tergiten 2–5 bereits im Feld leicht kenntlich.
Vorkommen: Verbreitet. Im Gebiet keine Verbreitungsgrenze.
Biologische Angaben: Flugzeit: VI-VIII. Die Brutzellen werden aus Mörtel gebaut und sollen innen mit einer Harzschicht ausgekleidet sein. Sie werden in unterschiedlichen Hohlräumen wie Erd-, Fels- und Mauerspalten, verlassenen Stechimmennestern oder hohlen Pflanzenstengeln untergebracht. Oligolektisch, auf Schmetterlingsblütler (Fabaceae) spezialisiert. Für die Nektaraufnahme werden regelmäßig auch Lippenblütler (Lamiaceae) genutzt. Wahrscheinlich in Abhängigkeit von der Dichte der Nahrungspflanzen der ♀♀ patrouillieren die ♂♂ entweder Blüten ab oder verteidigen im Bereich der Nahrungspflanzen kleine Territorien. Kuckucksbiene: *Coelioxys aurolimbata.*
Gefährdung: ***D:*** Bw 3, Ba 3, R n, T 3, S 4, Br n; ***CH:*** n.

Megachile nigriventris Schenck 1870

Kennzeichen: 12–16 mm. ♀ dank Größe, gelbbrauner Behaarung von Brust und Tergiten 1–2, fehlenden Tergitbinden sowie schwarz gefärbter Bauchbürste unverwechselbar. ♂ im Feld kaum von ähnlichen Arten zu unterscheiden.
Vorkommen: Verbreitet. Im Gebiet keine Verbreitungsgrenze, jedoch bevorzugt in mittleren bis höheren Lagen.
Biologische Angaben: Flugzeit: VI-VIII. Legt die Brutzellen in selber genagten Gängen in morschem Totholz an. Gelegentlich kommunale Nistweise. Oligolektisch, auf Schmetterlingsblütler (Fabaceae) spezialisiert. Kuckucksbiene: *Coelioxys lanceolata.*
Gefährdung: ***D:*** Bw 3, Ba 3, R -, T 2, S -, Br -; ***CH:*** n.

o.l.: *M. ericetorum*, ♀ verschließt Nest, Solothurn (So), VIII.89;
o.r.: *M. ericetorum*, Paarung, Dornach (So), VI.92;
u.: *M. nigriventris*, ♀ auf *Colutea* spec., Agasul (Zh), VI.93

Megachile parietina (Geoffroy 1785) (= *Chalicodoma parietina*)

Kennzeichen: 14–18 mm. ♀ durch vollständig schwarz behaarten Körper und schwarzbraune Flügel einzig mit *Xylocopa*-Arten zu verwechseln. Von letzteren jedoch durch das Vorhandensein einer schwarz gefärbten Bauchbürste, die in der Mitte rötlich aufgehellt ist, bereits im Feld leicht zu unterscheiden. ♂ mit charakteristischem Färbungsmuster: Kopf, Brust und Tergite 1–3 rotbraun, Tergite 4–7 schwarz behaart. Im Gegensatz zum ähnlich gefärbten ♂ von *M. pyrenaica,* dessen Tarsen auffallend hellrot gefärbt sind, hat das ♂ von *M. parietina* schwarz- bis rötlichbraune Tarsen.
Vorkommen: Selten. Die nördliche Verbreitungsgrenze verläuft durch das mittlere Deutschland. Heute ist die Art jedoch aus noch ungeklärten Gründen aus weiten Teilen ihres früheren mitteleuropäischen Verbreitungsgebietes verschwunden. Nördlich der Alpen sind mittlerweile Kiesgruben die wichtigsten Habitate.
Biologische Angaben: Flugzeit: V-VII, erscheint im Gegensatz zu den anderen mitteleuropäischen *Megachile*-Arten bereits Anfang bis Mitte Mai. Nördlich der Alpen mit teilweise zweijähriger Entwicklung. Baut steinharte Freinester aus Mörtel in Vertiefungen und Unebenheiten von Steinen und Felsen, die aus meist 5–10, selten bis 16 Brutzellen bestehen. Die unmittelbar nebeneinander liegenden und vertikal orientierten Zellen, in deren Wand gröbere Steinchen eingearbeitet sind, werden zum Schluß mit einer Schicht aus feinem Mörtel überdeckt, so daß das fertige Nest einem halbkugeligen, zufällig am Gestein klebenden Lehmballen ähnelt. Nisten zwei ♀♀ in unmittelbarer Nachbarschaft, kann die schützende Mörtelschicht in gemeinsamer Arbeit über beide Zellkomplexe gezogen werden, was ansatzweise einem quasisozialen Verhalten entspricht. Wohl zum Schutz vor Brutparasiten erscheint das ♀ zur Eiablage mit einem Ballen Baumaterial in den Oberkiefern, mit welchem es die Zelle unmittelbar nach der Eiablage verdeckelt. Für die Anlage und Verproviantierung einer Brutzelle werden bei gutem Wetter zwei bis drei Tage benötigt. Obwohl polylektisch, nutzt die Art vorwiegend Schmetterlingsblütler (Fabaceae) und unter diesen besonders Hornklee *(Lotus corniculatus)* und Esparsette *(Onobrychis viciifolia).* Kuckucksbienen: *Dioxys cincta, D. tridentata, Stelis nasuta, S. punctulatissima.*
Gefährdung: ***D:*** Bw 1, Ba 0, R 0, T 0, S 0, Br -; ***CH:*** 3.

o.l.: *M. parietina,* ♀ an Brutzelle, Scheid (Gr), VI.96; **o.r.o.:** *M. parietina,* Brutzellen in kantiger Vertiefung eines Steines, Gimillan (Ao), VII.96; **o.r.u.:** *M. parietina,* Paarung, Unterstammheim (Zh), V.73; **u.l.:** *M. parietina,* ♀ würgt Nektar in Brutzelle aus, Glattfelden (Zh), VI.96; **u.r.:** *M. parietina,* ♀ legt Ei, Unterstammheim (Zh), VI.92

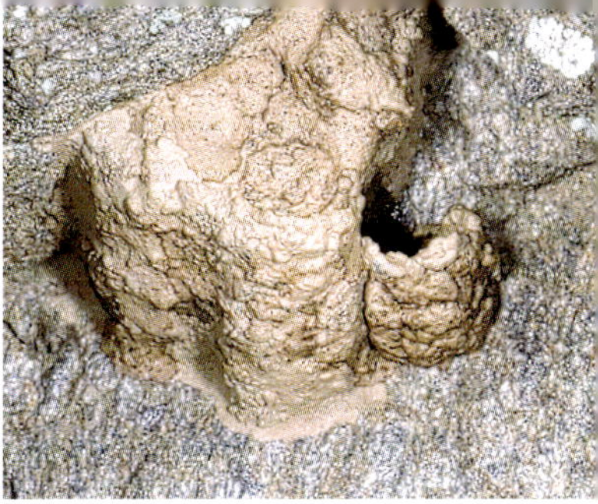

Megachile pilidens Alfken 1924

Kennzeichen: 9–11 mm. ♀ im Feld nicht von ähnlichen *Megachile*-Arten zu unterscheiden, welche ebenfalls durch geringe Größe, hohen Flugton, vorwiegend weiß gefärbte Bauchbürste sowie weißfilzig geflecktes Endtergit ausgezeichnet sind. ♂ im Gelände ebenfalls nicht bestimmbar.
Vorkommen: Verbreitet. Die nördliche Verbreitungsgrenze verläuft vom nördlichen Ostdeutschland in südwestlicher Richtung durch das mittlere Westdeutschland.
Biologische Angaben: Flugzeit: VI-IX. Legt die Brutzellen in Hohlräumen unter Steinen, in Fels- und Mauerspalten oder in Erdlöchern, aber auch in selbstgegrabenen Gängen im Erdboden an. Obwohl polylektisch, besucht die Art bevorzugt Schmetterlingsblütler (Fabaceae). Kuckucksbiene: *Coelioxys afra.*
Gefährdung: ***D:*** Bw 2, Ba 2, R 3, T 3, S 4, Br mehrere Nachweise seit 1992; ***CH:*** 3.

Megachile pyrenaica Lepeletier 1841
(= *Chalicodoma pyrenaica*)

Kennzeichen: 13–16 mm. ♀ durch rauchbraune Flügel, auffallend hellrot gefärbte Tarsen, gelbbraun behaarten und mit lockeren hellen Binden versehenen Hinterleib sowie meist schwarzer Querbinde auf der Brustoberseite im Gelände gut kenntlich. ♂ unterscheidet sich von *M. parietina* durch die hellrote Färbung der Tarsen.
Vorkommen: Selten. Im Gebiet nur im schweizerischen Alpenraum und Jura sicher belegt. An wärmebegünstigten, felsdurchsetzten Trockenhängen.
Biologische Angaben: Flugzeit: V-VII. Ähnliche Nistweise wie *M. parietina,* legt die Nester jedoch auch auf der Unterseite von Fels- und Dachvorsprüngen oder in vorhandenen Hohlräumen an und scheint öfters kolonieweise zu nisten. Besucht hauptsächlich Schmetterlingsblütler (Fabaceae). ♂♂ schlafen gerne gruppenweise in Felsspalten. Kuckucksbienen: *Dioxys cincta, Stelis nasuta,* wahrscheinlich auch *Dioxys tridentata.*
Gefährdung: ***CH:*** n.

o.l.: *M. pilidens*, ♀ auf *Medicago sativa*, Basel (Bs), VIII.96; **o.r.o.:** *M. pilidens*, Brutzellen in selbstgegrabenem Gang im Boden, Hohtenn (Vs), VI.96; **o.r.u.:** *M. pilidens*, ♂ Schlafgesellschaft in hohlem Pflanzenstengel, Basel (Bs), VIII.96; **u.l.:** *M. pyrenaica*, ♀ sammelt Erde und Steinchen, Jeizinen (Vs), VI.96; **u.r.:** *M. pyrenaica*, Lebensraum, Jeizinen (Vs), VI.96

Megachile willughbiella (Kirby 1802)

Kennzeichen: 12–16 mm. Im Feld nicht sicher von ähnlich großen, mit schmalen Tergitbinden gezierten *Megachile*-Arten zu unterscheiden, die im ♀ Geschlecht ebenfalls über eine orangerot gefärbte Bauchbürste und im ♂ Geschlecht über verbreiterte Vorderbeintarsen verfügen.
Vorkommen: Häufig. Im Gebiet keine Verbreitungsgrenze.
Biologische Angaben: Flugzeit: VI-IX. Mit partieller zweiter Generation. Legt die Brutzellen in unterschiedlichen Hohlräumen wie Käferfraßgängen, Nisthilfen, Mauerspalten oder verlassenen Stechimmennestern an, kann Nestgänge jedoch auch in morschem Totholz selber ausnagen. Gelegentlich kommunale Nistweise. Die polylektische Art sammelt Pollen mit Vorliebe auf Schmetterlingsblütlern (Fabaceae), Glockenblume *(Campanula)* und Weidenröschen *(Epilobium)*. Sie ist als eine der wenigen Arten innerhalb der Megachilinae in der Lage, durch Vibration der indirekten Flügelmuskulatur *(buzzing)* Pollen z. B. aus den Blüten des Klappertopfes *(Rhinanthus)* zu gewinnen. Kuckucksbiene: *Coelioxys quadridentata.*
Gefährdung: ***D:*** Bw n, Ba 4, R n, T n, S n, Br n; ***CH:*** n.

o.l.: *M. willughbiella*, ♀ mit Blattstück, Weisslingen (Zh), VI.93; **o.r.o.:** *M. willughbiella*, ♂, Flaach (Zh), VI.76; **o.r.u.:** *M. willughbiella*, geöffnete Brutzelle, Flaach (Zh), VIII.75; **u.l.:** *M. willughbiella*, Nesteingang in Holzrugel, Flaach (Zh), VIII.75; **u.r.:** *M. willughbiella*, alte und neue Brutzellen in selbstgenagten Gängen in Totholz, Flaach (Zh), VIII.75

Melecta – Trauerbienen

M. obscura, die im Gebiet nur im östlichen Österreich vorkommt, wird gelegentlich in die Gattung *Eupavlovskia* gestellt.
Vier Arten im Gebiet (***D:*** 2; ***A:*** 3; ***CH:*** 3).
12–17 mm. Große, mit Ausnahme von *M. albifrons* schwarz behaarte Bienen mit hellen Haarflecken auf Kopf, Brust, Beinen und Hinterleib. Im Feld nur mit Arten der Gattung *Thyreus* zu verwechseln, von diesen aber durch das abgerundete, beidseits bedornte und einheitlich schwarz bis braun behaarte Schildchen zu unterscheiden. *M. albifrons* ist bereits im Feld leicht kenntlich (s. unten), während die übrigen drei Arten im Gelände nicht voneinander unterschieden werden können. Bestimmungsliteratur: Schmiedeknecht (1930); Lieftinck (1980); Scheuchl (1995). Im ersten und dritten Schlüssel fehlt allerdings *M. festiva.*
Flugzeit: IV-VII. Eine Generation im Jahr.
Brutparasiten bei *Anthophora.* Im Gegensatz zu den meisten übrigen Kuckucksbienen legen die ♀♀ ihr Ei in eine bereits verschlossene Wirtszelle. Sie bohren zu diesem Zweck eine Öffnung durch den erdigen Zelldeckel, führen die Hinterleibsspitze durch das Loch und kleben das Ei an die Innenseite des Zelldeckels bzw. an die obere Zellwandpartie. Danach mörteln sie die Aufbruchstelle wieder mit Erde zu. Trauerbienen graben gelegentlich bereits verschlossene Wirtsnester auf und verschließen sie nach der Parasitierung der obersten Brutzelle wieder mit Erde. Die Larven spinnen einen lockeren Kokon.
Trauerbienen besuchen für die Nektaraufnahme häufig Lippenblütler (Lamiaceae). Sie beißen sich zum Schlafen gerne mit ihren Oberkiefern an Pflanzenteilen fest.

M. albifrons, ♂, Rüdlingen (Sh), IV.95

Melecta albifrons Forster 1771 (= *M. armata, M. punctata*)

Kennzeichen: 12–17 mm. Im Gelände durch die braungelbe Behaarung von Kopf und Brust und die beigen Tergitflecken sofort von den anderen mitteleuropäischen *Melecta*-Arten abzugrenzen.
Vorkommen: Häufig. Im Gebiet keine Verbreitungsgrenze.
Biologische Angaben: Brutparasit bei *Anthophora plumipes* und anderen *Anthophora*-Arten.
Gefährdung: ***D:*** Bw n, Ba 3, R n, T n, S n, Br n; ***CH:*** n.

Melecta luctuosa (Scopoli 1770)

Kennzeichen: 14–16 mm. Unterscheidet sich durch die kontrastreiche schwarz-weiße Körperfärbung von *M. albifrons.* Die beiden ähnlichen, aber sehr seltenen Arten *M. festiva* und *M. obscura* kommen im Gebiet nur im Wallis bzw. im östlichen Österreich vor.
Vorkommen: Selten. Im Gebiet keine Verbreitungsgrenze, aber deutlich zerstreuter auftretend als *M. albifrons.*
Biologische Angaben: Brutparasit bei *Anthophora aestivalis* und anderen *Anthophora*-Arten.
Gefährdung: ***D:*** Bw 2, Ba 2, R 3, T 1, S 1, Br 2; ***CH:*** 3.

o.: *M. albifrons*, ♀ in Nest von *Anthophora plumipes*, Agasul (Zh), IV.96;
u.: *M. luctuosa*, ♀ , Zeneggen (Vs), VI.91

Melitta – Sägehornbienen

Sechs Arten im Gebiet (***D:*** 6; ***A:*** 5; ***CH:*** 5).
10–14 mm. Dunkel gefärbte Bienen mit unauffällig schmalen bis auffallend breiten, hellen Haarbinden an den Endrändern der Hinterleibstergite. In beiden Geschlechtern leicht mit *Andrena*-Arten zu verwechseln. Die ♀♀ unterscheiden sich von diesen durch die Art des Pollentransportes und ihren spezifischen Blütenbesuch. Eine wichtige Hilfe bei der Erkennung der ♂♂, die im Feld rein nach äußeren Merkmalen kaum von *Andrena* und *Dasypoda* abgegrenzt werden können, sind die auf ihren Bahnflügen abpatrouillierten Pollenpflanzen der ♀♀. Die für die ♂♂ der meisten Arten charakteristischen, wenn auch oft nur schwach ausgeprägten Verdickungen („Sägung") der einzelnen Fühlerglieder sind ohne optische Hilfsmittel kaum erkennbar. Unter Berücksichtigung der spezifischen Pollenpflanzen können pollensammelnde ♀♀ und patrouillierende ♂♂ der mitteleuropäischen Sägehornbienen bereits im Gelände bis auf Artniveau bestimmt werden. Bestimmungsliteratur: Warncke (1973); Scheuchl (1996).
Flugzeit: V-IX. Eine Generation im Jahr.
Selbstgegrabene Nester im Boden an ebenen bis geneigten, oft dicht bewachsenen Stellen. Nestarchitektur noch weitgehend unbekannt. Die Larven spinnen einen Kokon. Nester einzeln, Nestkolonien wurden noch nicht bekannt. Solitäre Nistweise.
Pollentransporteinrichtung: Haarbürste an Hinterschiene und -ferse. Feuchtsammler. Alle untersuchten Arten sind streng oligolektisch. Sie sammeln den Pollen auf Glockenblume *(Campanula),* Weiderich *(Lythrum),* Zahntrost *(Odontites),* Esparsette *(Onobrychis)* bzw. Schmetterlingsblütlern (Fabaceae). Die Blütenpräferenzen der im Gebiet nur im östlichen Deutschland vorkommenden *M. wankowiczi* sind noch ungenügend bekannt, möglicherweise ist diese Art auf *Lythrum* spezialisiert.
Die ♂♂ patrouillieren die Pollenquellen der ♀♀ ab. Sie schlafen einzeln oder zu mehreren dicht zusammengedrängt auf Blüten und anderen Pflanzenteilen.
Als Brutparasiten entwickeln sich in den Nestern der Sägehornbienen die Kuckucksbienen *Nomada emarginata* und *N. flavopicta.* Die Kopfdrüsensekrete der ♂♂ von *N. flavopicta* weisen eine sehr ähnliche chemische Zusammensetzung auf wie die Dufourdrüsensekrete der *Melitta*-♀♀ (s. Kapitel „Brutparasiten").

M. leporina, ♂ Schlafgesellschaft, Susten (Vs), VII.78

Melitta dimidiata Morawitz 1876

Kennzeichen: 11–13 mm. ♀ mit schmalen weißen Hinterleibsbinden und schwarzer Endfranse. Hinterleib des ♂ in der vorderen Hälfte dicht gelbbraun, in der hinteren Hälfte schwarz behaart, ohne deutlich abgegrenzte Hinterleibsbinden. Spezialisierter Blütenbesuch.
Vorkommen: Sehr selten. ***D:*** Bayern; ***A:*** Burgenland, Nieder- und Oberösterreich; ***CH:*** Graubünden, Wallis.
Biologische Angaben: Flugzeit: V-VII. Oligolektisch, auf Esparsette *(Onobrychis)* spezialisiert.
Gefährdung: ***D:*** Bw -, Ba 1, R -, T -, S -, Br -; ***CH:*** 4.

Melitta haemorrhoidalis (Fabricius 1775)

Kennzeichen: 11–13 mm. ♀ mit linienschmalen weißen Hinterleibsbinden und rotbrauner Endfranse. Während in weiten Teilen des Verbreitungsareals Kopf und Brust des ♀ vorwiegend gelbbraun behaart sind, kommen in den Alpen vollständig schwarz behaarte Tiere mit rotbrauner Endfranse vor. Hinterleib des ♂ in der vorderen Hälfte gelbbraun, in der hinteren Hälfte schwarzbraun behaart, ohne deutlich abgesetzte Hinterleibsbinden. Spezialisierter Blütenbesuch.
Vorkommen: Häufig, wenn auch meist einzeln. Im Gebiet keine Verbreitungsgrenze. Bis in höhere Lagen.
Biologische Angaben: Flugzeit: VII-IX. Oligolektisch, auf Glockenblume *(Campanula)* spezialisiert.
Gefährdung: ***D:*** Bw n, Ba 4, R n, T n, S n, B n; ***CH:*** n.

o.l.: *M. dimidiata,* ♀ auf *Onobrychis viciifolia,* Zeneggen (Vs), VII.92;
o.r.: *M. haemorrhoidalis,* ♂ auf *Campanula glomerata,* Trois Villes (Ao), VII.96;
u.: *M. haemorrhoidalis,* ♀ auf *Campanula trachelium,* Sur En (Gr), VII.96

Melitta leporina (Panzer 1799)

Kennzeichen: 11–13 mm. In beiden Geschlechtern dank spezialisiertem Blütenbesuch und breiter, fast die Hälfte der Tergitbreite einnehmender, gelbbraun gefärbter Hinterleibsbinden mit keiner anderen mitteleuropäischen *Melitta*-Art zu verwechseln. Spezialisierter Blütenbesuch.
Vorkommen: Verbreitet. Im Gebiet keine Verbreitungsgrenze.
Biologische Angaben: Flugzeit: VII-IX. In den Nestern von *M. leporina* liegen die horizontal orientierten Brutzellen einzeln am Ende von rechtwinklig mit dem senkrechten Hauptgang verbundenen Seitengängen. Oligolektisch, auf Schmetterlingsblütler (Fabaceae) spezialisiert. Bevorzugte Pollenquelle in Mitteleuropa ist die Luzerne *(Medicago sativa).*
Gefährdung: ***D:*** Bw 3, Ba 3, R n, T 3, S n, Br n; ***CH:*** n.

Melitta nigricans Alfken 1905

Kennzeichen: 10–12 mm. Beide Geschlechter mit schmalen weißen Hinterleibsbinden. ♀ mit schwarzer Endfranse. Spezialisierter Blütenbesuch.
Vorkommen: Verbreitet. Im Gebiet keine Verbreitungsgrenze. Entlang von Flüssen und Gräben, an Seeufern und auf Feuchtwiesen, wo die Pollenpflanze größere Bestände ausbildet. Nur in Tieflagen.
Biologische Angaben: Flugzeit: VII-VIII. Oligolektisch, auf Weiderich *(Lythrum)* spezialisiert.
Gefährdung: ***D:*** Bw n, Ba 2, R n, T 1, S 1, Br 2; ***CH:*** 2.

Melitta tricincta Kirby 1802

Kennzeichen: 10–12 mm. Beide Geschlechter mit schmalen weißen Hinterleibsbinden. ♀ mit schwarzer Endfranse. Spezialisierter Blütenbesuch.
Vorkommen: Verbreitet. Im Gebiet keine Verbreitungsgrenze.
Biologische Angaben: Flugzeit: VIII-IX. Oligolektisch, auf Zahntrost *(Odontites)* spezialisiert.
Gefährdung: ***D:*** Bw 2, Ba 1, R 2, T 2, S 3, Br 1; ***CH:*** 3.

o.: *M. leporina*, ♀ auf *Medicago sativa*, St. Pierre (Ao), VII.96;
u.l.: *M. nigricans*, ♀ auf *Lythrum salicaria*, Flaach (Zh), VII.96;
u.r.: *M. tricincta*, ♀ auf *Odontites lutea*, Hohtenn (Vs), VIII.95

Melitturga – Schwebebienen

Zwei Arten im Gebiet (***D:*** 1; ***A:*** 2; ***CH:*** 1).
13–16 mm. ♀♀ ähneln großen *Andrena*-Arten, unterscheiden sich aber durch die charakteristische Art des Pollentransportes sowie bei *M. clavicornis* durch den gelb gefleckten Kopfschild. ♂♂ durch die auffallend großen Augen, die keulenförmigen Fühler und das gelb gefärbte Gesicht unverwechselbar. Die beiden mitteleuropäischen Arten können bereits im Feld voneinander unterschieden werden. Bestimmungsliteratur: Schmiedeknecht (1930).
Flugzeit: VI-VIII. Eine Generation im Jahr.
Selbstgegrabene Nester im Boden an meist ebenen und lückig bewachsenen Stellen. Die horizontal orientierten Brutzellen liegen in einer Tiefe von 5–35 cm einzeln am Ende von einem bis mehreren Zentimetern langen, rechtwinklig vom senkrechten Hauptgang abzweigenden Seitengängen, die nach Verschluß der Brutzelle mit Erde gefüllt werden. Die Larven spinnen keinen Kokon. Nester meist in kleineren Kolonien. In der Regel solitäre Nistweise, gelegentlich jedoch kommunal mit zwei ♀♀ pro Nest.
Pollentransporteinrichtung: Bürste aus lockerstehenden, kurzen Haaren an Hinterschiene und -ferse. Feuchtsammler. Der nektarfeuchte Pollen wird auf eine sehr charakteristische Art in Form eines Ringes rund um die Hinterschienen transportiert. *M. clavicornis* ist auf Schmetterlingsblütler (Fabaceae) spezialisiert, die Blütenpräferenzen von *M. praestans* sind unbekannt.
Die ♂♂ schweben dicht über dem Erdboden oder in wenigen Metern Höhe in der Luft, überwachen mit ihren riesigen Augen den Luftraum über Nestkolonien oder vor Blüten und stürzen sich auf vorbeifliegende ♀♀. Sie klammern bzw. beißen sich zum Schlafen an Pflanzenhalmen fest und bilden dabei oft lockere Schlafgesellschaften.
Die Kuckucksbienen *Ammobatoides abdominalis* und *Sphecodes albilabris* entwickeln sich als Brutparasiten in den *Melitturga*-Nestern.

M. clavicornis, ♂ auf *Vicia cracca*, Hohtenn (Vs), VI.96

Melitturga clavicornis (Latreille 1806)

Kennzeichen: 13–15 mm. Die gelbe Fleckung des Kopfschildes beim ♀ und der gelb gefärbte Fühlerschaft beim ♂ unterscheiden *M. clavicornis* von der im östlichen Österreich nachgewiesenen *M. praestans.* Bei dieser sind der ♀ Kopfschild und der ♂ Fühlerschaft schwarz.
Vorkommen: Sehr selten. ***D:*** Baden-Württemberg, Thüringen, Sachsen, Sachsen-Anhalt, Brandenburg; ***A:*** Burgenland, Niederösterreich; ***CH:*** Nordschweiz, Wallis.
Biologische Angaben: Oligolektisch, auf Schmetterlingsblütler (Fabaceae) spezialisiert. Beliebte Pollenquellen sind u. a. Luzerne *(Medicago sativa)* und Esparsette *(Onobrychis viciifolia)* neben verschiedenen Wicken *(Vicia)*- und Klee *(Trifolium)*-Arten. Die ♂♂ besuchen für die Nektaraufnahme ebenfalls vorwiegend Schmetterlingsblütler.
Gefährdung: ***D:*** Bw 0, Ba -, R -, T 1, S 1, Br 0; ***CH:*** 2.

o.: *M. clavicornis*, ♀ auf *Astragalus onobrychis*, Susten (Vs), VII.96;
u.: *M. clavicornis*, ♂ überwacht schwebend Luftraum, St. Pierre (Ao), VII.96

Nomada – Wespenbienen

87 Arten im Gebiet (***D:*** 64; ***A:*** 78; ***CH:*** 66).
3–14 mm. Dank der glänzend schwarz-roten, schwarz-gelben oder schwarz-rot-gelben Färbung des nicht oder nur schwach behaarten Körpers leicht zu erkennen. Wespenbienen können allerdings bei oberflächlicher Betrachtung mit Grab- und Faltenwespen, die rein schwarz-rot gefärbten Arten auch mit Bienen der Gattung *Sphecodes* verwechselt werden, unterscheiden sich jedoch durch andere Körperform und -proportionen. Mit Ausnahme ganz vereinzelter, besonders charakteristisch gefärbter Arten können die Wespenbienen im Feld nicht bis auf Artniveau bestimmt werden. Bestimmungsliteratur: Schmiedeknecht (1930); Scheuchl (1995). In beiden Schlüsseln fehlen allerdings mehrere im Gebiet vorkommende Arten.
Flugzeit: III-IX, wobei die überwiegende Mehrheit der Arten im Frühling fliegt. Meist nur eine Generation im Jahr, vereinzelte Arten mit zwei Generationen im Frühling bzw. Sommer.
Die Wespenbienen sind Kuckucksbienen. Die meisten Arten schmarotzen bei *Andrena,* gut ein halbes Dutzend Arten bei *Lasioglossum,* drei Arten bei *Panurgus,* zwei Arten bei *Melitta* und eine Art bei *Eucera.* Die ♀♀ suchen in einem sehr typischen, langsamen und wendigen Flug dicht über der Bodenoberfläche nach Wirtsnestern. Sie beziehen in unmittelbarer Nähe eines entdeckten Wirtsnestes mit charakteristisch vorgestreckten Fühlern Lauerposition und stellen dabei vermutlich geruchlich fest, ob sich die Nestbesitzerin noch im Nest aufhält. Erst nachdem diese ihr Nest verlassen hat, dringen sie in das fremde Nest ein. Nesteingänge, die von einzelnen *Andrena*-Arten vor jedem Sammelflug mit Erde verschlossen werden, werden geöffnet und nach der Eiablage in die fremde Zelle teilweise wieder zugescharrt. Entdeckte Wirtsnester werden in regelmäßigen Abständen kontrolliert, um den geeigneten Zeitpunkt für die Eiablage festzustellen. In Wirtsnestnähe reagieren Wespenbienen aggressiv auf artgleiche ♀♀. Vermutlich aufgrund einer Tarnung der Wespenbienen mit Duftstoffen, die mit denen der Wirte identisch sind, reagieren die Wirtsbienen in Nestnähe kaum auf Wespenbienen (s. Kapitel „Brutparasiten“). Für die Eiablage bohren die ♀♀ möglicherweise mit dem charakteristisch geformten, seitlich mit krallenartigen Fortsätzen versehenen Sternit 6 ein Loch in die Wirtszellwand. Das Ei wird im Gegensatz zu anderen Vertretern der Nomadini nicht vollständig in die Zellwand eingebettet, sondern ragt mit seiner Spitzenhälfte ins Innere der Zelle vor. Teilweise werden vom gleichen ♀ unmittelbar nacheinander zwei Eier in eine einzige Wirtszelle abgelegt. Die Larven spinnen keinen Kokon. Wespenbienen schlafen in Erdlöchern, in Blüten oder beißen sich mit ihren Oberkiefern an Blättern und Halmen fest.
Die ♂♂ umschwärmen in Gruppen Hecken und Sträucher.

288 *N. marshamella,* ♀♀ an Nest von *Andrena carantonica,* Agasul (Zh), V.92

Nomada marshamella (Kirby 1802)

Kennzeichen: 9–14 mm. Im Feld nicht von ähnlichen *Nomada*-Arten zu unterscheiden.
Vorkommen: Häufig. Im Gebiet keine Verbreitungsgrenze.
Biologische Angaben: Flugzeit: IV-V. Brutparasit bei *Andrena carantonica* und weiteren *Andrena*-Arten.
Gefährdung: ***D:*** Bw n, Ba n, R n, T n, S n, Br n; ***CH:*** n.

Nomada fabriciana (Linné 1767)

Kennzeichen: 7–10 mm. Im Feld nicht von anderen vorwiegend schwarz-rot gefärbten *Nomada*-Arten zu unterscheiden.
Vorkommen: Häufig. Im Gebiet keine Verbreitungsgrenze.
Biologische Angaben: Flugzeit: III-VIII. Zwei Generationen. Brutparasit bei *Andrena bicolor, A. chrysosceles* und wahrscheinlich weiteren *Andrena*-Arten.
Gefährdung: ***D:*** Bw n, Ba n, R n, T n, S n, Br n; ***CH:*** n.

Nomada flavopicta (Kirby 1802)

Kennzeichen: 9–12 mm. Im Feld nicht von ähnlichen *Nomada*-Arten zu unterscheiden.
Vorkommen: Verbreitet. Im Gebiet keine Verbreitungsgrenze.
Biologische Angaben: Flugzeit: VII-IX. Brutparasit bei *Melitta.*
Gefährdung: ***D:*** Bw 3, Ba 3, R 3, T 3, S 3, Br 3; ***CH:*** 3.

o.: *N. fabriciana,* ♀ an Nest von *Andrena bicolor,* Agasul (Zh), IV.95;
u.: *N. flavopicta,* ♀ schlafend, Susten (Vs), VII.68

Nomada lathburiana (Kirby 1802)

Kennzeichen: 9–13 mm. Im Feld nicht von ähnlichen *Nomada*-Arten zu unterscheiden.
Vorkommen: Verbreitet. Im Gebiet keine Verbreitungsgrenze.
Biologische Angaben: Flugzeit: III-VIII. Brutparasit bei *Andrena cineraria, A. vaga* und *A. barbareae.* Fliegt bei den ersteren beiden Arten, die beide nur je eine Generation ausbilden, im Frühling, bei der zweibrütigen *A. barbareae* jedoch in zwei Generationen im Frühling bzw. Sommer.
Gefährdung: ***D:*** Bw n, Ba 4, R n, T 3, S 3, Br n; ***CH:*** 3.

Nomada panzeri Lepeletier 1841
(= *N. ruficornis* auct.)

Kennzeichen: 6–11 mm. Im Feld nicht von ähnlichen *Nomada*-Arten zu unterscheiden.
Vorkommen: Häufig. Im Gebiet keine Verbreitungsgrenze.
Biologische Angaben: Flugzeit: IV-VI. Brutparasit bei *Andrena fucata, A. helvola* und weiteren Arten der *A. varians*-Gruppe.
Gefährdung: ***D:*** Bw n, Ba n, R n, T n, S n, Br n; ***CH:*** n.

Nomada similis Morawitz 1872

Kennzeichen: 8–10 mm. Im Feld nicht von anderen vorwiegend schwarz-rot gefärbten *Nomada*-Arten zu unterscheiden.
Vorkommen: Selten. Im Gebiet keine Verbreitungsgrenze, aber wie der Hauptwirt hauptsächlich in mittleren bis höheren Berglagen auftretend.
Biologische Angaben: Flugzeit: VI-VIII. Brutparasit bei *Panurgus banksianus* und möglicherweise weiteren *Panurgus*-Arten.
Gefährdung: ***D:*** Bw 3, Ba 0, R n, T 2, S 1, Br -; ***CH:*** 4.

o.: *N. lathburiana*, ♀ der zweiten Generation auf *Allium sphaerocephalon*, Zeneggen (Vs), VIII.92 ;
u.l.: *N. panzeri*, ♀ inspiziert potentielle Wirtsnester, Zürich (Zh), IV.96;
u.r.: *N. similis*, ♀ schlafend, Jeizinen (Vs), VI.96

Nomia – Schienenbienen

Zwei Arten im Gebiet (***D:*** 1; ***A:*** 2; ***CH:*** 1), die gelegentlich in die Gattung *Pseudapis* gestellt werden.
7–10 mm. Schwarz gefärbte, auffallend grob punktierte Bienen mit weißen Basalbinden auf den Hinterleibstergiten, die teilweise durch die durchscheinenden, rötlich aufgehellten Endränder der vorangehenden Segmente verdeckt sind. Durch die ungewöhnlich großen, hell gefärbten Flügelschuppen mit keiner anderen Bienengattung zu verwechseln. ♂♂ mit stark verdickten Hinterschenkeln, die unterseits dicht mit langen, weißen Schuppenhaaren besetzt sind, sowie mit langem, lamellenartigem Fortsatz am Ende der Hinterschienen. Die beiden mitteleuropäischen Arten können im Feld auseinandergehalten werden. Bestimmungsliteratur: Schmiedeknecht (1930); Warncke (1976).
Flugzeit: VI-VIII. Vermutlich nur eine Generation im Jahr.
Selbstgegrabene Nester im Boden an meist ebenen und vegetationsarmen Stellen. Nestarchitektur erst ansatzweise bekannt. Die Brutzellen werden als grobe Höhlungen ausgeschachtet, die ihre endgültige Form erst nach dem Einbau einer Schicht Erde erhalten. Letztjährige Nester werden teilweise wiederbenutzt. Die Larven spinnen keinen Kokon. Nester meist in Kolonien. Einzelne Beobachtungen, wonach mehrere ♀♀ denselben Nesteingang benutzen, weisen auf eine kommunale Nistweise hin.
Pollentransporteinrichtung: Haarbürste an Hinterschiene und -ferse sowie Körbchen auf der Unterseite des Hinterschenkels. Ein kleiner Teil des Pollens wird zusätzlich an den Seiten des Mittelsegmentes in das Nest transportiert. Die beiden mitteleuropäischen Arten sind wahrscheinlich polylektisch.
Die ♂♂ patrouillieren die Pollen- und Nektarquellen der ♀♀ entlang von duftmarkierten Flugbahnen ab. Sie klammern sich zum Schlafen einzeln oder in lockeren Gruppen an Halmen, auf Fruchtständen u. ä. fest. Die Funktion der seltsam geformten Hinterbeine der ♂♂ ist noch unbekannt, ein Zusammenhang mit dem Paarungsgeschehen ist wahrscheinlich.
Die Kuckucksbiene *Pasites maculatus* entwickelt sich brutparasitisch in den Nestern von *Nomia*.

N. diversipes, ♂ schlafend, St. Pierre (Ao), VII.96

Nomia diversipes Latreille 1806

Kennzeichen: 7–8 mm. Im Gelände durch die geringere Größe von der zweiten mitteleuropäischen Art, *N. femoralis,* zu unterscheiden, welche mit einer Körperlänge von 9–10 mm deutlich größer ist. Von letzterer Art liegen im Gebiet nur alte Nachweise aus Hessen und Niederösterreich vor.
Vorkommen: Selten. ***A:*** Burgenland; ***CH:*** Wallis.
Biologische Angaben: In den Nestern liegen die vertikal orientierten Brutzellen einzeln unterhalb von waagrechten Seitengängen oder sie sind zu mehreren dicht gedrängt in Waben angeordnet, die von ringförmigen Gängen umgeben sind. Die Luzerne *(Medicago sativa)* ist eine beliebte Pollen- und Nektarquelle.
Gefährdung: *CH:* 3.

o.: *N. diversipes,* ♀, Trois Villes (Ao), VII.96;
u.: *N. diversipes,* ♂ auf *Reseda lutea,* Hohtenn (Vs), VI.96

Nomioides – Steppenbienen

Zwei Arten im Gebiet (***D:*** 1; ***A:*** 2).
3–5 mm. ♀♀ durch winzige Größe, metallisch grüne Färbung von Kopf und Brust sowie blassgelben, schwarzbraun gebänderten Hinterleib unverwechselbar. ♂♂ mit reduzierter Gelbfärbung des Hinterleibes und dadurch im Feld leicht mit kleinen *Lasioglossum*-♂♂ zu verwechseln, mit denen sie die langgestreckte Körperform und die langen Fühler gemeinsam haben. Die beiden mitteleuropäischen Arten sind im Feld nicht voneinander zu unterscheiden. Bestimmungsliteratur: Schmiedeknecht (1930); Ebmer (1987).
Flugzeit: VI-VIII. Eine Generation im Jahr.
Selbstgegrabene, 15–45 cm tiefe Nester im Boden an ebenen bis schwach geneigten, vegetationslosen bis spärlich bewachsenen und meist sandigen Stellen. Die horizontal orientierten Brutzellen liegen einzeln am Ende von teilweise mehrfach verzweigten, 0,25–8 cm langen, waagrechten Seitengängen, die nach Verschluß der Brutzelle mit Erde gefüllt werden. Der senkrechte Hauptgang endet wie bei *Halictus* und *Lasioglossum* blind. Die Larven spinnen keinen Kokon. Nester einzeln oder in kleineren bis größeren Kolonien. Für beide mitteleuropäischen Arten ist sowohl eine solitäre wie eine kommunale (mit 2 bis 5 ♀♀ pro Nest) Nistweise belegt.
Pollentransporteinrichtung: Haarbürste an Hinterschiene und -ferse sowie Körbchen auf der Unterseite des Hinterschenkels. Polylektisch.
Als Kuckucksbiene wurde die in Mitteleuropa noch nicht nachgewiesene Blutbienen-Art *Sphecodes nomioidis* bekannt.

Nomioides minutissimus (Rossi 1790)

Kennzeichen: 3–4 mm. Im Feld nicht von der zweiten mitteleuropäischen Art, *Nomioides variegatus,* zu unterscheiden, von der alte Nachweise aus Niederösterreich vorliegen.
Vorkommen: Sehr selten. ***D:*** Baden-Württemberg, Bayern, Rheinland-Pfalz, Hessen; ***A:*** Burgenland, Kärnten, Niederösterreich. Nur in Sandgebieten, in ***D*** auf Binnendünen.
Biologische Angaben: Für die Pollen- und Nektaraufnahme werden die unterschiedlichsten Blüten besucht, beliebt sind z. B. Thymian *(Thymus),* Resede *(Reseda)* und Mauerpfeffer *(Sedum).*
Gefährdung: ***D:*** Bw 1, Ba 1, R 0, T -, S -, Br -.

N. facilis, ♀ auf *Polygonum aviculare*, St. Pierre (Ao), VII.96
(Diese im Gebiet nicht vorkommende Art sieht
N. minutissimus sehr ähnlich)

Osmia – Mauerbienen

Verschiedene Autoren splittern die mitteleuropäischen Mauerbienen in die fünf Gattungen *Anthocopa, Hoplitis, Metallinella, Osmia* und *Protosmia* auf.
52 Arten im Gebiet (***D:*** 38; ***A:*** 41; ***CH:*** 44).
4–15 mm. Schwarz, schwarz-rot oder metallisch blau, grün, kupfern oder purpurn gefärbte, oft stark behaarte Bienen ohne eindeutige gattungstypische Feldkennzeichen, die sie auf den ersten Blick von allen anderen Gattungen der Megachilinae unterscheiden würden. Im Gelände von *Lithurgus* und *Megachile* durch den weniger stark abgeplatteten Hinterleib und das meist anders geformte erste Hinterleibstergit, von *Anthidium* durch das Fehlen einer gelben Fleckung des Körpers, von *Chelostoma* durch den meist gedrungeren Körperbau und von *Heriades* durch Unterschiede in Größe, Blütenbesuch, Pollensammelverhalten, Flugzeit und/oder Nistweise abzugrenzen. Die ♂♂ vieler Arten mit Zähnen, Dornen oder vorstehenden Ecken am Hinterleibsende und/oder auf der Bauchseite. In Kombination mit dem oft charakteristischen Blütenbesuch können ungefähr zwei Drittel der mitteleuropäischen Arten im ♀ Geschlecht bereits im Feld zuverlässig bestimmt werden. Die Bestimmung der ♂♂ im Gelände ist schwieriger, der Anteil der vom bloßen Auge sicher anzusprechenden Arten dürfte ein Viertel der Gesamtartenzahl nicht überschreiten. Bestimmungsliteratur: Es gibt keinen Bestimmungsschlüssel für alle mitteleuropäischen Arten. Mit Schmiedeknecht (1930), Benoist (1931) und Scheuchl (1996) kann jedoch die überwiegende Mehrzahl der Arten zuverlässig bestimmt werden. Schlüssel für Teilgruppen sind in Peters (1978), Tkalců (1974, 1975, 1983) und Warncke (1992) enthalten.
Flugzeit: III-IX. Eine Generation im Jahr, vereinzelte Arten mit partieller zweiter Generation. Bei vielen Arten schlüpft ein Teil der Individuen erst nach der zweiten Überwinterung aus den Brutzellen *(Partivoltinismus). O. alticola, O. inermis* und *O. mitis* steigen in den Alpen bis weit über die Waldgrenze.
Nistweisen sehr vielfältig. Die meisten Mauerbienen legen ihre Brutzellen in bereits vorhandenen Hohlräumen an wie in Käferfraßgängen in Totholz, hohlen Pflanzenstengeln, verlassenen Nestern anderer Stechimmen, Gallen, Fels-, Mauer- und Erdspalten, unter Steinen, im Schutz von Grasbüscheln oder in Schneckengehäusen. Die

o.: *O. adunca*, Brutzellen in hohlem Pflanzenstengel, Agasul (Zh), VII.96; **m.l.:** *O. bicolor*, Brutzelle in leerem Schneckengehäuse, Merishausen (Sh), V.75; **m.r.:** *O. mitis*, Brutzelle, Val Piora (Ti), VII.91; **u.:** *O. tergestensis*, Brutzellen im Schutz eines Grasbüschels, Hohtenn (Vs), VII.89

natürlicherweise in Käferfraßgängen nistenden Arten besiedeln gerne auch Nisthilfen. Mindestens acht mitteleuropäische Arten sind befähigt, Gänge im Mark dürrer Stengel, in Gallen, in Totholz oder in Rinde auszunagen, während vier Arten ihre Brutzellen in selber gegrabenen Gängen im Boden anlegen. Eine letzte Gruppe von vier Arten baut aus Erde und Steinchen Freinester an Steine, Felsen oder Mauern, die oft wiederbenutzt werden. Ebenso vielfältig wie die Nistorte sind auch die verwendeten Nestbaumaterialien. Viele Mauerbienen bauen Zellzwischenwände, Nestverschlüsse oder ganze Zellen unter Zugabe von Speichel aus zerkautem Blattmaterial *(Pflanzenmörtel)* oder aus mit Steinchen vermischter Erde. Andere verwenden Blütenkronblätter, Laubblattstücke oder Markpartikel. Zahlreiche Arten bauen auf Höhe der späteren Zellwand aus Pflanzenmörtel oder Erde einen schmalen Saum *(Türschwelle),* wodurch die Länge der Brutzelle bereits vor der Verproviantierung festgelegt ist und damit dem ♀ eine genaue Bemessung der einzutragenden Vorratsmenge ermöglicht. Die Larven spinnen einen Kokon. Die überwiegende Mehrheit der Mauerbienen lebt solitär, bei einigen Arten ist jedoch eine kommunale Nistweise nachgewiesen; vereinzelte Arten zeigen Ansätze zu einem quasisozialen Verhalten.
Pollentransporteinrichtung: Haarbürste auf der Unterseite des Hinterleibes. Knapp die Hälfte der mitteleuropäischen Arten sind für das Pollensammeln auf Glockenblume (*Campanula;* 1 Art), Wachsblume (*Cerinthe;* 1), Natterkopf (*Echium;* 4), Lein (*Linum;* 1), Korbblütler (Asteraceae; 10), Kreuzblütler (Brassicaceae; 1), Kardengewächse (Dipsacaceae; 1) bzw. Schmetterlingsblütler (Fabaceae; 6) spezialisiert. Rund zwei Fünftel sind mehr oder weniger stark polylektisch, während die Blütenpräferenzen des restlichen Siebtels noch unzureichend bekannt sind. Mehrere Arten mit speziellen Pollensammeleinrichtungen für die Ausbeutung von Blüten, bei denen die Staubbeutel entweder eine oberständige Lage einnehmen oder im Innern enger Röhren versteckt liegen. Die bisher untersuchten Arten benötigen für die Verproviantierung einer Brutzelle meist durchschnittlich 20 – 40 Sammelflüge. Bau und Verproviantierung einer Brutzelle dauern bei gutem Wetter meist ein bis zwei Tage.
Die Paarungsstrategien der meisten Arten sind noch unbekannt. Die ♂♂ einiger weniger Arten verteidigen im Bereich der Nahrungspflanzen ihrer ♀♀ kleine Territorien gegen arteigene ♂♂.

o.l.: *O. dalmatica*, Brutzellen auf Unterseite eines umgedrehten Steines, Erschmatt (Vs), VII.96; **o.r.:** *O. tridentata*, Brutzellen im Mark eines dürren Pflanzenstengels, Marthalen (Zh), VII.96; **u.l.:** *O. anthocopoides*, Mörtelnest in kantiger Vertiefung eines Steines, Scheid (Gr), VI.96; **u.r.:** *O. papaveris*, aufgegrabenes einzelliges Nest in Seitenansicht, Saarland, VI.90

Die ♂♂ anderer Arten besetzen individuelle Flugareale, an denen sie über Tage und Wochen festhalten können. Innerhalb dieser Flugareale werden die Nahrungspflanzen der ♀♀ und/oder die Nistplätze auf oft festgelegten, teils duftmarkierten und gelegentlich verteidigten Flugbahnen abpatrouilliert. Vor allem zu Beginn der Flugzeit schwärmen die ♂♂ mancher Arten direkt an den Nistplätzen und verpaaren sich mit frisch schlüpfenden ♀♀. ♂♂ schlafen einzeln oder in kleinen Gruppen in den unterschiedlichsten Hohlräumen, seltener auf Blüten.
Bei *Osmia* schmarotzen Kuckucksbienen der Gattungen *Stelis* und *Dioxys.* Andere wichtige Brutparasiten sind Vertreter der Keulenwespen (Sapygidae), der Goldwespen (Chrysididae) und der Wollschweber (Bombyliidae), Buntkäfer der Gattung *Trichodes* (Cleridae), die Taufliege *Cacoxenus indagator* (Drosophilidae) sowie die Erzwespen *Melittobia acasta* (Eulophidae), *Leucospis dorsigera* (Leucospididae), *Pteromalus* spp. (Pteromalidae) und *Monodontomerus* spp. (Torymidae).

Osmia adunca (Panzer 1798)

Kennzeichen: 8–12 mm. Im Feld nicht von mehreren ähnlichen Arten der *O. adunca*-Gruppe zu unterscheiden, die ebenfalls auf Natterkopf spezialisiert sind.
Vorkommen: Verbreitet. Im Gebiet keine Verbreitungsgrenze.
Biologische Angaben: Flugzeit: VI-VIII. Legt die Brutzellen linienförmig hintereinander in unterschiedlichen Hohlräumen an: Käferfraßgänge in Totholz, hohle Pflanzenstengel, verlassene Stechimmennester, Fels- und Mauerspalten u. ä.. Besiedelt gerne Nisthilfen. Als Baumaterial für die Zellwände und den Nestverschluß dient mit Steinchen vermischte Erde. Die Nestverschlüsse werden häufig mit abgenagten Holzstückchen, Sand u. ä. getarnt. Bis zu 60% der Larven überwintern ein zweites Mal. Oligolektisch, auf Natterkopf *(Echium)* spezialisiert. ♂♂ patrouillieren *Echium*-Blüten ab oder verteidigen einzelne *Echium*-Pflanzen gegen arteigene ♂♂. Kuckucksbiene: möglicherweise *Stelis punctulatissima.*
Gefährdung: ***D:*** Bw 3, Ba 4, R n, T n, S n, Br n; ***CH:*** n.

o.l.: *O. adunca,* ♀ an Nest, Solothurn (So), VII.93;
o.r.o.: *O. adunca,* ♂, Agasul (Zh), VI.96;
o.r.u.: *O. adunca,* getarnte Nestverschlüsse, Agasul (Zh), IX.96;
u.: *O. adunca,* ♀ an *Echium vulgare,* Solothurn (So), VI.92

Osmia andrenoides Spinola 1808

Kennzeichen: 6–8 mm. Beide Geschlechter dank rot gefärbter Basis des Hinterleibes unverwechselbar.
Vorkommen: Selten. Die nördliche Verbreitungsgrenze verläuft durch das mittlere Deutschland. Siedlungsschwerpunkt auf steinigen Trockenhängen.
Biologische Angaben: Flugzeit: V-VII. Nistet in leeren Schneckengehäusen. Die wenigen bisher gefundenen Nester befanden sich unter hohl aufliegenden Steinen. Zellwände und Nestabschlußwand bestehen aus Pflanzenmörtel, der Nestaufbau ist im Detail jedoch noch unbekannt. Polylektisch mit deutlicher Vorliebe für Lippenblütler (Lamiaceae). ♀♀ kämmen den Pollen mit reibenden Kopfbewegungen aus den oberständigen Staubbeuteln der Lippenblütler direkt in eine spezialisierte Gesichtsbehaarung aus wellenförmig verbogenen Haaren.
Gefährdung: ***D:*** Bw 2, Ba 2, R 1, T 1, S 2, Br -; ***CH:*** n.

Osmia anthocopoides Schenck 1853 (= *O. caementaria*)

Kennzeichen: 8–11 mm. Im Feld nicht von mehreren ähnlichen Arten der *O. adunca*-Gruppe zu unterscheiden, die ebenfalls auf Natterkopf spezialisiert sind.
Vorkommen: Selten. Im Gebiet keine Verbreitungsgrenze.
Biologische Angaben: Flugzeit: V-VII. Baut steinharte Freinester aus gröberen, mit Mörtel zusammengekitteten Steinchen in kantigen Vertiefungen und Unebenheiten von Steinen und Felsen. Nester bestehen aus mehreren horizontal bis vertikal orientierten Brutzellen, die am Ende mit einer Schicht aus feinem Mörtel überdeckt werden, unter der die Zellumrisse nicht mehr sichtbar sind. Nisten mehrere ♀♀ in unmittelbarer Nachbarschaft, kann die schützende Mörtelschicht in gemeinsamer Arbeit über eigene und fremde Zellkomplexe gezogen werden, was im Ansatz einem quasisozialen Verhalten entspricht. Verdeckelung der Brutzelle unmittelbar nach der Eiablage, indem eine bereits vor der Verproviantierung vorbereitete „Zellippe" abgebaut und das so gewonnene Material direkt für den Bau des Deckels verwendet wird. Oligolektisch, auf Natterkopf *(Echium)* spezialisiert. ♂♂ verteidigen einzelne *Echium*-Pflanzen gegen arteigene ♂♂. Kuckucksbiene: *Dioxys tridentata.*
Gefährdung: ***D:*** Bw 2, Ba 3, R 3, T 2, S 3, Br n; ***CH:*** 3.

o.l.: *O. andrenoides*, ♀ an *Stachys recta*, St. Rome de Tarn (Av), VI.96; **o.r.:** *O. andrenoides*, ♀, Gesicht mit spezialisierten Pollensammelhaaren (REM, 39x); **u.:** *O. anthocopoides*, ♀ an Nest, Sur En (Gr), VII.96

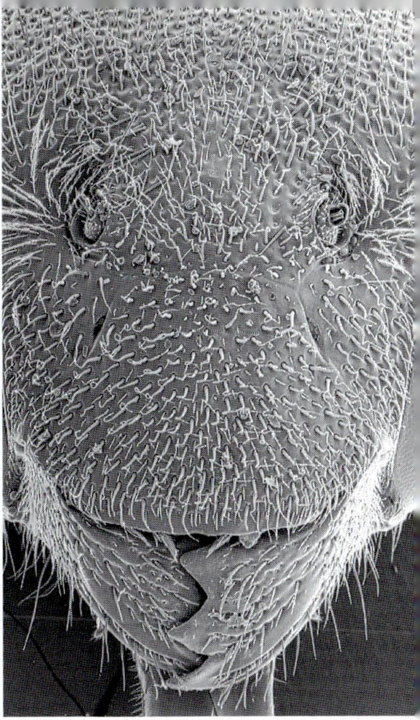

Osmia aurulenta (Panzer 1799)

Kennzeichen: 8–10 mm. ♀ im frischen Zustand durch die leuchtend braunrote Behaarung von Kopf, Brust und Tergit 1, der ebenso gefärbten schmalen Tergitbinden sowie der orangeroten Bauchbürste einzig mit *O. rufohirta* zu verwechseln. Von letzerer durch den deutlich gedrungeren Körperbau und den verhältnismäßig größeren Kopf abzugrenzen. Abgeflogene ♀♀ ähneln *O. tridentata,* die jedoch einen merklich langgestreckteren Körper hat. ♂ im Feld kaum ansprechbar.
Vorkommen: Verbreitet. Im Gebiet keine Verbreitungsgrenze, jedoch vorwiegend in Kalkgebieten auftretend.
Biologische Angaben: Flugzeit: IV-VIII. Die ab Mitte Sommer fliegenden Individuen sind möglicherweise Vertreter einer partiellen zweiten Generation. Nistet obligatorisch in leeren Schneckengehäusen, bevorzugt dabei im Vergleich zu den anderen mitteleuropäischen Schneckenhausbienen der Gattung *Osmia* mittelgroße *(Arianta, Cepaea)* bis große *(Helix)* Gehäuse. Die Nester sind meist mehrzellig und bestehen aus bis zu 17 Brutzellen, die in *Helix*-Gehäusen bei größerer Gangweite nicht linienförmig hinter-, sondern nebeneinander liegen. Während der Nestbauarbeiten wird die Schalenaußenseite wiederholt mit kleinen Flecken aus Pflanzenmörtel bepflastert. Die Funktion dieses sonderbaren Verhaltens, das auch bei anderen schneckenhausbewohenden *Osmia*-Arten beobachtet werden kann, ist noch unklar. Auf die letzten verproviantierten Zellen folgen eine oder mehrere Leerzellen. Eine weitere Wand wird auf Höhe der Gehäusemündung eingezogen. Als Baumaterial für die Zellwände und den Nestverschluß dient Pflanzenmörtel, der auf unterschiedlichen Pflanzen gesammelt wird. Das Gehäuse wird im Gegensatz zu anderen in Schneckenhäusern nistenden *Osmia*-Arten weder bewegt noch unter einem Streuhaufen versteckt. Polylektisch, bevorzugt Schmetterlingsblütler (Fabaceae) und Lippenblütler (Lamiaceae). ♀♀ verfügen im Gesichtsbereich für die Ausbeutung von Lippenblütlern über einen ähnlichen Pollensammelapparat wie *O. andrenoides* und *O. caerulescens.* ♂♂ legen in ihren Fluggebieten Duftmarken an Pflanzenhalmen an und kontrollieren auf der Suche nach paarungswilligen ♀♀ regelmäßig umherliegende Schneckengehäuse. Sie schlafen einzeln oder in kleinen Gruppen von bis zu sieben Individuen in leeren Schneckenhäusern.
Gefährdung: ***D:*** Bw n, Ba 4, R n, T n, S n, Br n; ***CH:*** n.

O. aurulenta, ♀ verschließt Nest in Gehäuse von *Helix pomatia*, Unterstammheim (Zh), V.75

Osmia bicolor (Schrank 1781)

Kennzeichen: 8–10 mm. ♀ dank schwarz-rotem Färbungsmuster einzig mit *O. cornuta* zu verwechseln, die jedoch deutlich größer ist und einen gehörnten Kopfschild hat. ♂ im Feld kaum bestimmbar.
Vorkommen: Verbreitet. Im Gebiet keine Verbreitungsgrenze, jedoch auf Kalkgebiete beschränkt.
Biologische Angaben: Flugzeit: III-VI. Legt meist einzellige Nester in mittelgroßen Schneckengehäusen *(Arianta, Cepaea, Fruticicola)* an. Die Gehäuse werden zu Beginn der Nestbauarbeiten fleckenweise mit Pflanzenmörtel beklebt. Der Nestverschluß besteht aus einem durch Wände aus Pflanzenmörtel begrenzten, 1–2 cm dicken Pfropfen aus dichtgepackten kleinen Steinchen, Erdbröckchen u. ä.. Das fertige Nest wird so gedreht, daß die Nestabschlußwand direkt gegen den Erdboden gerichtet ist. Danach wird es mit Dutzenden von einzeln herbeigetragenen Kiefernnadeln, dürren Halmen u. ä. überdeckt. Die ♀♀ haben die Nester offenbar auch nach ihrer Fertigstellung noch unter Kontrolle, werden doch die Nester nach künstlicher Entfernung des Streuhaufens wieder zugedeckt. Ausgesprochen polylektische Art, die sogar „Windblütler" wie Wegerich *(Plantago)* und Segge *(Carex)* zu nutzen weiß. ♂♂ patrouillieren entlang ihrer Flugbahnen Blüten und Schneckengehäuse ab. Sie schlafen einzeln oder in kleinen Gruppen in Schneckenhäusern.
Gefährdung: ***D:*** Bw n, Ba 4, R n, T 3, S 3, Br 3; ***CH:*** n.

Osmia brevicornis (Fabricius 1798) (= *O. atrocaerulea, O. panzeri*)

Kennzeichen: 8–11 mm. ♀ durch blauschillernden Körper, rostrot gefärbte Bauchbürste und spezialisierten Blütenbesuch bereits im Gelände leicht kenntlich. ♂ im Feld nicht ansprechbar.
Vorkommen: Selten. Im Gebiet keine Verbreitungsgrenze.
Biologische Angaben: Flugzeit: IV-VI. Nistet vorwiegend in Käferfraßgängen in Totholz. Auch in Nisthilfen. Außergewöhnlicher Nestaufbau: Nestgang ist durch keine Zellzwischenwände unterteilt, sondern durchgehend mit dem Nahrungsvorrat gefüllt, in den bis zu 20 Eier eingebettet werden. Die Nestabschlußwand besteht aus Pflanzenmörtel und liegt mehrere Millimeter tief im Ganginnern. Oligolektisch, auf großblütige Kreuzblütler (Brassicaceae) spezialisiert.
Gefährdung: ***D:*** Bw 2, Ba 1, R 3, T 2, S 4, Br n; ***CH:*** 3.

o.l.o.: *O. bicolor*, ♀ an Nest in Gehäuse von *Arianta arbustorum*, Flaach (Zh), IV.74; **o.l.u.:** *O. bicolor*, ♀ tarnt Nest mit Koniferennadeln, Flaach (Zh), IV.74; **o.r.:** *O. bicolor*, tarnender Streuhaufen über Nest, Flaach (Zh), V.73; **u.l.:** *O. brevicornis*, ♀ auf *Hesperis matronalis*, Agasul (Zh), VI.94; **u.r.o.:** *O. brevicornis*, Paarung, Agasul (Zh), IV.94; **u.r.u.:** *O. brevicornis*, zellwandloses Nest in Beobachtungsnest, Dornach (So), V.95

Osmia caerulescens (Linné 1758) (= *O. aenea*)

Kennzeichen: 8–10 mm. ♀ durch blauschillernden und dünn weißgrau behaarten Körper sowie schwarz gefärbte Bauchbürste einzig mit der seltenen *O. submicans* zu verwechseln, die mit einer Körperlänge von 7–8 mm jedoch deutlich kleiner ist. ♂ im Feld nicht zu bestimmen.
Vorkommen: Häufig. Im Gebiet keine Verbreitungsgrenze.
Biologische Angaben: Flugzeit: IV-VIII. Die ab Mitte Sommer fliegenden Individuen sind Angehörige einer partiellen zweiten Generation. Legt die Brutzellen meist linienförmig hintereinander in unterschiedlichen Hohlräumen an: Käferfraßgänge, hohle Pflanzenstengel, verlassene Stechimmennester u. ä.. Besiedelt auch Nisthilfen. Zellwände und Nestverschluß bestehen aus Pflanzenmörtel. Kuckucksbiene: *Stelis ornatula.* Polylektisch mit deutlicher Bevorzugung von Schmetterlingsblütlern (Fabaceae) und Lippenblütlern (Lamiaceae). ♀ im Gesichtsbereich mit ähnlichem Pollensammelapparat wie *O. andrenoides* und *O. aurulenta.*
Gefährdung: ***D:*** Bw n, Ba 3, R n, T n, S n, Br n; ***CH:*** n.

Osmia cornuta (Latreille 1805)

Kennzeichen: 10–15 mm. ♀ dank schwarz-rotem Färbungsmuster, bedeutender Größe und gehörntem Kopfschild unverwechselbar. ♂ mit gleichem Färbungsmuster und zusätzlich auffällig weiß behaartem Kopfschild.
Vorkommen: Verbreitet. Im Gebiet keine Verbreitungsgrenze; tritt hier schwerpunktsmäßig in Dörfern und Städten auf. Wurde in den letzten Jahrzehnten deutlich häufiger.
Biologische Angaben: Flugzeit: III-V. Nistet in vorhandenen Hohlräumen vertikaler Flächen wie Mauerritzen, Felsspalten, verlassenen Stechimmennestern in Steilwänden u. ä.. Besiedelt auch Nisthilfen, die jedoch an eine größere vertikale Fläche angrenzen müssen. Als Baumaterial für die Zellwände und den Nestverschluß dient feuchte Erde. Polylektisch. ♀♀ haben wie *O. rufa* und zwei weitere mitteleuropäische Arten eine durch hornartige Fortsätze und Haarreihen begrenzte Eindellung auf dem Kopfschild, die möglicherweise beim Pollensammeln bzw. -transport eingesetzt wird. ♂♂ warten an den Nistplätzen auf ausschlüpfende ♀♀, patrouillieren aber auch Blüten ab.
Gefährdung: ***D:*** Bw n, Ba 2, R n, T 3, S 2, Br Nachweise seit 1980; ***CH:*** n.

o.: *O. caerulescens,* ♀ an *Lotus corniculatus,* Solothurn (So), VII.82;
u.r.: *O. cornuta,* ♀ an Nest, Solothurn (So), IV.96;
u.l.o.: *O. cornuta,* ♀, Kopfschild (REM, 10x);
u.l.u.: *O. cornuta,* Paarung, Solothurn (So), III.90

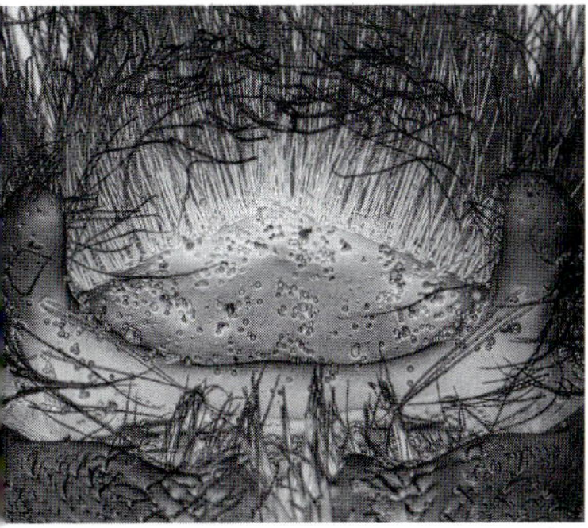

Osmia dalmatica Morawitz 1871

Kennzeichen: 11–14 mm. Beide Geschlechter durch bedeutende Größe, dicht gelbbraun bis grau behaarten Körper und charakteristischen Blütenbesuch unverwechselbar. ♀ zusätzlich mit weiß gefärbter Bauchbürste, ♂ mit zweilappigem Endtergit.
Vorkommen: Sehr selten. ***CH:*** Wallis, Tessin. An Trockenhängen mit anstehendem Fels.
Biologische Angaben: Flugzeit: VI-VIII. Legt die Brutzellen dicht nebeneinander in vertikal bis horizontal orientierten Stein- und Felsspalten sowie unter hohl aufliegenden Steinen an. Die Brutzellen sind zweischichtig und bestehen außen aus einer mehrere Millimeter dicken Schicht unterschiedlich stark zerkauter Laubblattstücke und innen aus einer dünnen Lage von Blütenblattstücken. Während die ♀♀ im Wallis für die Herstellung der Außenschicht vorwiegend Laubblätter von Sonnenröschen *(Helianthemum)* nutzen, werden für die innere Zellauskleidung Blütenblätter von Storchschnabel *(Geranium),* Feinblättrigem Lein *(Linum tenuifolium),* Blauem Lattich *(Lactuca perennis)* und wahrscheinlich weiteren Pflanzen verwendet. Die Brutzelle wird unmittelbar nach der Ablage des Eies verdeckelt, indem ein bereits vor der Eiablage vorbereiteter, über den oberen Brutzellenrand vorragender Saum aus Blütenblattstücken eingeklappt wird. Danach wird die Brutzelle mit einem zweiten Deckel aus Pflanzenmörtel endgültig verschlossen. Oligolektisch, auf Kardengewächse (Dipsacaceae) spezialisiert. Besucht sowohl Witwenblume *(Knautia)* als auch Skabiose *(Scabiosa).* ♂♂ patrouillieren auf der Suche nach paarungswilligen ♀♀ in rasantem Flug Blütenköpfe von Witwenblumen und Skabiosen ab.
Gefährdung: *CH:* 4.

o.l.: *O. dalmatica*, ♀ auf *Knautia* spec., Gimillan (Ao), VII.96;
o.r.o.: *O. dalmatica*, Nistplatz, Erschmatt (Vs), VII.91;
o.r.u.: *O. dalmatica*, Brutzelle in Felsspalte, Erschmatt (Vs), VII.91;
u.: *O. dalmatica*, ♀ schneidet Blütenblattstücke auf *Geranium pyrenaicum*, Gimillan (Ao), VII.96

Osmia inermis (Zetterstedt 1838)

Kennzeichen: 8–10 mm. ♀ dank rostbrauner Behaarung von Kopf, Brust und Tergit 1, schwarzer Behaarung der Tergite 2–5 sowie schwarz gefärbter Bauchbürste oberhalb der Waldgrenze nur mit *O. alticola* zu verwechseln, die jedoch mit einer Körperlänge von 11–12 mm deutlich größer ist. Unterhalb der Waldgrenze kommen weitere sehr ähnliche Arten hinzu. ♂ im Feld nicht bestimmbar.
Vorkommen: Selten. Boreoalpin verbreitete Art, die im mitteleuropäischen Raum in den Alpen, sehr lokal auch in den Mittelgebirgen (z. B. Schwäbische Alb, Fränkischer Jura) auftritt. Steigt in den Alpen bis weit über die Waldgrenze und ist dort eine Charakterart von Geröllflächen entlang alpiner Flüsse.
Biologische Angaben: Flugzeit: V-VIII. Die Brutzellen bestehen aus zerkautem Blattmaterial und liegen dicht nebeneinander meist auf der Unterseite eines flachen Steines. Die Nester, die oft Jahr für Jahr wiederbenutzt werden, sind ringsum mit Sand so gegen den Untergrund abgedichtet, daß nur ein kleines Einflugsloch frei bleibt. Meist kommt es zur Bildung von Gemeinschaftsnestern, die bis zu 200 Brutzellen und 12 gleichzeitig bauende ♀♀ umfassen können. In diesen Gemeinschaftsnestern baut und verproviantiert jedes ♀ seine eigenen Brutzellen. Dadurch daß der Sandwall jedoch durch die gemeinschaftliche Tätigkeit aller ♀♀ entsteht, sind erste Ansätze zu einem quasisozialen Verhalten vorhanden. Polylektisch mit deutlicher Vorliebe für Schmetterlingsblütler (Fabaceae).
Gefährdung: ***D:*** Bw Nachweis 1994, Ba 1, R -, T 0, S -, Br -; ***CH:*** n.

Osmia leaiana (Kirby 1802)

Kennzeichen: 8–10 mm. ♀ im Feld nicht von *O. niveata (= O. fulviventris)* zu unterscheiden, die ebenfalls eine leuchtend orangerote Bauchbürste besitzt, einen spärlich behaarten und schwach blauschillernden Hinterleib aufweist sowie auf Korbblütler spezialisiert ist. ♂ im Gelände nicht bestimmbar.
Vorkommen: Verbreitet. Im Gebiet keine Verbreitungsgrenze.
Biologische Angaben: Flugzeit: V-VIII. Nistet vorwiegend in Käferfraßgängen in Totholz, besiedelt auch Nisthilfen. Zellwände und Nestverschluß bestehen aus Pflanzenmörtel. Oligolektisch, auf Korbblütler (Asteraceae) spezialisiert. Besucht innerhalb der Korbblütler vorwiegend Flockenblumen und Disteln (Cardueae). Kuckucksbiene: *Stelis phaeoptera*.
Gefährdung: ***D:*** Bw 3, Ba 3, R n, T n, S 2, Br Nachweise seit 1980; ***CH:*** n.

o.: *O. inermis*, ♀ an Nest unter umgedrehtem Stein, Badgastein (Sa), VIII.96; **u.l.:** *O. leaiana*, ♀ an Nest, Agasul (Zh), V.92; **u.r.o.:** *O. leaiana*, Nestverschluß, Agasul (Zh). V.92; **u.r.u.:** *O. leaiana*, Brutzellen in hohlem Pflanzenstengel, Agasul (Zh), VII.92

Osmia leucomelana (Kirby 1802) (= *O. parvula*)

Kennzeichen: 6–8 mm. Erinnert in beiden Geschlechtern durch den langgestreckten, spärlich behaarten Körper und die schmalen weißen Tergitbinden stark an Arten der Gattung *Chelostoma,* besucht jedoch im Gegensatz zu diesen vorwiegend Schmetterlingsblütler.
Vorkommen: Häufig. Im Gebiet keine Verbreitungsgrenze.
Biologische Angaben: Flugzeit: VI-VIII. Nistet in selbstgenagten Gängen im Mark dürrer Pflanzenstengel. Als Baumaterial für die Zellwände und den Nestverschluß dient Pflanzenmörtel. Polylektisch, bevorzugt Schmetterlingsblütler (Fabaceae). Kuckucksbienen: *Stelis minuta, S. ornatula.*
Gefährdung: ***D:*** Bw n, Ba 4, R n, T n, S 2, Br n; ***CH:*** n.

Osmia mitis Nylander 1852

Kennzeichen: 7–9 mm. ♀ durch auffällig rostbraun behaarte Brustoberseite, glänzend schwarzen und nur schmal weiß gebänderten Hinterleib sowie weiße Bauchbürste einzig mit der noch selteneren *O. papaveris* zu verwechseln, die jedoch nicht auf Glockenblume *(Campanula)* spezialisiert ist und eine andere Nistweise besitzt. Während der Hinterleib des ♀ eine beinahe kugelige Form aufweist, ist der Hinterleib des ähnlich behaarten und gefärbten ♂ auffallend langgestreckt und endet in einer stachelartigen Spitze.
Vorkommen: Selten. Im Gebiet keine Verbreitungsgrenze, tritt hier aber schwerpunktsmäßig an wärmebegünstigten Trockenhängen im Alpenraum, lokal auch in warmen Tieflagen auf. Steigt in den Bergen stellenweise bis über die Waldgrenze.
Biologische Angaben: Flugzeit: VI-VIII. Die Brutzellen werden einzeln oder in kleinen Gruppen unter Steinen, in Felsspalten oder im Schutz dichter Grashorste versteckt. Sie bestehen aus meist länglichen Laubblattstücken, die derart ineinandergeschachtelt werden, daß die Zellen schließlich die Form winziger Föhrenzapfen annehmen. Im Wallis werden für den Bau der Brutzellen hauptsächlich Laubblattstücke von Sonnenröschen *(Helianthemum)* verwendet. Oligolektisch, auf Glockenblume *(Campanula)* spezialisiert. ♂♂ patrouillieren Glockenblumen ab, welche von beiden Geschlechtern auch häufig als Schlafplätze genutzt werden.
Gefährdung: ***D:*** Bw 1, Ba 2, R 3, T 1, S 2, Br -; ***CH:*** n.

o.l.: *O. leucomelana*, ♀ an Nest, Agasul (Zh), VI.96; **o.r.:** *O. leucomelana*, Brutzellen im Mark eines dürren Pflanzenstengels, Agasul (Zh), VIII.91; **u.l.:** *O. mitis*, ♀ auf *Campanula rotundifolia*, Bräntschu (Vs), VII.96; **u.r.o.:** *O. mitis*, ♂ auf *Campanula glomerata*, Bräntschu (Vs), VII.96; **u.r.u.:** *O. mitis*, Brutzellen unter (entfernter) Steinplatte, Zeneggen (Vs), VII.90

Osmia minutula Pérez 1896

Kennzeichen: 4–5 mm. Weitaus kleinste *Osmia*-Art im Gebiet. Erinnert durch Gestalt, spärlich behaarten Körper und schmale weiße Tergitbinden bzw. -flecken stark an *Heriades,* ist jedoch bedeutend kleiner und besucht andere Pflanzen.
Vorkommen: Sehr selten. ***CH:*** Wallis.
Biologische Angaben: Flugzeit: VII-VIII. Nistweise unbekannt. Polylektisch mit deutlicher Vorliebe für Lippenblütler (Lamiaceae). Bevorzugte Pollenquelle im Wallis ist der Berg-Gamander *(Teucrium montanum).* ♀♀ sammeln den Pollen auf dieser Pflanze, indem sie den Staubfäden entlang nach oben klettern und mit wippendem Hinterleib den Pollen direkt in die Bauchbürste aufnehmen. ♂♂ patrouillieren *Teucrium*-Blüten ab.
Gefährdung: ***CH***: 4.

Osmia mustelina Gerstaecker 1869 (= *O. emarginata* auct.)

Kennzeichen: 10–14 mm. Körper des ♀ mit Ausnahme der schwarz behaarten Tergite 5–6 und der orangeroten Bauchbürste zottig gelbbraun behaart. Hinterleib mit schwachem grünlichem Glanz. Im Gegensatz zu den sehr ähnlichen Arten *O. cerinthidis* und *O. rufa* ohne gehörnten Kopfschild. ♂ ähnlich wie ♀ gefärbt und behaart, aber mit auffallend langen Fühlern; im Feld kaum von den letzteren beiden Arten zu unterscheiden.
Vorkommen: Selten. Die nördliche Verbreitungsgrenze verläuft vom nördlichen Ostdeutschland in südwestlicher Richtung durch das mittlere Westdeutschland.
Biologische Angaben: Flugzeit: V-VII. Legt die Brutzellen dicht nebeneinander in unterschiedlichen Hohlräumen an, z. B. in Felsspalten und Mauerlöchern oder zwischen aufgeschichteten Steinen unverfugter Trockenmauern. Die Brutzellen werden aus Pflanzenmörtel gefertigt und im Gegensatz zu *O. dalmatica* nicht mit Blütenblättern ausgekleidet. Bevorzugte Lieferanten von Pflanzenmörtel sind Laubblätter von Sonnenröschen *(Helianthemum).* Wahrscheinlich zum Schutz vor Parasiten bleiben die äußersten Brutzellen leer und werden nicht mit Eiern belegt. Oft nisten mehrere ♀♀ in enger Nachbarschaft. Polylektisch. ♂♂ schlafen gerne gruppenweise in Felsspalten. Kuckucksbiene: *Stelis franconica.*
Gefährdung: ***D:*** Bw 1, Ba 1, R 0, T 0, S -, Br 1; ***CH:*** n.

o.l.: *O. minutula,* ♀ sammelt Pollen auf *Teucrium montanum,* Hohtenn (Vs), VI.96; **o.r.o.:** *O. mustelina,* ♀ an Nest, Bräntschu (Vs), VI.96; **o.r.u.:** *O. mustelina,* Nest in Trockenmauerspalte, Bräntschu (Vs), VI.96; **u.:** *O. mustelina,* ♀ schneidet Laubblattstücke auf *Helianthemum nummularium,* Bräntschu (Vs), VI.96

Osmia papaveris (Latreille 1799)

Kennzeichen: 8–11 mm. ♀ erinnert durch leuchtend rostbraun behaarte Brustoberseite, glänzend schwarzen und schmal hell gebänderten Hinterleib sowie weiße Bauchbürste stark an *O. mitis*. *O. papaveris* besucht jedoch im Gegensatz zu letzterer Art neben Glockenblume *(Campanula)* zahlreiche weitere Blüten und besitzt eine völlig andere Nistweise. ♂ ähnlich behaart und gefärbt wie das ♀, mit zweispitzigem Endtergit.
Vorkommen: Selten. Im Gebiet keine Verbreitungsgrenze, jedoch ausgesprochen lokal und hauptsächlich in Sandgebieten auftretend. Charakterart der extensiv genutzten Ackerbaulandschaft.
Biologische Angaben: Flugzeit: VI-VIII. Nistet in selbstgegrabenen, 3–4 cm langen, senkrechten Gängen im Boden, die an ihrem Ende meist nur eine einzelne Brutzelle enthalten. Brutzellen und Eingangsstollen werden mit Blütenblattstücken austapeziert, welche häufig auf Mohn *(Papaver)* gewonnen werden. Nach der Eiablage wird die während der Verproviantierungsarbeiten bis an die Erdoberfläche ragende Blütentapete des Eingangsstollens zum Verschluß der Zelle verwendet und der Nesteingang mit Sand zugescharrt. Polylektisch; beliebte Nahrungspflanzen sind Korbblütler (Asteraceae), u. a. Kornblume *(Centaurea cyanus)*, Acker-Winde *(Convolvulus arvensis)* oder Glockenblume *(Campanula)*. Die Blüten der letzteren werden von beiden Geschlechtern gerne als Schlafplätze genutzt.
Gefährdung: ***D:*** Bw 1, Ba 1, R 1, T 0, S 1, Br 1; ***CH:*** 0.

Osmia pilicornis Smith 1846

Kennzeichen: 8–10 mm. ♀ äußerlich nicht von nah verwandten Arten zu unterscheiden, die ebenfalls eine rotbraune Behaarung von Brust und Hinterleibsbasis, einen schwarz behaarten Hinterleib sowie eine schwarz gefärbte Bauchbürste besitzen. Dank früher Erscheinungszeit und ausgeprägter Vorliebe für Lungenkraut im Gelände trotzdem recht gut anzusprechen. ♂ im Feld kaum bestimmbar.
Vorkommen: Selten. Im Gebiet keine Verbreitungsgrenze. Siedlungsschwerpunkt in lichten Wäldern.
Biologische Angaben: Flugzeit: III-VI. Nistweise unbekannt. Polylektisch mit ausgeprägter Vorliebe für Lungenkraut *(Pulmonaria)*. ♀♀ kratzen den Pollen mit hakig gekrümmten Borsten auf dem Rüssel aus den engen Blütenröhren des Lungenkrauts heraus. ♂♂ patrouillieren *Pulmonaria*-Blüten ab.
Gefährdung: ***D:*** Bw 4, Ba 1, R 4, T 4, S 2, Br 3; ***CH:*** 3.

o.: *O. papaveris*, ♀ an Nest, Gabow (Br), VII.93; **u.l.:** *O. pilicornis*, ♀ an *Pulmonaria* spec., Kleinandelfingen (Zh), V.94; **u.r.:** *O. pilicornis*, ♀, Rüssel mit hakig gebogenen Pollensammelborsten (REM, 26x)

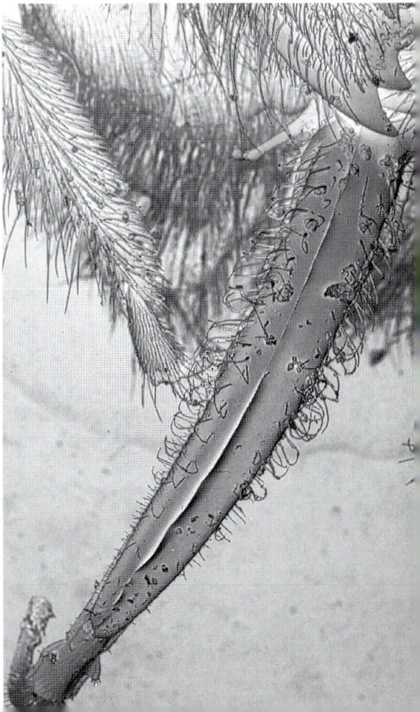

Osmia rufa Linné 1758 (= *O. bicornis*)

Kennzeichen: 8–13 mm. ♀ dank graubraun behaarter Brust, orangebraun behaarten Tergiten 1–3, schwarz behaarten Tergiten 4–6, gelbbrauner Bauchbürste, schwach grünlichem Körperglanz und auffälligen Hörnern auf dem Kopfschild nur mit der sehr seltenen *O. cerinthidis* zu verwechseln, die jedoch auf Wachsblume *(Cerinthe)* spezialisiert ist und die Westgrenze ihres mitteleuropäischen Verbreitungsgebietes in Bayern erreicht. ♂ ähnlich wie ♀ gefärbt und behaart, aber mit auffallend langen Fühlern; im Feld kaum von *O. cerinthidis* und *O. mustelina* zu unterscheiden.
Vorkommen: Häufig. Im Gebiet keine Verbreitungsgrenze.
Biologische Angaben: Flugzeit: III-VI. Legt die Brutzellen in einer Vielzahl unterschiedlicher Hohlräume an (s. S. 31). Besiedelt gerne Nisthilfen. In nicht-linearen Hohlräumen liegen die Brutzellen flächig nebeneinander. Zellwände und Nestverschluß werden aus feuchter Erde gebaut. Ausgesprochen polylektische Art, die auch Pollenquellen zu nutzen weiß, die von anderen Bienen kaum besucht werden, wie z. B. Eiche *(Quercus)* oder Hagebuche *(Carpinus betulus)*. Die Funktion der Gesichtshörner beim ♀ ist unklar. ♂♂ warten an den Nistplätzen auf schlüpfende ♀♀ oder patrouillieren Blüten ab.
Gefährdung: ***D:*** Bw n, Ba n, R 4, T n, S n, Br n; ***CH:*** n.

Osmia rufohirta Latreille 1811

Kennzeichen: 8–11 mm. ♀ ähnelt *O. aurulenta* stark, ist jedoch deutlich schlanker gebaut und besitzt einen verhältnismäßig kleineren Kopf. ♂ dank langgestrecktem und deutlich zugespitztem, orangerot behaartem Hinterleib bereits im Feld recht gut ansprechbar.
Vorkommen: Verbreitet. Die nördliche Verbreitungsgrenze verläuft durch das mittlere Deutschland. Vorwiegend in Kalkgebieten.
Biologische Angaben: Flugzeit: V-VII. Legt einzellige Nester in kleinen *(Helicella, Xerolenta)* bis mittelgroßen *(Zebrina)* Schneckengehäusen an, die außen mit kleinen Flecken aus Pflanzenmörtel beklebt werden. Das Nestgehäuse wird durch einen wenige mm dicken, beidseits durch Pflanzenmörtelwände begrenzten Pfropfen aus dichtgepackten Steinchen verschlossen. Danach wird es unter hohl aufliegende Steine, unter dürre Blätter oder in den Schutz von Grashorsten gerollt. Polylektisch, bevorzugt jedoch Schmetterlingsblütler (Fabaceae), besonders Hufeisenklee *(Hippocrepis comosa)* und Hornklee *(Lotus corniculatus)*. ♂♂ kontrollieren auf der Suche nach paarungswilligen ♀♀ umherliegende Schneckengehäuse.
Gefährdung: ***D:*** Bw 3, Ba 3, R 2, T 3, S 2, Br -; ***CH:*** 3.

o.: *O. rufa*, Paarung, Agasul (Zh), IV.95; **u.l.:** *O. rufa*, Brutzellen in Fensternut, Agasul (Zh), V.95; **u.r.:** *O. rufohirta*, ♀ rollt Nest in Gehäuse von *Zebrina detrita* an geschützten Ort, Hemmental (Sh), V.89

Osmia tergestensis Ducke 1897

Kennzeichen: 7–9 mm. Im Feld nicht von ähnlichen *Osmia*-Arten zu unterscheiden, die ebenfalls spärlich hell behaart sind, weiße Tergitbinden tragen und im ♀ Geschlecht eine weiße Bauchbürste aufweisen.
Vorkommen: Selten. ***A:*** Burgenland, Niederösterreich; ***CH:*** Wallis, Tessin.
Biologische Angaben: Flugzeit: VI-VIII. Die Brutzellen werden einzeln oder in kleinen Gruppen unter Steinen, in Felsspalten oder im Schutz dichter Grashorste versteckt. Sie sind dreilagig und bestehen aus zwei Schichten von Blütenblattstücken, die durch eine mittlere Schicht aus Erde miteinander verklebt sind. Die Blütenblattstücke werden auf unterschiedlichen Pflanzen gesammelt, wie z. B. Storchschnabel *(Geranium),* Sonnenröschen *(Helianthemum)* und Habichtskraut *(Hieracium).* Besucht für die Pollen- und Nektaraufnahme vorwiegend Schmetterlingsblütler (Fabaceae).
Gefährdung: ***CH:*** n.

Osmia tridentata Dufour & Perris 1840

Kennzeichen: 10–12 mm. ♀ ähnelt durch rostbraun behaarte Brust, gelbbraun gebänderten Hinterleib und rostgelber Bauchbürste abgeflogenen Individuen von *O. aurulenta.* Letztere besitzen aber einen deutlich gedrungeren Körperbau. ♂ mit charakteristischem dreizähnigem Endtergit.
Vorkommen: Verbreitet. Die nördliche Verbreitungsgrenze verläuft vom nördlichen Ostdeutschland in südwestlicher Richtung durch das mittlere Westdeutschland.
Biologische Angaben: Flugzeit: VI-VIII. Nistet in selbstgenagten Gängen im Mark dürrer, meist aufrecht stehender Stengel von Beifuß, Königskerze, u. a.. Ist das Mark durch keine Bruchstelle zugänglich, wird seitlich ein Loch durch die Stengelwand genagt. Die linienförmig untereinander liegenden Brutzellen sind durch Pflanzenmörtelwände voneinander getrennt. Der Nestverschluß besteht ebenfalls aus Pflanzenmörtel. Die frischgeschlüpften Tiere verlassen das Nest entweder durch den ursprünglichen Eingang oder sie nagen sich einzeln ein eigenes Loch seitlich durch die Stengelwand. Kuckucksbienen: *Stelis minuta, S. ornatula.* Oligolektisch, auf Schmetterlingsblütler spezialisiert. ♂♂ patrouillieren auf festgelegten Flugbahnen Nester ab.
Gefährdung: ***D:*** Bw 3, Ba 2, R 3, T 2, S 3, Br 2; ***CH:*** 3.

o.l.: *O. tergestensis,* Brutzelle unter (entferntem) Stein, Zeneggen (Vs), VII.90; **o.r.o.:** *O. tergestensis,* ♀ an Brutzelle in Steinspalte, Gimillan (Ao), VII.96; **o.r.u.:** *O. tergestensis,* Blüte von *Geranium pyrenaicum* mit abgebissenen Blütenblattstücken, Gimillan (Ao), VII.96; **u.l.:** *O. tridentata,* ♀ sonnt sich auf Niststengel, St. Pierre (Ao), VII.96; **u.r.:** *O. tridentata,* Ausschlupflöcher in vorjährigem Nest, St. Pierre (Ao), VII.96

Osmia villosa (Schenck 1853)

Kennzeichen: 10–12 mm. ♀ durch ausgesprochen zottige, braungelbe Behaarung von Kopf, Brust und Tergiten 1–2, schwarz behaarte Tergite 3–6, fehlende Tergitbinden, rostrote Bauchbürste sowie spezialisierten Blütenbesuch bereits im Feld gut kenntlich. ♂ im Gelände nicht zuverlässig zu bestimmen.
Vorkommen: Selten. Die nördliche Verbreitungsgrenze verläuft durch das mittlere Deutschland. Verbreitungsschwerpunkt in den Alpen und in den Mittelgebirgen.
Biologische Angaben: Flugzeit: V-VIII. Die Brutzellen werden einzeln oder in kleinen Gruppen in Felsspalten, unter Steinen, in verlassenen Stechimmennestern und anderen Hohlräumen angelegt. Sie bestehen aus mehreren Schichten von Blütenblattstücken, die in der Regel mit Erde miteinander verklebt sind. Die Blütenblattstücke werden auf unterschiedlichen Pflanzen gesammelt; beliebt sind Storchschnabel *(Geranium)* und Sonnenröschen *(Helianthemum).* Oligolektisch, auf Korbblütler (Asteraceae) spezialisiert. Besucht innerhalb der Korbblütler vorwiegend Zungenblütler (Lactuceae).
Gefährdung: ***D:*** Bw 2, Ba 2, R 3, T 0, S -, Br -; ***CH:*** n.

Osmia xanthomelana (Kirby 1802)

Kennzeichen: 9–12 mm. ♀ im Feld nicht sicher von nah verwandten Arten zu unterscheiden, die ebenfalls eine rotbraune Behaarung von Brust und Hinterleibsbasis, einen schwarz behaarten Hinterleib sowie eine schwarz gefärbte Bauchbürste besitzen. ♂ im Gelände nicht zuverlässig ansprechbar.
Vorkommen: Selten. Die nördliche Verbreitungsgrenze verläuft durch das nördliche Deutschland. Siedlungsschwerpunkt in mittleren bis höheren Lagen.
Biologische Angaben: Flugzeit: V-VII. Baut aus feuchter Erde urnenförmige, rund 15 mm hohe Brutzellen, welche einzeln oder in kleinen Gruppen aufrecht im Schutz von Grasbüscheln, unter Nadelstreupolstern oder unter Holzbrettern versteckt werden. Oligolektisch, auf Schmetterlingsblütler (Fabaceae) spezialisiert. Besucht hauptsächlich Hufeisenklee *(Hippocrepis comosa)* und Hornklee *(Lotus corniculatus).* ♂♂ patrouillieren die Blüten dieser Pflanzen auf der Suche nach paarungswilligen ♀♀ ab.
Gefährdung: ***D:*** Bw 2, Ba 2, R 0, T 1, S 2, Br 3; ***CH:*** n.

o.: *O. villosa*, ♀ an mit Blütenblätter ausgekleideter Brutzelle in altem Nest von *Megachile parietina*, Sent (Gr), VIII.88;
u.l.: *O. xanthomelana*, ♀ auf *Hippocrepis comosa*, Realp (Ur), VI.96;
u.r.: *O. xanthomelana*, Brutzelle mit Ei auf Pollen-Nektar-Vorrat, Scheid (Gr), VI.86

Panurginus – Scheinlappenbienen

Vier Arten im Gebiet (***D:*** 2; ***A:*** 3; ***CH:*** 3).
5–7 mm. ♀♀ im Feld schwierig von kleinen *Andrena*- und *Dufourea*-Arten zu unterscheiden, ♂♂ dagegen durch hellgelb gefärbten Kopfschild und gelb gefleckte Beine gut charakterisiert. Das Verbreitungsareal der Tieflandart *P. labiatus,* die in Ostdeutschland und im östlichen Österreich nachgeweisen wurde, überschneidet sich nicht mit dem der drei anderen mitteleuropäischen Arten, die nur in höheren Berglagen fliegen und im Feld nicht voneinander unterschieden werden können. Bestimmungsliteratur: Schmiedeknecht (1930), wo allerdings *P. sericatus* und *P. tyrolensis* nicht berücksichtigt sind.
Flugzeit: VI-VIII. Eine Generation im Jahr. *P. montanus, P. sericatus* und *P. tyrolensis* steigen in den Alpen bis weit über die Waldgrenze. Selbstgegrabene Nester im Boden an ebenen bis leicht geneigten, lückig bewachsenen Stellen. Die horizontal orientierten Brutzellen liegen einzeln am Ende von wenigen Millimetern langen, rechtwinklig mit dem senkrechten Hauptgang verbundenen Seitengängen, welche nach Verschluß der Brutzelle mit Erde gefüllt werden. Die Larven spinnen keinen Kokon. Nester oft in Kolonien. *P. labiatus* ist teilweise kommunal mit 1–5 ♀♀ pro Nest.
Pollentransporteinrichtung: Bürste aus lockerstehenden Haaren auf Hinterschiene und -ferse. Feuchtsammler. Der nektarfeuchte Pollen wird ähnlich wie bei *Melitturga* in einem die Hinterschiene ringförmig umgebenden Klumpen transportiert. Die drei gebirgsbewohnenden Arten sind wahrscheinlich polylektisch, während *P. labiatus* vermutlich auf Kreuzblütler (Brassicaceae) spezialisiert ist.
Die ♂♂ patrouillieren Blüten oder Nestkolonien auf der Suche nach ♀♀ ab. Sie schlafen oft gruppenweise auf Blütenständen.

Panurginus montanus Giraud 1861

Kennzeichen: 6–7 mm. Im Feld nicht von den anderen gebirgsbewohnenden *Panurginus*-Arten zu unterscheiden.
Vorkommen: Verbreitet. Im Gebiet im gesamten mitteleuropäischen Alpenbogen oberhalb der Waldgrenze auf blütenreichen Matten.
Biologische Angaben: Polylektisch. Besucht häufig Korbblütler (Asteraceae), besonders gelbe Zungenblütler (Lactuceae).
Gefährdung: ***D:*** Bw -, Ba 4, R -, T -, S -, Br -; ***CH:*** n.

o.: *P. montanus,* ♀ auf *Leontodon hispidus,* Val Piora (Ti), VII.96;
u.: *P. montanus,* Paarung, Val Piora (Ti), VII.96

Panurgus – Zottelbienen

Drei Arten im Gebiet (***D:*** 3; ***A:*** 2; ***CH:*** 3).
7–12 mm. Glänzend tiefschwarz gefärbte Bienen mit spärlicher bis struppiger, schwarzer Behaarung. ♀♀ mit langer und buschiger, gelborange gefärbter Beinbürste, ♂♂ mit großem, kubisch geformtem Kopf. *P. banksianus* kann bereits im Feld bestimmt werden, die beiden anderen Arten sind nur unter dem Binokular voneinander zu unterscheiden. Bestimmungsliteratur: Schmiedeknecht (1930).
Flugzeit: VI-IX. Eine Generation im Jahr.
Selbstgegrabene Nester im Boden an ebenen bis stark geneigten, vegetationslosen bis lückig bewachsenen, häufig sandigen Stellen. Die horizontal orientierten Brutzellen liegen in 5–20 cm Tiefe einzeln am Ende von rechtwinklig vom Hauptgang abzweigenden Seitengängen, die nach Verschluß der Brutzelle mit Erde gefüllt werden. Beim kommunalen *P. calcaratus* verzweigt sich der Eingangsschacht einige Zentimeter unter der Erdoberfläche in mehrere Hauptgänge. Die Larven spinnen keinen Kokon. Nester meist in kleineren bis großen Kolonien. Solitäre oder kommunale Nistweise.
Pollentransporteinrichtung: Bürste aus auffällig langen Haaren an Hinterschiene und -ferse. Im Gegensatz zu den anderen Vertretern der Panurgini wird der Pollen trocken transportiert. Die drei mitteleuropäischen Arten sind auf Korbblütler (Asteraceae) spezialisiert. Innerhalb der Korbblütler werden nur Vertreter der Zungenblütler (Lactuceae) besucht. ♀♀ mit charakteristischem Pollensammelverhalten: auf der Seite liegend kriechen sie zwischen den Zungenblüten der Pollenpflanzen hindurch und nehmen den Pollen mit krümmend-zuckenden Körperbewegungen auf.
Auf der Suche nach paarungswilligen ♀♀ patrouillieren die ♂♂ die Blütenköpfe der Pollenpflanzen auf festgelegten Bahnen ab oder kontrollieren die Nestkolonien. Andere ♂♂ warten stunden- oder tagelang auf Blütenköpfen auf ankommende ♀♀. Die ♀♀ verpaaren sich mehrfach mit verschiedenen ♂♂. Die ♂♂ schlafen einzeln auf Blüten, besonders auf Blütenköpfen von Korbblütlern.
Drei mitteleuropäische *Nomada*-Arten entwickeln sich als Kuckucksbienen in den Nestern von *Panurgus.*

o.: *P. banksianus*, ♀ an Nest, Val Piora (Ti), VII.96;
u.: *P. banksianus*, ♀ auf *Hieracium pilosella*, Gimillan (Ao), VII.96

Panurgus banksianus (Kirby 1802)

Kennzeichen: 10–12 mm. Dank der bedeutenderen Größe bereits im Feld sicher von den zwei anderen mitteleuropäischen *Panurgus*-Arten zu unterscheiden.
Vorkommen: Verbreitet. Im Gebiet keine Verbreitungsgrenze, aber hauptsächlich in mittleren bis höheren Berglagen auftretend.
Biologische Angaben: Nester mit zwei, wenige Zentimeter voneinander entfernten Eingängen. Vor dem einen Eingang wird die im Nestinnern losgegrabene Erde zu einem Hügelchen aufgehäuft, das möglicherweise wirtsnestsuchende Brutparasiten anlockt und sie dadurch vom zweiten, unauffälligeren Eingang fernhält, der zu den Brutzellen führt. Für die Verproviantierung einer Brutzelle sind acht Sammelflüge notwendig. Solitäre Nistweise. Kuckucksbiene: *Nomada similis.*
Gefährdung: ***D:*** Bw 3, Ba 3, R n, T 3, S 4, Br -; ***CH:*** n.

Panurgus calcaratus (Scopoli 1763)

Kennzeichen: 7–9 mm. Im Feld nicht von der deutlich selteneren und wärmeliebenderen Art *P. dentipes* zu unterscheiden.
Vorkommen: Verbreitet, in Sandgegenden stellenweise häufig. Im Gebiet keine Verbreitungsgrenze, aber aufgrund der Vorliebe für sandige Böden oft nur lokal auftretend.
Biologische Angaben: Kommunale Nistweise mit zwei bis zehn ♀♀ pro Nest. Die Geburtsnester werden häufig wiederbenutzt. Kuckucksbiene: *Nomada fuscicornis.*
Gefährdung: ***D:*** Bw n, Ba 4, R n, T 3, S n, Br n; ***CH:*** 3.

o.: *P. calcaratus*, ♀ an Nest, Gimillan (Ao), VII.96;
u.: *P. calcaratus*, Paarung, Neuhausen im Hegau (Bw), VIII.95

Psithyrus – Schmarotzerhummeln

Da die *Psithyrus*-Arten nach neueren Untersuchungen alle von einem gemeinsamen Hummel-Vorfahren abstammen, werden sie neuerdings von manchen Autoren zur Gattung *Bombus* gezählt.
10 Arten im Gebiet (***D:*** 9; ***A:*** 10; ***CH:*** 9).
13–25 mm. Unterscheiden sich von den Vertretern der Gattung *Bombus* durch das auffallend träge Verhalten auf den Blüten und die weniger dichte, struppigere Hinterleibsbehaarung, welche die Kutikula durchschimmern läßt. ♀♀ im Gegensatz zu *Bombus* ohne Körbchen auf den auch auf der Außenseite durchgehend behaarten Hinterschienen und mit meist deutlich eingekrümmter Hinterleibsspitze. Mit Ausnahme der ♀♀ der beiden Arten *P. quadricolor* und *P. rupestris* (s. unten), die sich durch ein rotes Hinterleibsende auszeichnen, können die mitteleuropäischen Schmarotzerhummeln ohne optische Hilfsmittel nicht bis auf die Art bestimmt werden. Bestimmungsliteratur: Schmiedeknecht (1930); Mauss (1987); Amiet (1996). In den ersteren beiden Schlüsseln fehlt der im östlichen Österreich nachgewiesene *P. maxillosus.*
Flugzeit: IV-X. Die ♀♀ beginnen im späteren Frühling nach der Überwinterung mit der Eiablage im Wirtsnest. Die Nachkommen schlüpfen bereits im Sommer und Spätsommer desselben Jahres aus und verpaaren sich. Während die ♂♂ noch vor Einbruch des Winters sterben, überwintern die begatteten ♀♀ an einem geschützten Ort. Eine Generation im Jahr. Mehrere Arten steigen in den Bergen zusammen mit ihren Wirten bis weit über die Waldgrenze.
Schmarotzerhummeln leben als Sozialparasiten in den Nestern von *Bombus.* Je nach Art befallen sie nur die Nester einer einzigen Hummel-Art oder schmarotzen bei mehreren Wirtsarten. Sie besitzen keine Arbeiterinnenkaste mehr und haben die Fähigkeit zum Pollensammeln und zur Wachssekretion verloren. Das Schmarotzerhummel-♀ dringt im späteren Frühling, wenn die ersten Hummel-Arbeiterinnen bereits geschlüpft sind, in ein Wirtsnest ein. Verhalten sich die Arbeiterinnen zuerst meist aggressiv gegenüber dem Eindringling, der durch ein sehr hartes Außenskelett und einen kräftigen Stachel geschützt ist, bleibt die Schmarotzerhummel später aus noch unbekannten Gründen unbehelligt. Bei vielen Arten leben die Hummel-Königin und das Schmarotzerhummel-♀ nach Abflauen der anfänglichen Kämpfe, die häufig mit dem Tod zahlreicher Arbeiterinnen enden, nebeneinander. Bei anderen Arten tötet oder vertreibt die Schmarotzerhummel die Hummel-Königin kurz nach dem Eindringen in das Nest. Das Schmarotzerhummel-

P. campestris, ♀ im Nest von *Bombus pascuorum,*
Grono (Gr), VII.72

♀ zerstört nach der Eroberung des Nestes fortlaufend Brutzellen, Eier und Larven des Wirtes und baut aus dem so gewonnenen Wachs eigene Brutzellen, die mit mehreren Eiern belegt werden. Die Larven der Schmarotzerhummel werden in der Folge von den Hummel-Arbeiterinnen gefüttert und aufgezogen. Sie spinnen einen Kokon. Auch wenn die Hummel-Königin überlebt, werden keine oder nur eine stark verminderte Anzahl Arbeiterinnen und Geschlechtstiere des Wirtes erzeugt. Der Befall eines Hummel-Volkes durch eine Schmarotzerhummel führt stattdessen zur Erzeugung von *Psithyrus*-♀♀ und -♂♂, die im Sommer und Spätsommer aus den Wirtsnestern schlüpfen und sich verpaaren.
Ähnlich wie bei den Hummeln patrouillieren die ♂♂ entlang von festgelegten, duftmarkierten Flugbahnen. Sie schlafen häufig auf Blüten.

Psithyrus campestris (Panzer 1801)

Kennzeichen: 15–20 mm. Im Feld kaum von ähnlichen *Psithyrus*-Arten zu unterscheiden.
Vorkommen: Verbreitet. Im Gebiet keine Verbreitungsgrenze.
Biologische Angaben: In Mitteleuropa ist *Bombus pascuorum* der Hauptwirt. Weitere Wirte sind *B. humilis, B. pratorum* u. a..
Gefährdung: ***D:*** Bw n, Ba n, R n, T 2, S 2, Br n; ***CH:*** n.

Psithyrus rupestris (Fabricius 1793)

Kennzeichen: 15–25 mm. ♀ durch die auffällig rot behaarten Tergite 4–5 sowie die schwarzbraunen Flügel bereits im Feld sicher anzusprechen. Beim ähnlichen *P. quadricolor,* der vorwiegend in mittleren bis höheren Berglagen fliegt, beginnt die rote Hinterleibsbehaarung bereits ab Tergit 3 und die Flügel sind nur schwach verdunkelt. ♂ nicht von *P. quadricolor* zu unterscheiden.
Vorkommen: Verbreitet. Im Gebiet keine Verbreitungsgrenze.
Biologische Angaben: In Mitteleuropa ist *Bombus lapidarius* der Hauptwirt. *B. pascuorum, B. sicheli* und *B. sylvarum* sind ebenfalls als Wirte belegt.
Gefährdung: ***D:*** Bw n, Ba 4, R n, T n, S n, Br n; ***CH:*** n.

o.: *P. campestris,* ♂ auf *Knautia arvensis,* Schwanden (Gl), VIII.93;
u.: *P. rupestris,* ♀ auf *Astragalus onobrychis,* Leuk (Vs), VI.96

Rhophitoides – Graubienen

Eine Art im Gebiet (***D:*** 1; ***A:*** 1; ***CH:*** 1), die unter Berücksichtigung des Blütenbesuchs bereits im Feld sicher angesprochen werden kann. Sie ist bei älteren Autoren noch unter der Gattung *Rophites* aufgeführt.

Rhophitoides canus (Eversmann 1852)

Kennzeichen: 7–8 mm. Erinnert durch braunschwarze Körperfärbung, schmale weiße Haarbinden am Ende der Hinterleibstergite sowie fehlende Hinterleibsfurche stark an *Rophites,* unterscheidet sich von dieser Gattung aber durch unterschiedlichen Blütenbesuch, fehlende Stirnstacheln beim ♀ sowie kürzere Fühler beim ♂. Unter dem Stereomikroskop durch unterschiedlichen Bau der Mundteile leicht von *Rophites* zu trennen.
Vorkommen: Selten. ***D:*** Baden-Württemberg, Bayern, Rheinland-Pfalz, Hessen und in mehreren ostdeutschen Bundesländern; ***A:*** Burgenland, Steiermark, Kärnten, Nieder- und Oberösterreich; ***CH:*** Nordschweiz, Graubünden (Unterengadin).
Biologische Angaben: Flugzeit: VI-VIII. Eine Generation im Jahr. Selbstgegrabene, rund 20–30 cm tiefe Nester im Boden an ebenen bis geneigten, vegetationslosen bis lückig bewachsenen, sandigen Stellen. Die horizontal orientierten Brutzellen liegen einzeln oder zu zwei bis drei direkt hintereinander am Ende von 1–3 cm langen Seitengängen, die rechtwinklig mit dem senkrechten Hauptgang verbunden sind. Die Seitengänge werden nach Verschluß der Brutzelle(n) mit Erde gefüllt. Die Larven spinnen einen Kokon. Nester oft in Kolonien. Solitäre Nistweise.
Pollentransporteinrichtung: Haarbürste an Hinterschiene und -ferse sowie Körbchen auf der Unterseite des Hinterschenkels. Oligolektisch, auf Schmetterlingsblütler (Fabaceae) spezialisiert. In Mitteleuropa sind die bevorzugten Pollenquellen Luzerne *(Medicago sativa)* und Sichelklee *(Medicago falcata).* Für die Versorgung einer Brutzelle sind 8–10 Sammelflüge und der Pollen von rund 2200 Luzerne-Blüten notwendig.
Die ♂♂ patrouillieren Nestkolonien und Pollenpflanzen auf der Suche nach ♀♀ ab. Sie schlafen gerne in Blüten.
Gefährdung: ***D:*** Bw 2, Ba 2, R 2, T 2, S 2, Br 2; ***CH:*** 1

o.: *R. canus,* ♀ auf *Medicago falcata,* Sur En (Gr), VII.96;
u.: *R. canus,* ♂ auf *Medicago falcata,* Sur En (Gr), VII.96

Rophites – Schlürfbienen

Drei Arten im Gebiet (***D:*** 2; ***A:*** 3; ***CH:*** 2).
7–10 mm. Braunschwarz gefärbte, an *Halictus* erinnernde Bienen mit schmalen, weißen Haarbinden am Ende der Hinterleibstergite, aber fehlender Längsfurche auf dem letzten Tergit. ♀♀ durch die zu Stacheln umgebildeten Haare auf der Stirn sowie den spezialisierten Blütenbesuch unverwechselbar. ♂♂ mit dicht und kurz graubraun behaartem Hinterleib, langen und unterseits orangebraun aufgehellten Fühlern sowie auffällig schmaler, über den Rand des Endtergites vorragender Analplatte. Die drei mitteleuropäischen Arten sind nur unter dem Stereomikroskop mit Sicherheit voneinander zu unterscheiden. Bestimmungsliteratur: Ebmer & Schwammberger (1986).
Flugzeit: VI-VIII. Eine Generation im Jahr.
Selbstgegrabene, 15–25 cm tiefe Nester im Boden an ebenen bis geneigten, lückig bewachsenen Stellen. Die horizontal orientierten Brutzellen liegen einzeln oder zu zwei bis drei direkt hintereinander am Ende von rechtwinklig mit dem senkrechten Hauptgang verbundenen, 5–15 mm langen Seitengängen, die nach Verschluß der Brutzelle(n) mit Erde gefüllt werden. Die Larven spinnen einen Kokon. Nester oft in kleinen bis größeren Kolonien. Solitäre Nistweise.
Pollentransporteinrichtung: Haarbürste an Hinterschiene und Körbchen auf der Unterseite des Hinterschenkels. Alle drei Arten sammeln den Pollen ausschließlich auf Lippenblütlern (Lamiaceae), in Mitteleuropa hauptsächlich auf Ziest *(Stachys)* und Schwarznessel *(Ballota).* Die Stirnstacheln sind eine Anpassung an das Pollensammeln an Lippenblütlern: das Stachelfeld wird gegen die oberständigen Staubbeutel gedrückt, bevor die Pollenkörner mit reibenden Kopfbewegungen, die von Vibrationsstößen der indirekten Flügelmuskulatur *(buzzing)* begleitet sind, aus den Staubbeuteln zwischen die Stacheln gekämmt werden. Der Pollen wird danach mit den Vorderbeinen aus der Stirn entfernt und via Mittelbeine in die Haarbürste der Hinterbeine überführt.
Die ♂♂ patrouillieren auf der Suche nach ♀♀ Lippenblütler ab. Sie schlafen, gelegentlich in kleinen Gruppen, auf den Blütenständen von Lippenblütlern.
Die Kuckucksbiene *Biastes emarginatus* lebt als Brutparasit bei *Rophites.*

o.l.: *R. algirus*, ♀, Gesicht mit Stirnstacheln (REM, 33x);
o.r.: *R. algirus*, Stirnstacheln (REM, 92x);
u.l.: *R. algirus*, Lebensraum, Erschmatt (Vs), VI.96;
u.r.: *Stachys recta*

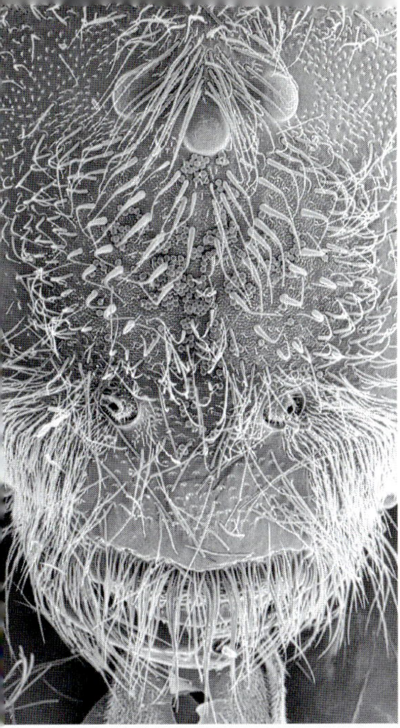
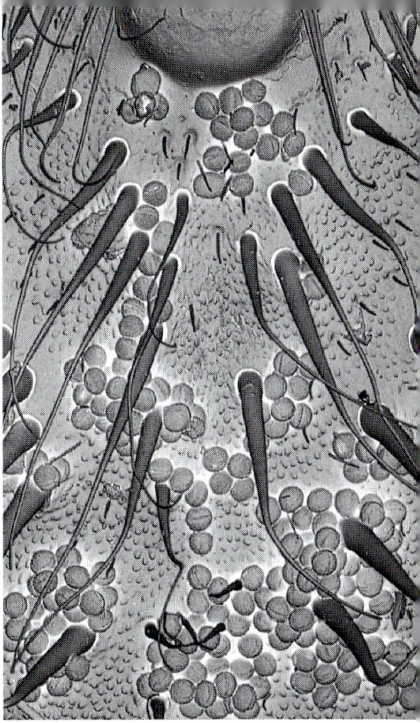

Rophites algirus Pérez 1903

Kennzeichen: 8–10 mm. Im Feld nicht von den anderen mitteleuropäischen *Rophites*-Arten zu unterscheiden. Allenfalls bietet die unterschiedliche Flugzeit einen schwachen Hinweis auf die Artzugehörigkeit (s. unten).
Vorkommen: Selten. ***D:*** Baden-Württemberg, Bayern, Rheinland-Pfalz, Thüringen, Sachsen, Brandenburg; ***A:*** Burgenland, Nieder- und Oberösterreich; ***CH:*** Westschweiz, Wallis, Tessin.
Biologische Angaben: Fliegt in tieferen Lagen bereits ab Mitte Juni und erscheint damit rund drei bis vier Wochen früher als die im Gebiet ähnlich weit verbreitete Art *R. quinquespinosus.* Die wichtigste Pollenquelle in ganz Mitteleuropa ist der Aufrechte Ziest *(Stachys recta),* andere Lippenblütler werden nur selten genutzt.
Gefährdung: ***D:*** Bw 2, Ba 2, R 2, T 1, S -, Br 2; ***CH:*** 3.

o.l.: *R. algirus,* ♀ sammelt Pollen auf *Stachys recta,* Quart (Ao), VII.96;
o.r.: *R. algirus,* ♂ Schlafgesellschaft, Erschmatt (Vs), VII.96;
u.: *R. algirus,* ♀ an Nest, Erschmatt (Vs), VII.96

Sphecodes – Blutbienen

28 Arten im Gebiet (***D:*** 25; ***A:*** 26; ***CH:*** 27).
4–15 mm. Dank dem glänzend roten Hinterleib, der sich deutlich von der tiefschwarzen Färbung von Kopf und Brust abhebt, sofort zu erkennen. Einzig die ♂♂ einiger kleiner Arten haben einen überwiegend schwarz gefärbten Hinterleib und sind im Feld oft kaum von kleinen *Lasioglossum*-♂♂ zu unterscheiden. Unter dem Stereomikroskop verraten jedoch die filzig behaarten Flecken an der Basis der meist knotig vortretenden Fühlerglieder sowie der schwarze Kopfschild die Zugehörigkeit zu den Blutbienen. Rein schwarz-rot gefärbte *Nomada*-Arten können auf den ersten Blick mit Blutbienen verwechselt werden, für ein geübtes Auge sind die beiden Gruppen aber ohne Schwierigkeiten an der unterschiedlichen Körperform zu unterscheiden. Mit Ausnahme von *S. albilabris* (s. unten) können die einzelnen *Sphecodes*-Arten im Feld nicht erkannt werden. Bestimmungsliteratur: Sustera (1959); Warncke (1992). Im ersten Schlüssel fehlt der in der Schweiz nachgewiesene S. *dusmeti,* im zweiten der in allen drei Ländern vorkommende *S. pseudofasciatus.*
Flugzeit: III-X. Aufgrund ihres speziellen Lebenszyklus, den sie mit den nah verwandten Gattungen *Halictus* und *Lasioglossum* gemeinsam haben, können die meisten Arten während eines Großteils des Sommerhalbjahres als Imagines angetroffen werden. Die ♀♀ beginnen im Frühling nach der Überwinterung mit dem Brutgeschäft. Die Nachkommen schlüpfen bereits im Sommer oder Spätsommer aus den Brutzellen der Wirtsnester und verpaaren sich. Während die ♂♂ noch im Lauf des Spätsommers und Herbstes sterben, überwintern die begatteten ♀♀ an einem geschützten Ort wie z. B. in verlassenen Nestgängen von bodennistenden Bienen. Vier mitteleuropäische Arten besitzen einen abweichenden Lebenszyklus, indem beide Geschlechter erst im Frühling aus den Brutzellen schlüpfen und bereits anfangs Sommer wieder verschwinden. Eine Generation im Jahr, wobei nicht ausgeschlossen ist, daß Blutbienen, welche bei sozialen, mehrbrütigen *Halictus*- und *Lasioglossum*-Arten leben, zum Teil zwei Generationen im Jahr ausbilden.
Die Blutbienen sind Kuckucksbienen. Die meisten Arten entwickeln sich in den Nestern von solitären oder primitiv eusozialen *Halictus*- und *Lasioglossum*-Arten. Drei mitteleuropäische Arten schmarotzen bei *Andrena. S. albilabris* weist mit *Colletes cunicularius* und *Melitturga clavicornis* ein breiteres Wirtsspektrum auf. Eine in Mitteleuropa noch nicht nachgewiesene Art ist Brutparasit bei

S. monilicornis, ♀ dringt mit Gewalt in Nest von *Lasioglossum malachurum* ein, Solothurn (So), V.76

Nomioides. Auf ihren langsamen Suchflügen dicht über der Bodenoberfläche landen die ♀♀ häufig auf der Erde und inspizieren potentielle Neststandorte ihrer Wirte. Während die Blutbienen bei solitären Wirtsarten bevorzugt während der Abwesenheit der Nestbesitzerin in das fremde Nest schlüpfen, dringen sie bei sozialen Arten erst nach dem Töten oder Vertreiben der Nestinsassinnen zu den Brutzellen vor. Sie brechen danach eine bereits verschlossene Zelle auf, zerstören das Ei oder die frischgeschlüpfte Larve des Wirtes, legen ein eigenes Ei auf den fremden Nahrungsvorrat und verschließen die Brutzelle schließlich wieder mit Erde. In Nestern von primitiv eusozialen Arten wird häufig unmittelbar nacheinander eine Brutzelle um die andere parasitiert. Die Blutbienen verbringen dabei oft viele Stunden bis wenige Tage im verwaisten Wirtsnest, das sie vorgängig von innen her mit Erde verschlossen haben. Nach dem Verlassen des Wirtsnestes wird dieses sorgfältig mit Erde zugescharrt, so daß allenfalls zurückkehrende Nestinsassinnen nicht mehr in der Lage sind, den Nesteingang zu lokalisieren. Es gibt Hinweise, daß gewisse mitteleuropäische Arten ähnlich wie bei *Psithyrus* gemeinsam mit ihren Wirten friedlich im Nest leben, die Fortpflanzung der Wirtsbienen aber auf eine unbekannte Art unterbinden. Die Larven spinnen keinen Kokon.
Die ♂♂ der wenigen untersuchten Arten patrouillieren auf der Suche nach ♀♀ an den Wirtsnestern.

Sphecodes albilabris (Fabricius 1793)

Kennzeichen: 11–15 mm. Durch bedeutende Größe und fast rein rot gefärbten Hinterleib als einzige mitteleuropäische *Sphecodes*-Art bereits im Gelände sicher anzusprechen.
Vorkommen: Selten. Im Gebiet keine Verbreitungsgrenze.
Biologische Angaben: Brutparasit bei *Colletes cunicularius. Melitturga clavicornis* ist ebenfalls als Wirt belegt. Möglicherweise schmarotzt *S. albilabris* zusätzlich bei *Halictus sexcinctus* und weiteren Bienenarten.
Gefährdung: ***D:*** Bw 3, Ba 3, R n, T 3, S 2, Br n; ***CH:*** 3.

o.: *S. albilabris,* ♀ an Nest von *Colletes cunicularius,* Benken (Zh), IV.96;
u.: *S. albilabris,* ♂, Mt. Vully (Fr), VIII.96

Stelis – Düsterbienen

Elf Arten im Gebiet (***D:*** 10; ***A:*** 9; ***CH:*** 11).
3–12 mm. Ohne eindeutige, von bloßem Auge erkennbare gattungstypische Merkmale. Aufgrund ihrer Färbung können die im Gebiet vorkommenden Arten in drei Gruppen eingeteilt werden: fünf vollständig schwarz gefärbte Arten mit entweder aufgehellten, weißlich befransten oder dunklen Tergitendrändern, vier schwarz gefärbte Arten mit oft nur kleinen weißlichen Hinterleibsflecken und zwei auffällig gelb gefleckte Arten. Die letzteren beiden erinnern stark an *Anthidium,* sind aber für ein geübtes Auge am verhältnismäßig kleineren Kopf und im ♀ Geschlecht am Fehlen einer Bauchbürste von *Anthidium* zu unterscheiden. Gut die Hälfte der mitteleuropäischen Arten kann im Feld sicher bestimmt werden. Bestimmungsliteratur: Schmiedeknecht (1930); Warncke (1992); Scheuchl (1996), wo jedoch die in der Schweiz nachgewiesene *S. annulata* fehlt.
Flugzeit: V-IX. Eine Generation im Jahr.
Nah mit *Anthidium* verwandte Kuckucksbienen, die sich in den Nestern von Megachilinae entwickeln. Zwei Arten schmarotzen bei *Anthidium,* je eine Art bei *Megachile, Chelostoma* bzw. *Heriades,* drei Arten bei *Osmia* und zwei Arten gleichzeitig bei *Megachile* und *Osmia* bzw. bei *Anthidium* und *Osmia.* Das Wirtsspektrum einer Art umfaßt *Anthidium-, Megachile-* und möglicherweise *Osmia*-Arten. Die im Gebiet noch nicht nachgewiesene *S. simillima* entwickelt sich in den Nestern von *Lithurgus.* Das ♀ einer nordamerikanischen Art überdeckt seinen Eigengeruch vor dem Eindringen in das Wirtsnest, indem es sich mit dem Saft zerkauter Blätter, aus welchen die Wirtsbienen die Zellzwischenwände bauen, oder mit Pollen aus der Wirtszelle einreibt. Düsterbienen vergraben ihr Ei meist mitten im Pollen-Nektar-Vorrat einer noch nicht fertig verproviantierten Brutzelle. Dazu graben sie mit Hilfe der Oberkiefer und Vorderbeine eine Höhlung in die Pollenmasse, die sie nach der Eiablage wieder mit Pollen verschließen. Die Larven spinnen einen Kokon, der an der Spitze wie bei *Anthidium* und *Dioxys* mit einem charakteristischen zapfenartigen Fortsatz versehen ist. Düsterbienen schlafen in Spalten und Hohlräumen der verschiedensten Art wie z. B. in Käferfraßgängen oder in Erdspalten.

o.: *S. ornatula*, Kokons in Nest von *Osmia leucomelana*, Agasul (Zh), IV.96;
u.: *S. nasuta*, ♀ , Jeizinen (Vs), VI.96

Stelis nasuta (Latreille 1809)

Kennzeichen: 5–9 mm. Dank rot gefärbter Beine und weiß geflecktem Hinterleib unverwechselbar.
Vorkommen: Sehr selten. ***D:*** Baden-Württemberg, Bayern, Hessen, Thüringen, Sachsen-Anhalt; ***A:*** Vorarlberg; ***CH:*** Graubünden, Wallis, Tessin.
Biologische Angaben: Flugzeit: VI-VII. Brutparasit bei den Mörtelbienen *Megachile parietina* und *M. pyrenaica.* Bricht gelegentlich bereits verschlossene Brutzellen auf und verschließt sie nach der Eiablage wieder. Als Ausnahme unter den Kuckucksbienen entwickeln sich jeweils zwei bis zwölf Larven in einer einzigen Wirtszelle. Entsprechend unterschiedlich ist die Größe der ausschlüpfenden Imagines. Nektaraufnahme häufig auf Lippenblütlern (Lamiaceae).
Gefährdung: ***D:*** Bw 0, Ba 0, R -, T 0, S 0, Br -; ***CH:*** 3.

Stelis punctulatissima (Kirby 1802) (= *S. aterrima*)

Kennzeichen: 8–11 mm. Durch die auffallend hell durchscheinenden Tergitendränder ist diese Art bereits im Feld leicht kenntlich.
Vorkommen: Verbreitet. Im Gebiet keine Verbreitungsgrenze.
Biologische Angaben: Flugzeit: VI-VIII. Brutparasit bei *Anthidium manicatum, A. oblongatum, A. scapulare, Megachile parietina* und möglicherweise *Osmia*-Arten. Nektaraufnahme bevorzugt auf Korbblütlern (Asteraceae).
Gefährdung: ***D:*** Bw n, Ba 3, R n, T n, S 3, Br n; ***CH:*** n.

Stelis signata (Latreille 1809)

Kennzeichen: 6–7 mm. Die auffällig schwarz-gelb gefärbte Art, die *Anthidium scapulare* und *A. strigatum* täuschend ähnlich sieht (s. unter *Anthidium*), kann innerhalb ihrer Gattung einzig mit *S. annulata* verwechselt werden, welche jedoch mit einer Körperlänge von 10–11 mm bedeutend größer ist. Von letzterer Art liegen aus dem Gebiet nur alte Nachweise aus dem Wallis vor.
Vorkommen: Selten. Im Gebiet keine Verbreitungsgrenze.
Biologische Angaben: Flugzeit: VI-IX. Brutparasit bei *Anthidium strigatum.* Im Gegensatz zum Wirt, der beim Schlüpfen seitlich ein Loch in die Zellwand nagt, heben schlüpfende Individuen von *S. signata* den Spitzenteil der Harzzelle wie einen Deckel ab.
Gefährdung: ***D:*** Bw n, Ba 3, R 4, T 4, S 1, Br n; ***CH:*** n.

o.: *S. punctulatissima,* ♀ inspiziert potentielle Wirtsnester, Agasul (Zh), VI.92;
u.: *S. signata,* ♂ an Eingang der Schlafröhre, Agasul (Zh), VI.93

Systropha – Spiralhornbienen

Zwei Arten im Gebiet (***D:*** 2; ***A:*** 2; ***CH:*** 2).
8–11 mm. Schwarz gefärbte Bienen ohne helle Haarbinden auf dem Hinterleib und mit einem im Vergleich zu Hinterleib und Brust ausgesprochen kleinen Kopf. Die ♀♀ verraten ihre Gattungszugehörigkeit durch auffällige Haarbüschel an den Seiten des Hinterleibes, durch die außergewöhnliche Art des Pollentransportes sowie durch den spezialisierten Blütenbesuch. Die ♂♂ sind durch ihre dreieckig eingerollten Fühlerspitzen unverkennbar. Die beiden mitteleuropäischen Arten sind im Feld nicht voneinander zu unterscheiden. Bestimmungsliteratur: Schmiedeknecht (1930).
Flugzeit: VI-VIII. Eine Generation im Jahr.
Selbstgegrabene, bis zu 50 cm tiefe Nester im Boden an ebenen bis geneigten, vegetationslosen bis lückig bewachsenen, oft sandigen Stellen. Die horizontal orientierten Brutzellen liegen einzeln am Ende von rund 1 cm langen, rechtwinklig vom senkrechten Hauptgang abzweigenden Seitengängen, die nach Verschluß der Brutzelle mit Erde gefüllt werden. Die Larven spinnen einen Kokon. Nester häufig in Kolonien. Solitäre Nistweise.
Pollentransporteinrichtung: Spezielle Behaarung auf der Ober- und Unterseite des Hinterleibes, welche an den Hinterleibsseiten besonders stark ausgebildet ist, sowie eine Haarbürste an Hinterschenkel und -schiene, in der jedoch vergleichsweise nur geringe Pollenmengen transportiert werden. Der Hinterleib der von einem Sammelflug zum Nest zurückkehrenden ♀♀ ist oft fast vollständig mit Pollen bedeckt. Beide Arten sind oligolektisch und besuchen für die Pollenaufnahme ausschließlich Winde *(Convolvulus),* in Mitteleuropa vorwiegend die Acker-Winde *(Convolvulus arvensis).* Die Beobachtung des Blütenbesuchs ist schwierig, da sich die Spiralhornbienen auf ihren Sammelflügen in reißendem Flug kopfvoran in die Blüten hineinstürzen und darin jeweils nur für kurze Zeit verweilen. Die ♂♂ patrouillieren Winden nach blütenbesuchenden ♀♀ ab. Sie suchen zum Schlafen Winden-Blüten auf oder beißen sich an Halmen fest.
Die Kuckucksbiene *Biastes brevicornis* entwickelt sich brutparasitisch in den Nestern von *Systropha.*

S. curvicornis, ♂ schläft in *Convolvulus arvensis,*
St. Pierre (Ao), VII.96

Systropha curvicornis (Scopoli 1770)

Kennzeichen: 8–10 mm. Im Feld nicht sicher von der zweiten mitteleuropäischen Art, *S. planidens,* zu unterscheiden, mit der sie zusammen am gleichen Ort fliegen kann.
Vorkommen: In Westdeutschland und in der Schweiz sehr selten, in Ostdeutschland und in Österreich selten bis verbreitet. ***D:*** Baden-Württemberg, Thüringen, Sachsen, Sachsen-Anhalt, Brandenburg; ***A:*** Burgenland, Steiermark, Niederösterreich; ***CH:*** Wallis, Tessin. Durch ihre Bindung an die Acker-Winde eine charakteristische Art von Acker- und Weinbaugebieten.
Biologische Angaben: Für die Nektaraufnahme besuchen beide Geschlechter neben der Acker-Winde *(Convolvulus arvensis)* gerne auch die Wegwarte *(Cichorium intybus).*
Gefährdung: ***D:*** Bw 1, Ba -, R -, T 0, S 2, Br 1; ***CH:*** 1

o.: *S. curvicornis,* ♀ sammelt Pollen auf *Convolvulus arvensis,* Susten (Vs), VII.77;
u.: *Convolvulus arvensis*

Thyreus – Fleckenbienen

Fünf Arten im Gebiet (***D:*** 2; ***A:*** 4; ***CH:*** 5), die bei älteren Autoren unter der Gattung *Crocisa* aufgeführt sind.
7–15 mm. Tiefschwarz behaarte Bienen mit weißen Haarflecken auf Kopf, Brust, Beinen und Hinterleib. Unterscheiden sich im Feld von den äußerlich sehr ähnlichen Arten der Gattung *Melecta* durch das abgeflachte, weit nach hinten vorragende und mitten mit einem auffälligen weißen Haarbüschel gezierte Schildchen. Die einzelnen Arten sind im Feld nicht anzusprechen. Bestimmungsliteratur: De Beaumont (1939); Lieftinck (1968); Scheuchl (1995), wo jedoch der in der Schweiz vorkommende *T. hirtus* fehlt.
Flugzeit: VI-VIII. Eine Generation im Jahr.
Brutparasiten bei *Anthophora.* Eiablageverhalten wie bei *Melecta.* Die Larven der einzigen bisher näher untersuchten Art spinnen keinen Kokon. Beide Geschlechter beißen sich zum Schlafen gerne mit ihren Oberkiefern an Pflanzenteilen fest.

Thyreus orbatus (Lepeletier 1841)

Kennzeichen: 10–11 mm. Im Feld nicht sicher von anderen *Thyreus*-Arten zu unterscheiden.
Vorkommen: Selten. Die nördliche Verbreitungsgrenze verläuft vermutlich durch das nördliche Deutschland.
Biologische Angaben: Brutparasit bei *Anthophora quadrimaculata, A. plagiata* und wahrscheinlich weiteren *Anthophora*-Arten.
Gefährdung: ***D:*** Bw 2, Ba 1, R 2, T 2, S 2, Br 1; ***CH:*** 3.

Thyreus ramosus (Lepeletier 1841)

Kennzeichen: 7–10 mm. Im Feld nicht sicher von anderen *Thyreus*-Arten zu unterscheiden.
Vorkommen: Sehr selten. ***A:*** Burgenland, Niederösterreich, Tirol; ***CH:*** Wallis.
Biologische Angaben: Brutparasit bei *Anthophora albigena* und eventuell weiteren *Anthophora*-Arten.
Gefährdung: ***CH:*** 2.

o.: *T. orbatus*, ♀ an Nest von *Anthophora plagiata*, St. Luc (Vs), VII.75;
u.: *T. ramosus*, ♀, St. Pierre (Ao), VII.96

Xylocopa – Holzbienen

Drei Arten im Gebiet (***D:*** 2; ***A:*** 3; ***CH:*** 3).
14–28 mm. Hummelartige, schwarz behaarte Bienen, die durch ihre Größe und die blauschwarzen Flügel mit keiner anderen Bienengattung verwechselt werden können. Entfernte Ähnlichkeit besitzt einzig das ♀ von *Megachile parietina,* das jedoch durch das Vorhandensein einer Bauchbürste leicht unterschieden werden kann. *X. iris* läßt sich bereits im Feld zuverlässig ansprechen, während *X. valga* und *X. violacea* im Gelände nur im ♂ Geschlecht auseinandergehalten werden können. Bestimmungsliteratur: Schmiedeknecht (1930); Scheuchl (1995).
Flugzeit: IV-VIII. Gleich wie bei *Ceratina* können die einzelnen Arten während eines Großteils des Sommerhalbjahres als Imagines angetroffen werden. ♂♂ und ♀♀ schlüpfen bereits im Lauf des Sommers aus den Brutzellen und überwintern einzeln oder in kleinen Gruppen in Holzgängen, Mauerspalten, selbstgegrabenen Erdlöchern oder in den Geburtsnestern. Die Paarung findet erst nach dem Verlassen der Winterverstecke im Frühling statt, die nachfolgenden Nistaktivitäten ziehen sich bis weit in den Sommer hinein. Eine Generation im Jahr.
Selbstgenagte Nester in Totholz *(X. violaceae, X. valga)* oder in markhaltigen, dürren Pflanzenstengeln *(X. iris).* Die Brutzellen, welche durch Zwischenwände aus mit Speichel verklebten Holzspänen bzw. Markpartikeln getrennt sind, liegen linienförmig hintereinander. Die beiden totholznistenden Arten nagen mit kräftigen Oberkiefern ihre meist in Richtung der Holzfasern verlaufenden Nestgänge in gut besonnten, sowohl aufrechten als auch liegenden Stämmen, Ästen oder Pfählen aus. Während in dünneren Ästen und Pfählen nur ein Gang ausgebildet ist, bestehen die Nester in voluminöserem Holz in der Regel aus mehreren parallelen Gängen, die meist in gleicher Richtung von einem gemeinsamen Zwischengang abzweigen, der zum Eingangsloch führt. Diese Gänge werden jeweils nach Fertigstellung der äußersten Brutzelle gegen den Zwischengang mit einem Pfropfen aus Holzspänen verschlossen. Der Nesteingang bleibt dagegen stets offen. Die Holzbienen kleiden ihre Brutzellen mit einer unbekannten, wasserdichten Substanz aus. Ihr brotlaibförmiger Larvenproviant liegt der Länge nach der Zellwand an. Die ♀♀ legen die Eier auf die Längsseite des Nahrungsvorrates, indem sie ihren Hinterleib zwischen Zellwandung und Larvenproviant zwängen. Die Larven spinnen keinen Kokon. Die Entwicklung vom Ei bis zur Imago dauert eineinhalb bis zwei Monate. Wie bei

X. violacea, ♀ an Nest, St. Chaptes (Ga), V.83

Ceratina leben die langlebigen ♀♀ bis zu ihrem Tod mit den frischgeschlüpften Nachkommen im Nest zusammen. Es ist unklar, ob es bei den mitteleuropäischen Arten dabei ähnlich wie bei außereuropäischen Arten zu sozialen Verhaltensweisen (Nahrungsaustausch u. ä.) kommt. Die drei mitteleuropäischen Arten leben solitär.
Pollentransporteinrichtung: Haarbürste an Hinterschiene und -ferse. Ein beträchtlicher Teil des Pollens wird jedoch im Kropf in das Nest transportiert. Der Pollen wird vor dem Verschlucken mit einem speziellen Pollenabnehmerkamm am Stipes der Unterkiefer aus den pollenbeladenen Vorderbeinen entfernt. Die drei mitteleuropäischen Arten sind polylektisch, besuchen jedoch bevorzugt Schmetterlingsblütler (Fabaceae) und Lippenblütler (Lamiaceae). Holzbienen können mit ihrem kräftigen Rüssel enge Blütenröhren durchlöchern, um an den Nektar zu gelangen.
Die ♂♂ von *X. valga* und *X. violacea* besitzen Brustdrüsen, die zwischen Hinterschildchen und Mittelsegment ausmünden und möglicherweise eine Funktion im Paarungsgeschehen besitzen. Schlafende ♂♂ wurden in selbstgegrabenen Erdlöchern gefunden.

Xylocopa iris (Christ 1791) (= *X. cyanescens*)

Kennzeichen: 14–16 mm. Durch geringe Größe und den meist blau schillernden Hinterleib bereits im Feld von den beiden anderen mitteleuropäischen Arten zu unterscheiden.
Vorkommen: Sehr selten. ***D:*** Baden-Württemberg; ***A:*** Niederösterreich; ***CH:*** Westschweiz, Wallis, Tessin.
Biologische Angaben: *X. iris* besitzt einen von den meisten übrigen Holzbienen abweichenden Nestbau. Die ♀♀ nagen vorerst in 10–20 cm Höhe ein Eingangsloch durch die Wand eines in der Regel aufrecht stehenden, 1–1,5 cm dicken Stengels von abgestorbenen Doldenblütlern (Apiaceae) oder Korbblütlern (Asteraceae). Sie höhlen ihn danach aus, schneiden ihn möglicherweise zum Schutz vor heftigen Windstößen in 20–40 cm Höhe ab und verschließen die entstandene Öffnung mit einem dicken Propfen aus abgenagtem Mark. Die Brutzellen werden anschließend zwischen Verschlußpfropfen und Eingangsloch angelegt.
Gefährdung: ***D:*** Bw 0, Ba -, R -, T -, S -, Br -; ***CH:*** 2.

o.: *X. violacea*, Brutzellen in selbstgenagtem Gang in Totholz, St. Chaptes (Ga), II.84;
u.: *X. iris*, ♀ an Nest, St.Pierre (Ao), V.89

Xylocopa violacea (Linné 1758)

Kennzeichen: 20 – 23 mm. Hinterleib rein schwarz gefärbt. Das ♀ läßt sich im Feld nicht von *X. valga* unterscheiden. Das ♂ ist dagegen durch das leicht geknickte, braunrot geringelte Fühlerende gut gekennzeichnet.
Vorkommen: Verbreitet, wenn auch meist einzeln. Die nördliche Verbreitungsgrenze verläuft durch das nördliche Deutschland.
Biologische Angaben: Nester werden bevorzugt im morschen Holz ausgenagt.
Gefährdung: ***D:*** Bw 2, Ba 1, R 3, T -, S 0, Br 2; ***CH:*** 3.

o.: *X. violacea*, ♀ nagt Nestgang in Totholzblock, Solothurn (So), VI.96;
u.: *X. violacea*, ♂ auf *Lamium purpureum*, St. Chaptes (Ga), IV.82

Verzeichnis der Abkürzungen und Symbole

A = Österreich
Ao = Aostatal (Italien)
Av = Aveyron (Frankreich)
Ba = Bayern (Deutschland)
Be = Bern (Schweiz)
Br = Brandenburg (Deutschland)
Bs = Basel (Schweiz)
Bu = Burgenland (Österreich)
Bw = Baden-Württemberg (Deutschland)
CH = Schweiz
D = Deutschland
Fr = Freiburg (Schweiz)
Ga = Gard (Frankreich)
Ge = Genf (Schweiz)
Gl = Glarus (Schweiz)
Gr = Graubünden (Schweiz)
Pu = Apulien (Italien)
R = Rheinland-Pfalz (Deutschland)
S = Sachsen-Anhalt (Deutschland)
Sa = Salzburg (Österreich)
Sh = Schaffhausen (Schweiz)
So = Solothurn (Schweiz)
T = Thüringen (Deutschland)
Tg = Thurgau (Schweiz)
Ti = Tessin (Schweiz)
Ur = Uri (Schweiz)
Vd = Waadt (Schweiz)
Vs = Wallis (Schweiz)
Zh = Zürich (Schweiz)

0 = ausgestorben oder verschollen
1 = vom Aussterben bedroht
2 = stark gefährdet
3 = gefährdet
4 = potentiell gefährdet
n = nicht gefährdet

♀ = Weibchen, weiblich
♂ = Männchen, männlich

Literatur

Allgemeine Übersichtswerke zu Lebensweise, Körperbau und Systematik

ALFORD, D. V. (1975): Bumblebees. – Poynter, London.

BELLMANN. H. (1995): Bienen, Wespen, Ameisen. Hautflügler Mitteleuropas. – Franckh-Kosmos, Stuttgart.

FRIESE, H. (1923): Die europäischen Bienen. Das Leben und Wirken unserer Blumenwespen. – Berlin und Leipzig.

FRISCH, K. VON (1969): Aus dem Leben der Bienen. – Springer, Berlin.

GAULD, I. & BOLTON, B. (1988): The Hymenoptera. – British Museum (Natural History), London.

HEINRICH, B. (1994): Der Hummelstaat. – List, München.

MICHENER, C. D. (1974): The social behavior of the bees. A comparative study. – Harvard University Press, Cambridge.

O'TOOLE, C. & RAW, A. (1991): Bees of the world. – Blandford, London.

PLATEAUX-QUÉNU, C. (1972): La biologie des abeilles primitives. – Collection „Les grands problèmes de la biologie", no. 11, Masson, Paris.

RABAUD, E. & PICARD, F. (1923): Ch. Ferton – La vie des abeilles et des guêpes. – Chiron, Paris.

RICHARDS, O. W. (1977): Hymenoptera. Introduction and key to families. – Handbooks for the identification of British insects, Vol. 6, Part 1. London.

ROUBIK, D. W. (1989): Ecology and natural history of tropical bees. – Cambridge University Press, Cambridge.

RUTTNER, F. (1992): Naturgeschichte der Honigbienen. – Ehrenwirth, München.

SCHWARZ, M., GUSENLEITNER, F., WESTRICH, P. & DATHE H. H. (1996): Katalog der Bienen Österreichs, Deutschlands und der Schweiz. – Entomofauna, Supplement 8.

SEELEY, T. D. (1985): Honeybee ecology. A study of adaptation in social life. – Princeton University Press, Princeton.

SNODGRASS, R. E. (1956): Anatomy of the honey bee. – Cornell University Press, Ithaca.

STEPHEN, W. P., BOHART, G. E. & TORCHIO, P. F. (1969): The biology and external morphology of bees. – Agric. Exp. Station Oregon State Univ., Corvallis.

THORNHILL, R. & ALCOCK, J. (1983): The evolution of insect mating systems. – Harvard University Press, Cambridge.

WESTRICH, P. (1990): Die Wildbienen Baden-Württembergs. 2 Bände. – Ulmer, Stuttgart.

Bestimmungsliteratur

AMIET, F. (1996): Hymenoptera Apidae, 1. Teil. Allgemeiner Teil, Gattungsschlüssel, Gattungen *Apis, Bombus* und *Psithyrus.* – Insecta Helvetica, Fauna, Bd. 12.

BEAUMONT, J. DE (1939): Les *Crocisa* de la faune française. – Ann. Soc. Ent. France, 108, 161–171.

BENOIST, R. (1929): Les *Heriades* de la faune française. – Ann. Soc. Ent. France, 98, 131–141.

BENOIST, R. (1931): Les *Osmies* de la faune française. – Ann. Soc. Ent. France, 100, 23–60.

DALY, H. V. (1983): Taxonomy and ecology of Ceratinini of North Africa and the Iberian Peninsula. – Syst. Ent., 8, 29–62.

DATHE, H. H. (1980): Die Arten der Gattung *Hylaeus* in Europa. – Mitt. zool. Mus. Berlin, 56, 207–294.

DATHE, H. H., HEIDE, A. VON DER & WITT, R. (1996): Nachweis einer neuen Maskenbiene für Europa – *Hylaeus lepidulus.* – Ent. Nachr. und Berichte, 40, 157–163.

DORN, M. & WEBER, D. (1988): Die Luzerne-Blattschneiderbiene und ihre Verwandten in Mitteleuropa. – Neue Brehm-Bücherei, Ziemsen, Wittenberg Lutherstadt.

DYLEWSKA, M. (1987): Die Gattung *Andrena* in Nord- und Mitteleuropa. – Acta Zool. Cracov., 30, 359–708.

EBMER, A. W. (1969–1974): Die Bienen des Genus *Halictus* s. l. im Großraum von Linz. – Naturkundl. Jb. Stadt Linz, 1969, 133–183; 1970, 19–82; 1971, 63–156; 1973, 123–158.

EBMER, A. W. (1984): Die westpaläarktischen Arten der Gattung *Dufourea* mit illustrierten Bestimmungstabellen. – Senckenbergiana Biol., 64, 313–379.

EBMER, A. W. (1987): Die europäischen Arten der Gattungen *Halictus* und *Lasioglossum* mit illustrierten Bestimmungstabellen. – 1. Allgemeiner Teil. – Senckenbergiana Biol., 68, 59–148.

EBMER, A. W. (1987): Die europäischen Arten der Gattungen *Halictus* und *Lasioglossum* mit illustrierten Bestimmungstabellen. 2. Die Untergattung *Seladonia.* – Senckenbergiana Biol., 68, 323–375.

EBMER, A. W. & SCHWAMMBERGER, K. H. (1986): Die Bienengattung *Rophites.* Illustrierte Bestimmungstabellen. – Senckenbergiana Biol., 66, 271–304.

LIEFTINCK, M. A. (1968): A review of Old World species of *Thyreus (= Crocisa).* – Tijdschr. Ent., 123, 129–349.

LIEFTINCK, M. A. (1980): Prodrome to a monograph of the palaearctic species of the genus *Melecta.* – Tijdschr. Ent., 123, 129–349.

MAUSS, V. (1987): Bestimmungsschlüssel für die Hummeln der Bundesrepublik Deutschland. – Deutscher Jugendbund für Naturbeobachtung, Hamburg.

NOSKIEWICZ, J. (1936): Die paläarktischen *Colletes*-Arten. – Prace naukowe; wydawnictwo towarzystwa naukowego we Lwowie, 3, 1–532.

PETERS, D. S. (1977): Systematik und Zoogeographie der westpaläarktischen Arten von Osmia s. str., *Monosmia* und *Orientosmia*. – Senckenbergiana Biol., 58, 287–346.

SCHEUCHL, E. (1995): Illustrierte Bestimmungstabellen der Wildbienen Deutschlands und Österreichs. Band 1: Anthophoridae. – Selbstverlag, Dreisesselstrasse 2, D-84149 Velden.

SCHEUCHL, E. (1996): Illustrierte Bestimmungstabellen der Wildbienen Deutschlands und Österreichs. Band 2: Megachilidae und Melittidae. – Selbstverlag, Dreisesselstrasse 2, D-84149 Velden.

SCHMID-EGGER, C. & SCHEUCHL, E. (1997): Illustrierte Bestimmungstabellen der Sandbienen *(Andrena)* Deutschlands, Österreichs und der Schweiz. - Selbstverlag, Dreisesselstrasse 2, D-84149 Velden.

SCHMIDT, K. & WESTRICH, P. (1993): *Colletes hederae*, eine bisher unerkannte, auf Efeu *(Hedera)* spezialisierte Bienenart. – Ent. Zeitschr., 103, 89–93.

SCHMIEDEKNECHT, O. (1930): Die Hymenopteren Nord- und Mitteleuropas. – 2. Auflage, Jena.

SUSTERA, O. (1959): Bestimmungstabelle der tschechoslowakischen Arten der Bienengattung *Sphecodes*. – Acta Soc. Ent. Cechosl., 56, 169–180.

TKALCŮ, B. (1974): Revision und Klassifikation der bisher zur Untergattung *Hoplosmia* gestellten *Anthocopa*-Arten. – Acta Ent. Bohemoslov., 71, 114–135.

TKALCŮ, B. (1975): Revision der europäischen *Osmia (Chalcosmia)*-Arten der *fulviventris*-Gruppe. – Vestnik Ceskosl. Spol. Zool., 39, 297–317.

TKALCŮ, B. (1983): Die europäischen *Osmia*-Arten der Untergattung *Melanosmia*. – Vestnik Ceskosl. Spol. Zool., 47, 140–159.

WARNCKE, K. (1973): Die westpaläarktischen Arten der Bienenfamilie Melittidae. – Polskie Pismo Ent., 43, 97–126.

WARNCKE, K. (1976): Zur Systematik und Verbreitung der Bienengattung *Nomia* in der Westpaläarktis und dem turkestanischen Becken. – Reichenbachia, 16, 93–120.

WARNCKE, K. (1980): Die Bienengattung *Anthidium* in der Westpaläarktis und im turkestanischen Becken. – Entomofauna, 1, 119–209.

WARNCKE, K. (1982): Zur Systematik der Bienen – Die Unterfamilie Nomadinae. – Entomofauna, 3, 97–126.

WARNCKE, K. (1983): Zur Kenntnis der Bienengattung *Pasites* in der Westpaläarktis. – Entomofauna, 4, 261–347.

WARNCKE, K. (1992): Die westpaläarktischen Arten der Bienengattung *Stelis*. – Entomofauna, 13, 341–376.

WARNCKE, K. (1992): Die westpaläarktischen Arten der Bienengattung *Sphecodes*. – Berichte Naturf. Ges. Augsburg, 52, 9–64.
WARNCKE, K. (1992): Die westpaläarktischen Arten der Bienengattung *Coelioxys*. – Berichte Naturf. Ges. Augsburg, 53, 31–77.
WARNCKE, K. (1992): Die westmediterranen Arten der Bienen *Osmia* subg. *Hoplitis*. – Linzer Biol. Beitr., 24, 103–121.

Arbeiten zu Gefährdung, Schutz und Untersuchungsmethoden

AMIET, F. (1994): Rote Liste der gefährdeten Bienen der Schweiz. – In: Duelli, P. (Hrsg.), Rote Listen der gefährdeten Tierarten der Schweiz, 38–44. Bundesamt für Umwelt, Wald und Landschaft, Bern.
BRECHTEL, F. (1986): Die Stechimmenfauna des Bienwaldes und seiner Randbereiche (Südpfalz) unter besonderer Berücksichtigung der Ökologie kunstnestbewohnender Arten. – Pollichia-Buch 9, Bad-Dürkheim. *(Mit ausführlichem Kapitel zum Einsatz von Beobachtungsnestern)*
BREINL, K. & KÖRNER, F. (1994): Rote Liste der Hummeln und Schmarotzerhummeln *(Bombus et Psithyrus)* Thüringens sowie Vorstellungen zu ihrem Schutz. - Landschaftspflege und Naturschutz in Thüringen, 31, 1-7.
DATHE, H.H. & DONATH, H. (1992): Bienen. - In: Rote Liste. Gefährdete Tiere im Land Brandenburg, 85-96, Potsdam.
DATHE, H.H., SAURE, C., BURGER, F., FLÜGEL, H.-J. & BLANK, S.M. (1995): Materialien zur Ergänzung der Roten Liste der Bienen Brandenburgs. - Brandenburgische Ent. Nachr., 3, 53-68.
DORN, M. & BLEYL, K. (1993): Rote Liste der Wildbienen des Landes Sachsen-Anhalt. - Ber. d. Landesamtes für Umweltschutz Sachsen-Anhalt, 9, 53-59.
EBMER, P.A.W. (1987): Die europäischen Arten der Gattungen *Halictus* und *Lasioglossum* mit illustrierten Bestimmungstabellen. 1. Allgemeiner Teil, Tabelle der Gattungen. – Senckenbergiana Biol., 68, 59–148. *(Mit ausführlichem Kapitel zum Sammeln und Präparieren von Bienen).*
EVERTZ, S. (1995): Interspezifische Konkurrenz zwischen Honigbienen *(Apis mellifera)* und solitären Wildbienen. – Natur und Landschaft, 70, 165–172.
GEISER, F. (1989): Bienen, Hummeln, Wespen: Schutz und Hilfe für Hautflügler. – Merkblatt Nr. 7, Schweizerischer Bund für Naturschutz, Basel.
HAESELER, V. (1993): Bienen als Indikatoren zur Beurteilung von (geplanten) Eingriffen. – Forschung Straßenbau und Straßenverkehrstechnik, 636, 197–205.

HAGEN, E. VON (1994): Hummeln: bestimmen, ansiedeln, vermehren, schützen. – Naturbuch-Verlag, Augsburg.
MALYSHEV, S. I. (1938): Sammeln und Erforschung der Bienen- und Wespennester. – In: Abderhalden, E. (Hrsg.), Handbuch der biologischen Arbeitsmethoden, IX, 7, 329–388, Berlin und Wien.
MATHESON, A., BUCHMANN, S. L., O'TOOLE, C., WESTRICH, P. & WILLIAMS, I. (1996): The conservation of bees. – Academic Press, London.
MICHENER, C. D. & BROTHERS, D. J. (1971): A simplified observation nest for burrowing bees. – J. Kansas Ent. Soc., 44, 236–239.
SCHMID-EGGER, C. (1995): Die Eignung von Stechimmen zur naturschutzfachlichen Bewertung am Beispiel der Weinbergslandschaft im Enztal und im Stromberg (nordwestliches Baden-Württemberg). – Cuvillier, Göttingen.
SCHMID-EGGER, C., RISCH, S. & NIEHUIS, O. (1995): Die Wildbienen und Wespen in Rheinland-Pfalz. Verbreitung, Ökologie und Gefährdungssituation. – Fauna Flora Rheinland-Pfalz, Beiheft 16.
SCHWENNINGER, H. (1992): Methodisches Vorgehen bei Bestandserhebungen von Wildbienen im Rahmen landschaftsökologischer Untersuchungen. – In: Trautner, J. (Hrsg.), Arten- und Biotopschutz in der Planung: Methodische Standards zur Erfassung von Tierartengruppen, 195–202, Markgraf, Weikersheim.
WARNCKE, K. (1992): Rote Liste gefährdeter Bienen Bayerns. - Schriftenr. Bayer. Landesamt f. Umweltschutz, 111, 162-168.
WESTRICH, P. (1990): Die Wildbienen Baden-Württembergs. 2 Bände. - Ulmer, Stuttgart.
WESTRICH, P. (1997): Wildbienen am Haus und im Garten. – Arbeitsblätter zum Naturschutz Nr. 22, Landesanstalt für Umweltschutz Baden-Württemberg, Karlsruhe.
WESTRICH, P. & SCHMIDT, K. (1986): Methoden und Anwendungsgebiete der Pollenanalyse bei Wildbienen (Hymenoptera, Apoidea). – Linzer Biol. Beitr., 18, 341–360.
WINTER, R. (1994): Rote Liste der Wildbienen Thüringens. - Landschaftspflege und Naturschutz in Thüringen, 31, 86-90.

Ausgewählte neuere Arbeiten zu Lebensweise, Körperbau und Systematik

(Arbeiten vor 1990 sind nur aufgeführt, wenn sie in der umfassenden Literaturübersicht von WESTRICH (1990) nicht berücksichtigt sind.)

ALEXANDER, B. & ROZEN, J. G. JR. (1987): Ovaries, ovarioles, and oocytes in parasitic bees. – Pan-Pac. Ent., 63, 155–164.

Ayasse, M. (1991): Chemische Kommunikation bei der primitiv eusozialen Furchenbiene *Lasioglossum malachurum:* Ontogenese kastenspezifischer Duftstoffbouquets, Paarungsbiologie und Nesterkennung. – Dissertation, Universität Tübingen.

Baker, D. B. (1994): On the nomenclature of two sibling species of the *Andrena tibialis* group. – Entomologist's Gazette, 45, 281–290.

Bohart, G. E. (1970): The evolution of parasitism among bees. – 41. Honor Lecture, The Faculty Association, Utah State University, 1–30.

Eickwort, G. C. (1994): Evolution and life-history patterns of mites associated with bees. – In: Houck, M. A. (Hrsg.), Mites: ecological and evolutionary analyses of life-history patterns, 218–251, Chapman & Hall, New York.

Eickwort, G. C., Eickwort, J. M., Gordon, J. & Eickwort, M. A. (1996): Solitary behavior in a high-altitude population of the social sweat bee Halictus rubicundus. – Behav. Ecol. Sociobiol., 38, 227–233.

Field, J. (1992): Intraspecific parasitism as an alternative reproductive tactic in nest-building wasps and bees. – Biol. Rev., 67, 79–126.

Fisher, R. M. (1987): Queen-worker conflict and social parasitism in bumble bees. – Anim. Behav., 35, 1026–1036.

Geiser, F. (1985): Elektrophysiologische Charakterisierung der Ocellen von *Apis mellifera* und *Cataglyphis bicolor.* – Dissertation, Universität Zürich.

Hefetz, A. & Tengö, J. (1992): Dispersed versus gregarious nesting strategies in the mason bee *Chalicodoma siculum.* – J. Zool. (London), 226, 529–537.

Heide, A. von der (1992): Zur Bionomie von *Lasioglossum fratellum,* einer Furchenbiene mit ungewöhnlich langlebigen Weibchen. – Drosera, 1992 (2), 171–188.

Kornmilch, J.-C. (1995): *Stelis minuta* bei *Chelostoma fuliginosum.* – Bembix, 4, 18–19.

Michener, C. D. (1990): Reproduction and castes in social halictine bees. – In: Engels, W. (Hrsg.), Social Insects. An evolutionary approach to castes and reproduction, 77–121, Springer, Berlin.

Michener, C. D. (1990): Castes in xylocopine bees. – In: Engels, W. (Hrsg.), Social insects. An evolutionary approach to castes and reproduction, 123–146, Springer, Berlin.

Michener, C. D. (1992): Sexual dimorphism in the glossa of Colletidae. – J. Kansas Ent. Soc., 65, 1–9.

Minckley, R. L. (1994): Comparative morphology of the mesosomal „gland" in male large carpenter bees. – Biol. J. Linn. Soc., 53, 291–308.

MÜLLER, A. (1994): Die Bionomie der in leeren Schneckengehäusen nistenden Biene *Osmia spinulosa.* – Veröff. Naturschutz Landschaftspflege Bad.-Württ., 68/69, 291–334.
MÜLLER, A. (1995): Morphological specializations in Central European bees for the uptake of pollen from flowers with anthers hidden in narrow corolla tubes. – Entomol. Gener., 20, 43–57.
MÜLLER, A. (1996): Convergent evolution of morphological specializations in Central European bee and honey wasp species as an adaptation to the uptake of pollen from nototribic flowers. – Biol. J. Linn. Soc., 57, 235–252.
MÜLLER, A. (1996): Host plant specialization in western palearctic anthidiine bees. – Ecol. Mon., 66, 235–257.
MÜLLER, A., TÖPFL, W. & AMIET, F. (1996): Collection of extrafloral trichome secretions for nest wool impregnation in the solitary bee *Anthidium manicatum.* – Naturwissenschaften, 83, 230–232.
OHL, M. & MAUSS, V. (1995): Zur Benennung verschiedener Teilgruppen der aculeaten Hymenopteren. – Bembix, 4, 20–29.
PACKER, L. (1991): The evolution of social behavior and nest architecture in sweat bees of the subgenus *Evylaeus:* a phylogenetic approach. – Behav. Ecol. Sociobiol., 29, 153–160.
PAXTON, R. J. & TENGÖ, J. (1996): Intranidal mating, emergence, and sex ratio in a communal bee *Andrena jacobi.* – J. Insect Behav., 9, 421–440.
PAXTON, R. J., THORÉN, P. A., TENGÖ, J., ESTOUP, A. & PAMILO, P. (1996): Mating structure and nestmate relatedness in a communal bee, *Andrena jacobi,* using microsatellites. – Molec. Ecol., 5, 511–519.
PLATEAUX-QUÉNU, C. (1993): Modalités de la socialisation chez les Halictinae. – Année biologique, 32, 183–227.
RICHARDS, M. H. (1994): Social evolution in the genus *Halictus:* a phylogenetic approach. – Ins. Soc., 41, 315–325.
ROIG-ALSINA, A. & MICHENER, C. D. (1993): Studies of the phylogeny and classification of long-tongued bees. – Univ. Kansas Sci. Bull., 55, 123–162.
RÖSELER, P.-F. & HONK, C. G. J. VAN (1990): Castes and reproduction in bumblebees. – In: Engels, W. (Hrsg.), Social Insects. An evolutionary approach to castes and reproduction, 147–166, Springer, Berlin.
ROZEN, J. G. (1969): The biology and description of a new species of African *Thyreus* with life history notes on two species of *Anthophora.* – J. New York Ent. Soc., 77, 51–60.
ROZEN, J. G. (1971): Biology and immature stages of Moroccan panurgine bees. – Amer. Mus. Nov., 2457, 1–37.

ROZEN, J. G. (1988): Ecology, behavior, and mature larva of a new species of the Old World bee genus *Camptopoeum.* – Amer. Mus. Nov., 2925, 1–12.
ROZEN, J. G. (1991): Evolution of cleptoparasitism in anthophorid bees as revealed by their mode of parasitism and first instars. – Amer. Mus. Nov., 3029, 1–36.
ROZEN, J. G. (1992): Biology of the bee *Ancylandrena larreae* and ist cleptoparasite *Hexepeolus rhodogyne* with a review of egg deposition in the Nomadinae (Hymenoptera: Apoidea). – Amer. Mus. Nov., 3038, 1–15.
ROZEN, J. G. (1993): Nesting biologies and immature stages of the rophitine bees with notes on the cleptoparasite *Biastes.* – Amer. Mus. Nov., 3066, 1–18.
SCHÖNITZER, K. & KLINKSIK, C. (1990): The ethology of the solitary bee *Andrena nycthemera.* – Entomofauna, 11, 377–427.
SCHUBERTH, J. & SCHÖNITZER, K. (1993): Vergleichende Morphologie der Fovea facialis und der Stirnseitendrüse bei Apoidea und Sphecidae. – Linzer Biol. Beitr., 25, 205–277.
SEIDELMANN, K. (1995): Untersuchungen zur Reproduktionsbiologie der Roten Mauerbiene, *Osmia rufa.* – Dissertation Universität Halle-Wittenberg.
SICK, M. (1993): Auffinden und olfaktorisches Erkennen von Wirtsnestern durch Kuckucksbienen (Gattung *Sphecodes*) und deren verwandtschaftliche Beziehungen zu den Wirtsbienen. – Dissertation, Universität Tübingen.
STARK, R. (1990): Untersuchungen zur Brutbiologie und zum Sozialverhalten der Großen Holzbiene *Xylocopa sulcatipes.* – Dissertation, Universität Freiburg im Breisgau.
STEINMANN, E. (1990): Zur Nahorientierung der solitären Sandbiene *Andrena vaga* am Nesteingang. Mitt. Schweiz. ent. Ges., 63, 77–80.
STONE, G. N. (1994): Patterns of evolution of warm-up rates and body temperatures in flight in solitary bees of the genus *Anthophora.* – Funct. Ecol., 8, 324–335.
TENGÖ, J. & BERGSTRÖM, G. (1977): Cleptoparasitism and odor mimetism in bees: do *Nomada* males imitate the odor of *Andrena* females? – Science, 196, 1117–1119.
TENGÖ, J., ERIKSSON, J., BORG-KARLSON, A.-K., SMITH, B. H. & DOBSON, H. (1989): Mate-locating strategies and multimodal communication in male mating behavior of *Panurgus banksianus* and *P. calcaratus.* – J. Kans. Ent. Soc., 61, 388–395.
TORCHIO, P. F. (1989): In-nest biologies and development of immature stages of three *Osmia* species. – Ann. Ent. Soc. Amer., 82, 599–615.

Torchio, P. F. (1989): Biology, immature development, and adaptive behavior of *Stelis montana,* a cleptoparasite of *Osmia.* – Ann. Ent. Soc. Amer., 82, 616–632.
Trostle, G. & Torchio, P. F. (1994): Comparative nesting behavior and immature development of *Megachile rotundata* and *Megachile apicalis.* – J. Kansas Ent. Soc., 67, 53–72.
Wcislo, W. T. (1993): Communal nesting in a North American pearly-banded bee, *Nomia tetrazonata*, with notes on nesting behavior of *Dieunomia heteropoda.* – Ann. Ent. Soc. Amer., 86, 813–821.
Wcislo, W. T. & Buchmann, S. L. (1995): Mating behaviour in the bees, *Dieunomia heteropoda* and *Nomia tetrazonata,* with a review of courtship in Nomiinae. – J. Nat. Hist., 29, 1015–1027.
Wcislo, W. T. & Cane, J. H. (1996): Floral resource utilization by solitary bees and exploitation of their stored foods by natural enemies. – Annu. Rev. Ent., 41, 257–286.
Westerkamp, C. (1996): Pollen in bee-flower relations. Some considerations on melittophily. – Bot. Acta, 109, 325–332.
Westrich, P. (1993): Über die Verbreitung und Bionomie der Scherenbiene *Chelostoma grande.* – Linzer Biol. Beitr., 25, 97–111.
Westrich, P., Westrich, L. & Müller, A. (1992): Beobachtungen zur Nachtruhe der Kraftbiene *Biastes emarginatus.* – Linzer Biol. Beitr., 24, 3–12.
Westrich, P. & Dathe, H.H. (1997): Die Bienenarten Deutschlands. Ein aktualisiertes Verzeichnis mit kritischen Anmerkungen. - Mitt. ent. Ver. Stuttgart, 32, 3-34.
Westrich, P. & Schwenninger, H.R. (1997): Habitatwahl, Blütennutzung und Bestandsentwicklung der Zweizelligen Sandbiene *(Andrena lagopus)* in Südwest-Deutschland. - Z. Ökologie und Naturschutz, 6, 33-42.
Williams, P. H. (1985): A preliminary cladistic investigation of relationships among the bumble bees. – Syst. Ent., 10, 239–255.
Williams, P. H. (1994): Phylogenetic relationships among bumble bees *(Bombus):* a reappraisal of morphological evidence. – Syst. Ent., 19, 327–344.
Wirtz, P. (1992): Territorialverhalten der Wollbiene. – Spektrum der Wissenschaft, 8/1992, 70–76.
Witt, R. (1992): Zur Bionomie der Sandbiene *Andrena barbilabris* und ihrer Kuckucksbienen *Nomada alboguttata* und *Sphecodes pellucidus.* – Drosera, 1992 (1), 47–81.
Wittmann, D. & Blochtein, B. (1995): Why males of leafcutter bees hold the females' antennae with their front legs during mating. – Apidologie, 26, 181–195.

Mitteilungsblätter, Zeitschriften

Bembix. Rundbrief für alle Freunde der akuleaten Hymenopteren.
Herausgegeben von C. Schmid-Egger, H. Wolf und P. Kunz durch die Arbeitsgemeinschaft ostwestfälisch-lippischer Entomologen e.V., Kreuzstrasse 38, D-33602 Bielefeld.
(Erscheint zweimal jährlich)

Melissa. The Melittologist's Newsletter.
Herausgegeben von R.J. McGinley und M.J. Mello, Department of Entomology, Smithsonian Institution, NHB-105, Washington, DC 20560, USA.
(Erscheint unregelmässig)

Journal of Hymenoptera Research.
Herausgegeben von der International Society of Hymenopterists, Department of Entomology, Smithsonian Institution, NHB-168, Washington, DC 20560, USA.
(Erscheint einmal jährlich)

Apidologie.
Herausgegeben von Elsevier, 141 rue de Javel, F-75747 Paris cedex 15.
(Erscheint sechsmal jährlich)

Apicultural Abstracts.
Herausgegeben von der International Bee Research Association, 18 North Road, Cardiff CF1 3DY, UK.
(Diese aktuelle Literaturübersicht erscheint fünfmal jährlich)

Bildnachweis

Alle Fotografien stammen von den Autoren mit den folgenden Ausnahmen:

Heiko Bellmann: S. 139, **o.l.o.**; S. 143, **u.**; S. 317, **o.**
Marco Bernasconi: S. 251, **u.l.**; S. 251, **u.r.**
Fritz Brechtel: S. 55
Wolf-Harald Liebig: S. 193, **o.l.**; S. 323, **o.**
Werner Töpfl: S. 267, **o.r.**; S. 311, **u.r.u.**
Erwin Steinmann: S. 329, **u.r.**; S. 363, **u.**
Paul Westrich: S. 171; S. 183, **o.**; S. 303, **u.r.**

Register

Halbfette Zahlen verweisen auf die wichtigsten Textstellen zu den einzelnen Bienengattungen bzw. -arten, kursiv gesetzte Zahlen auf Abbildungen. Namen in Klammern sind Synonyme.